WIZARD

フィボナッチトレーディング

時間と価格を味方につける方法

キャロリン・ボロディン［著］
長尾慎太郎［監修］ 山口雅裕［訳］

Pan Rolling

Fibonacci Trading : How to Master the Time and Price Advantage by Carolyn Boroden

監修者まえがき

本書はキャロリン・ボロディンがフィボナッチ比率を用いてマーケットにおける値動きの振る舞いを解釈するテクニックを解説した"Fibonacci Trading : How to Master the Time and Price Advantage"の邦訳である。ここでフィボナッチ数とは、最初に1、2番目に1、3番目に直前の2つの数を足して2、4番目も直前の2つの数を足して3と、以降次々に連続して直前の2つの数を足していってできる数列のことで、具体的には{1, 1, 2, 3, 5, 8, 13, 21, 34, 55, 89……}となる。

そして、よく知られているように連続する2つのフィボナッチ数の比はおおむね1.618倍になっており、こういった関係に基づいた数である0.38や0.62、あるいはまたそれらの積や自乗などの数がフィボナッチ比率と呼ばれている。

また、自然界にはこういったフィボナッチ比率で寸法が取られた構成物が多く見られ、さらに、フィボナッチ比率が人の目に最も美しく映ることから、人工物においてはかなり多くのものがこの比率に基づいて製作されている。勢い、値動きの人工的かつ視覚的な解釈のひとつであるチャートにおいても、こういったフィボナッチ比率を当てはめることによって、その振る舞いをエレガントに解説して見せることができるのである。

さて、フィボナッチ比率を用いた相場解説に関する書籍は日本でも何冊か出ているが、本書がそのなかでも特異なのは、フィボナッチ比率によるフレームの当てはめを価格軸（Y軸）だけでなく、時間軸（X軸）にも用いたことである。本書にもあるとおり、もともとフィボナッチ比率によって値動きを解釈する場合、さほど厳密性を要求されることはない。このため、現実には実に柔軟性に富む説明がなされることが多いが、著者はそれを2次元に拡大したことで、いかなるマーケットにおいてもフィボナッチ比率による分析を可能ならしめた。この分野が好きな方にとっては、垂涎の書である。

最後に、翻訳に当たっては以下の方々に心から感謝の意を表したい。翻訳者の山口雅裕氏は丁寧な翻訳を実現してくださった。阿部達郎氏には丁寧な編集・校正を行っていただいた。また、こうした趣味性の高い書籍が発行される機会を得たのはパンローリング社社長の後藤康徳氏のおかげである。

2010年１月

長尾慎太郎

序文

ほとんどのトレーダーは、いわゆるフィボナッチトレーディングというものを試した経験があるだろう。たいていは価格のフィボナッチリトレースメントだ。トレーダーは長年このリトレースメント（押しや戻り）を、価格の支持線と抵抗線を確認するのに役立ててきた。しかしフィボナッチリトレースメントは、この重要な比率をトレードに利用する初心者向けの使い方だ。大切なのはさまざまなトレーディングの状況でその比率をどう使うかだ。さらに、これに劣らず大切な幾何学的な調和比率もあり、それをあなたは本書で学ぶことになるだろう。

ほとんどのトレーダーが一度も教えられたことがないのは、それらの比率を価格目標の支持線や抵抗線に使うのと同じように、時間目標の支持線や抵抗線にも使う方法だ。トレーディング計画の一部として、時間と価格のフィボナッチプロジェクションを組み合わせれば、トレーディングの機会を見つける強力な方法を手にしているはずだ。時間と価格のフィボナッチでのトレーディング戦略に関して、フィボ・クイーン（本名キャロリン・ボロディン）以上に教える資格のある人はだれもいないと思う。

わたしが最初にボロディンと出会ったのは1989年のことで、『ギャン・エリオット』という雑誌（その後発展して『トレーダーズワールド』誌になった）の１回目の会議がシカゴで開催されたときだ。わたしはギャン・トレーディング自宅学習コースをその会議で初めて発表したのだが、彼女はそのコースを受講した最初のひとりだった。しかし1989年当時、彼女は金融市場の初心者でもトレーディングの新人でもなかった。ほとんどのトレーディング教育関係者とは異なり、彼女は働きだしてからずっと金融市場で生きてきた。10代のころのフロアのランナーから始まり、ファンドアドバイザーを経て、デイトレーディングの指導者になるまで、彼女は市場に関してひたむきに学んできたが、それだけではなく、トレーディングビジネスのほとんどすべての面で長い間、実践的な経験を積んできた。

1989年以降の数年間、わたしたちは連絡を取り合い、ツーソンとシカゴ間でチャートや分析やトレーディング戦略をファクスでやり取りし合った。1993年に、わたしは彼女に、ツーソンへ引っ越してきてわたしと仕事をするようにと説得した。それからまもなくして彼女は、ファンド向けに分析とトレーディング戦略を提供してくれるならわたしが払っていたのとは比較にならない高給を出すという申し出に口説き落とされ、わたしから離れていった。しかしわたしたち２人はその後現在まで友人であり、事業提携者であり続けている。

彼女はわたしのダイナミックトレーディング方式を20年近く研究してきた。そして本書で登場するわたしのダイナミックトレーディングというソフトウエアのバージョン１を1997年にリリースして以来、彼女はそれをずっと使っている。ボロディンとわたしの関係ほど、「学生が教師になる」良い例はない。近年では、彼女が若いころにわたしから学んだのと同じほど、わたしが彼女から学んでいる。特に本書であなたも学ぶことになる、彼女のシンメトリーのセットアップやトレーディング戦略に関してそう言える。

わたしはかつての彼女の指導者であり、永遠の友人であることをとても誇りに思っている。また、あなたが今、手にしている彼女の本がトレードをするにあたって最も貴重な参考書の１冊になると確信している。

コロラド州スティームボート・スプリングズ

ロバート・マイナー（ダイナミックトレーダー・グループ）

感謝の言葉

この場を借りて多くの先生方にお礼を申し上げます。まずわたしの指導者ロバート・マイナー氏に。わたしが氏に初めて会ったのは、1987年にニューヨーク株式市場が大暴落したブラックマンデーの直後、シカゴのミッドランドホテルでの会議においてでした。ほかに長年にわたってわたしの教育に貢献してくださった方々として、ロバート・クラウス（わたしが指導者に会うことになる会議に行くよう説得してくれた）、ラリー・ペサベント、ブライス・ギルモア、デビッド・パターソン、マーク・ダグラス、それから http://woodiescciclub.com/ のウッディーに。

わたしの新しい仕事仲間であるジョン・カーター、ヒューバート・センターズ、それに http://tradethemarkets.com/ のチームは、わたしが自分のビジネスを営業し発展させていくうえで手助けや支援をしてくれました。感謝します。

リチャード・カルスト（別名RMK）には、わたしのチャットルームで支えてくれたことに感謝したいと思います。おかげでわたしはときに命拾いをすることができました！　コンピューターに関するアドバイスや、バーチャル・チャットルームでチャートを生で見せる映像に関して、ジョン・ヘイトールに感謝します。またこの映像をコンピューターの画面共有技術に導入するのを手伝ってくれたトッド・フィリップスにも感謝したいと思います。わたしのチャットルームはそれ以降、完全に変わりました。わたしを信頼し、仕事を支援してくれたデニス・ボルツおよびリチャード・ローレンスに感謝します。友人であるヘッジファンドリサーチのジョー・ニコラスに感謝します。彼はわたしの情報を集めていたので、わたしが「何かをやり遂げる」と思ったのでしょう。ウィリアム・キッダー、別名「アンクル・ビル」に。

わたしが18歳のとき、ウォール街で最初の仕事先であるDLJで自分の能力を見せる機会を与えてくれたことに感謝します。

さらに、友人でありクライアントであるフィールーズ・アミールパービス博士も大切な人です。博士は2004年12月に亡くなられました。博士とその家族は、わたしが家族の一員であるかのように扱ってくれました。あるいは彼の言い方ではわたしを「養子」にしてくれました。そのような彼らにお礼を言います。

最後になりますが、特にこの本の執筆期間中に愛情と支援を頂いたキングファミリー全体に感謝したいと思います。結局のところクイーンにはキングが必要なのです。このファミリーは、わたしが過労であやうくノイローゼになりそうなときに正気を維持するのに本当に役立ちました。皆さん全員に感謝です！

キャロリン・ボロディン（別名フィボナッチ・クイーン）

はじめに

この本を書いたのは、フィボナッチの魅惑的な世界へあなたを招待するためです。さらにあなたの現在の戦略リストに加えることができる、極めて具体的なトレーディング方法を提供するためです。わたしはこの方法で1989年以来、市場での重要なトレードの機会を見抜き続けていますし、この方法に失望することはありませんでした。

第１章では、この方法論の土台であるフィボナッチ数と黄金比を紹介します。第２章から第９章では、フィボナッチ比率を市場の価格軸で使う方法を紹介し、この作業から生まれるセットアップも説明します（これらは、わたしが毎日、生のチャットルームで顧客に提供するセットアップです）。

第10章から第13章では、市場の時間軸にフィボナッチ比率を当てはめる方法について説明したあと、一番起こりそうなセットアップを見つけるために、これを価格軸で見てきたことと組み合わせる方法について説明します。第14章から第16章では、仕掛けを微調整するのに役立つことを説明したあと、分析から仕掛けまでのセットアップ例を示しました。最後の第17章では、トレーディングの心理、規律、資金管理、トレーディング計画を書き出すことの重要性、に焦点を当てます（適切な資金管理の技術に加えて、自分のトレーディング計画に従う規律を持ち適切な心理を維持できれば、そのトレーディング計画を実行できるでしょう）。

テキサスホールデム（世界的人気のポーカーゲーム）で良い持ち札からスタートするのと同じように、市場での勝ち目を自分の有利になるように積み重ねていく方法を、あなたは本書で学ぶでしょう。

第1章

フィボナッチ数と黄金比

Fibonacci Numbers and the Golden Ratio

フィボナッチという名前にまだなじみがない人でも、映画『ダ・ヴィンチ・コード』が封切られた2006年に、何か聞いたような気がするかもしれません。ジャック・ソニエがパリのルーブル美術館で殺害されているのを発見されたとき、この亡くなった登場人物の奇妙な姿勢は、レオナルド・ダ・ヴィンチの『ウィトルウィウス的人体図』という有名な絵を模倣していました。この絵は、フィボナッチ比率が人体にどのように現れるかを描いたものと言われてきました。映画の登場人物が、何らかの手掛かりか暗号のひとつとしてフィボナッチ数について話し始めたとき、映画に好奇心をそそられた人々もいました。わたしはと言えば、ただ含み笑いをしながら思ったものです、「そろそろだれかがフィボナッチを真剣に受けとめるときなのよ」と。

フィボナッチ級数やこの級数の特性はイタリアの数学者レオナルド・デ・ピサによって有名になりました。フィボナッチ級数は０と１で始まり、級数の次の数は前の２つを足して導き出すことで無限大に続きます。例えば55＋89＝144、89＋144＝233、144＋233＝377、という具合に（次の級数を参照）。

０、１、１、２、３、５、８、13、21、34、55、89、144、233、377、610、987……無限大

この級数でとても興味を引かれるところは、無限大のほうへ進むにつれて級数内に定数が見つかるという点です。級数の数同士の関係では1.618の比率、つまり、黄金比、黄金分割、黄金率と言われるものであることが分かるでしょう（例えば55×1.618＝89で、144は89の1.618倍）。最初のいくつかの数字よりもあとになると、級数のどの連続した２つの数字を取っても黄金比が見つかるでしょう。さらに1.618の逆数は0.618であることにも注意してください。

この級数とその特性に熱を入れたホームページはかなりの数に上ります。フィボナッチという語句を好みのサーチエンジンに入力するだけで、この主題に関して山ほどの情報があるのに驚くことでしょう。

黄金比は多くのさまざまな場所で見つけることができます。1.618の比率は目で見て心地よいとされているために、建築ではいわゆる「黄金方形」で使われています。また「完全なプロポーション」に顔を整形するのに、これらの比率を役立てている整形外科医も実際にいます。さらに、自然界にもこの比率は見つかります。花、オウムガイの貝殻、アンモナイト化石など、多くの場所で見つけることができます。わたしがとても魅力的だと思うのは、この比率が隠された神秘的な知識のシンボルとして知られている星形五角形（**図1.1**）のなかで現れるということです。それでわたしは、星形五角形内の比率にはひょっとしたら市場に対する隠れた秘密があるのではないかと思いついたのです！

学生のころ、わたしは実際にユダヤ神秘主義を勉強しました。カリフォルニアのゴールデンドーン寺院からきた教師のひとりが楽しめると思うよと言って、『数学マジックランドのドナルド』というディズニーのアニメを手渡してくれました。別の学生はすでにそのアニメに目を留めていました。ドナルドダックがこのディズニーのアニメのなかで手に星形五角形を彫ってもらったからです。子供たちに数学を教

図1.1

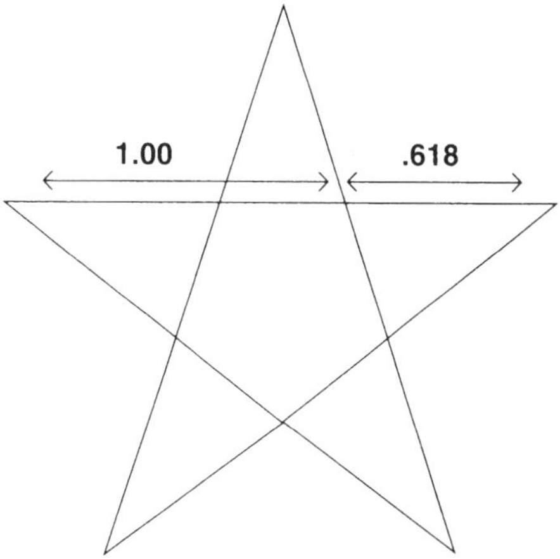

えるために製作されたこのアニメのなかで、ドナルドダックは数学マジックランドを冒険しています。そこでプラトンやピタゴラスのところを訪れ、「数学に関する秘密の集まり」について話し、黄金分割について学びます。そのアニメは、0.618と1.618の比率が自然界や建築物のどこに存在するかを説明していました。ディズニーが1959年にリリースしたこのアニメは、インターネット上でまだ見ることができますし、また見る価値が十分にあります。アニメの終わりに使われる引用文はガリレオからで、「数学とは神が宇宙を書き表すのにお使いになった言葉である」というものです。わたしはこれは本当だと信じています。この級数に由来するフィボナッチ数とその比率の「暗号」を十分な時間をかけて研究すれば、わたしの言ったことにしだいに賛成してくれるか、少なくともそれを理解してくれると思います。これは、わたしが真実であると考えたからというだけでむやみに受け入れるべきものではありません。あなたが自分自身の旅で発見し、自分に納得させなければならないものです！

ほとんどのトレーダーにとって大切なことは、これらの比率を当てはめることによって相場の重要な支持線や抵抗線を見分け、それによってトレードを行う重要な機会、すなわちセットアップを決めるのに役立てることができるということです。十分なデータが得られるあらゆる市場でこれらの比率を当てはめる方法を、わたしはあなたに教えるつもりです。したがって、そのテクニックを適切に使えばあなたはトレーダーとして極めて優位に立つことができるでしょう。

第2章

フィボナッチ比率を市場の価格軸に当てはめる

Applying Fibonacci Ratios to the Price Axis of the Market

わたしたちは、市場を分析するのにフィボナッチ級数は使いません。そうではなく、この級数に由来する比率を使うのです。1.618と0.618、つまり黄金比とその逆数についてはすでに述べました。わたしが日々の分析で使う主な比率は、0.382、0.50、0.618、0.786、1.00、1.272、1.618です。わたしは、時に0.236、2.618、4.236も使います。

第1章では、フィボナッチ級数で0.618と1.618の比率をどのように導き出すかが分かったと思います。しかしほかの比率はどうでしょうか。実はそれらはすべて数学的に関連しているのです。

例えば、次のようにです。

1.0－0.618＝0.382

0.618×0.618＝0.382

1.0÷２＝0.50

0.618の平方根は0.786

0.618は1.618の逆数

1.618の平方根は1.272

0.618－0.382＝0.236

0.382×0.618＝0.236

1.618×1.618＝2.618

2.618×1.618＝4.236

さて、これらの比率で何をし、どのようにトレーディングに役立てればいいのでしょうか。

わたしたちは市場の価格軸上に主なフィボナッチ比率を当てはめ、トレーディングのためのセットアップ、つまりトレードを行う機会を見つけます。わたしが毎日チャットルームで使う基本的なセットアップは３つあります。①価格のクラスターのセットアップ、②シンメトリーのセットアップ、③２段パターンのセットアップ――です。

著者から一言

適切なデータがあり、チャート上に重要なスイングの高値や安値が確認できるかぎり、この種のフィボナッチ比率を使った価格の分析は、どの市場でもうまく機能しますし、どんな時間枠でもかなりの程度うまくいきます。ただし、この種の分析を投機的な低位株に使おうとはしないでください。そこには、意味のあるスイングは認められないし、最低限のデータも手に入らないからです。そのような場合、このテクニックは役に立ちません。

トレーディングツール

この種のテクニカル分析を検討している以上、コンピューターのほかに、イーシグナル、クオート・ドット・コム、ジェネシス・ファイナンシャル・データのような相場データの提供源とそのデータを操作するためのテクニカル分析プログラムをあなたが持っている、とわたしは仮定して話を進めます。こうした作業を紙のチャートと電卓か比例コンパスを使って手で行うこともできますが、退屈で実際的ではありません（わたしがテクニカル分析を仕事として始めた当初は、それらの昔なつかしい道具を使ったものですが、今日では素晴らしいテクノロジーが利用できることを考えれば、だれにもそういうことは勧めません）。

時間と価格の分析にわたしが主として使っているテクニカル分析プログラムはダイナミックトレーダー（DT）で、データはイーシグナルから取り込んでいます。少なくとも価格の分析を行えるプログラムならほかにもあります。しかし、市場の価格と時間の両面を分析しようと決めた場合、必要となるツールを両方とも備えているプログラムはわずかです。

特に書かないかぎり、本書のほとんどのチャート例はDTのソフトウエアで作成したものです。また、チャートのなかには「あいまい」に見えるものもあるかもしれません。あるいは、価格がはっきり読めないと思うかもしれません。しかし、心配しないでください。これらのチャート例を取り込むときに、お粗末なグラフィックスプログラムを使ったわけではないのです。こうしたことが起こるのは、価格関係が集中してどうしても重なり合うのが原因であり、そのためにチャート上の水準が読みにくいのです。しかし、これこそわたしたちが実際に起こってほしいと思っていることなのです。本書の前半を読み終えるころには、あなたもこのことに納得するでしょう。

フィボナッチ比率の価格関係

まず初めに、異なる３つのタイプのフィボナッチ比率の価格関係を当てはめてセットアップを見つけます。これらは価格のリトレースメント、エクステンション、プロジェクション（時に価格オブジェクティブとも呼ばれます）です。最初に、これらの価格関係をひとつひとつ見ていきます。その後、セットアップを求める過程で、それらをまとめていくことにします。これらの価格関係それぞれによって、分析しているチャート上で支持線や抵抗線になりそうな水準が設定されます。

支持線の定義は、現在の相場よりも下の価格帯で下げ止まりそうなところを探して、分析している市場がどこであれ買い手になろうかと考えるようなところです。支持線がおそらく持ちこたえて相場はそれよりも下がらないと思えば、支持線の水準かその付近で買い始めるか、売りポジションを清算したいと思うかもしれません。

抵抗線の定義は、現在の相場よりも上の価格帯で上昇が終わりそうなところを探して、売り手になろうかと考えるようなところです。抵抗線がおそらく持ちこたえて相場はそれより上がらないと思えば、抵抗線の水準かその付近で売り始めるか、買いポジションを清算したいと思うかもしれません。

次からの３章で、分析をするために必要な価格関係が見つかるでしょう。わたしが本書でこれから示す情報に圧倒されないようにしてください。気長になることです。一度にひとつの概念を当てはめながら始めていけば、あなたの忍耐は十分に報われるでしょう。

第3章

価格のフィボナッチリトレースメント

Fibonacci Price Retracements

価格のフィボナッチリトレースメントとは、比率0.382、0.50、0.618、0.786を使って（スイングが比較的大きければ、0.236を使うこともあります）、以前の安値から高値へのスイングに当てはめて、相場が高値から押したときの支持線になり得る水準を見つけるものです。またリトレースメントは、同じ比率を使って以前の高値から安値へのスイングに当てはめて、相場が安値から戻したときの抵抗線になり得る水準を見つけるのにも使います。

たいていの簡単なテクニカル分析ソフトウエアでも、当てはめたいスイングを選んで使用ソフトウエアのメニューにある価格関係のフィボナッチツールから適切なものを選べば、リトレースメントの水準に線を引いてくれます。しかし、計算方法を理解したい場合は、スイングの長さにリトレースメント比率を掛けた数字を、安値から高値へのスイングに当てはめている場合は高値から引き、高値から安値へのスイングに当てはめている場合は安値から足せばいいのです。

図3.1

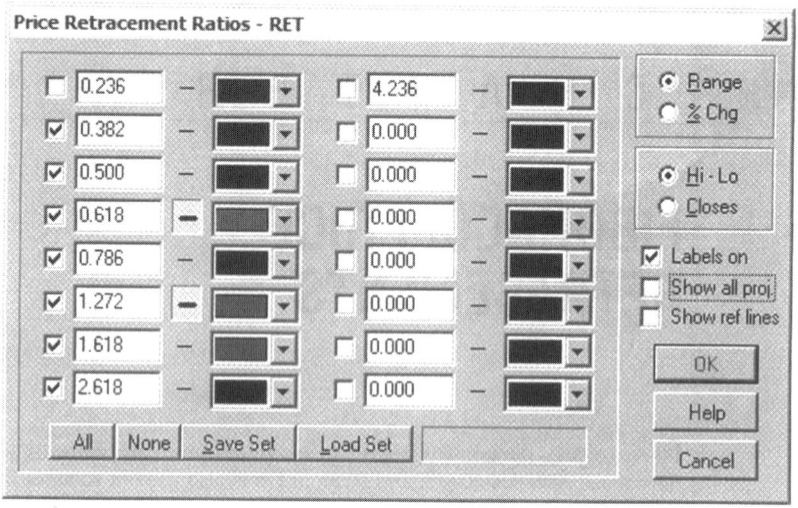

図3.1に示しているのは、本書のリトレースメントの例でわたしが使ったダイナミックトレーダー（DT）にあるリトレースメントとエクステンションのツールの設定です。設定ボックスでは、リトレースメントにもエクステンション（次章で説明）にも使う比率を選んでいることに注意してください。両方に同じツールを使うのは、リトレースメントもエクステンションもチャート上の２点（高値から安値か、安値から高値のどちらか）に当てはめるからです。プログラムの計算はこれらの２点しか使わないので、同じツールを使って以前のスイングに対するエクステンションの線も引けるというわけです（注　DTを使ったチャート例では、このプログラムによってリトレースメントすべてに「RET」という表示がされています）。

図3.2

作業に使えるフィボナッチ比率のツールについては分かったので、リトレースメント例をいくつか見て、チャート上で何を探すのか理解できるようにしましょう。**図3.2**は2007年２月限の金先物の日足チャートです。86.90ポイントのスイングになった06年10月４日の安値から06年12月１日の高値にフィボナッチリトレースメントを当てはめて、支持線になりそうな水準を求めました。このチャートでは、以前のスイングに対して0.618倍のリトレースメント辺りが唯一の支持線になっていることに注意してください。ほかの比率のどれも意味ある支持線にはなっていません。

図3.3

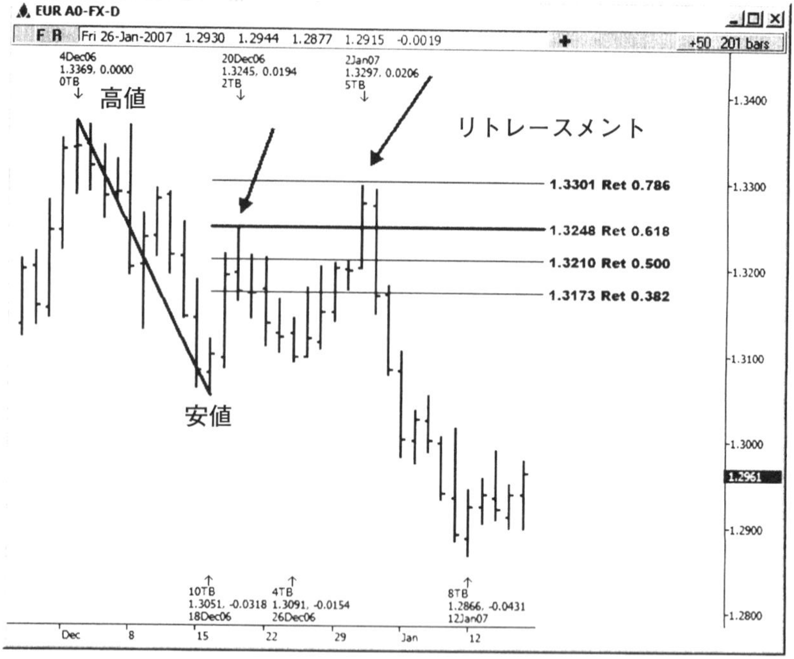

次に、このリトレースメント例は通貨のチャートです。業界でのわたしの経験は商品を含めてほとんど先物業界でのものであり、特に金融先物市場を中心とするものでした。しかし、この種の分析は現物指数や個別株やFX市場にも有効だということが分かりました。ユーロの日足チャート（**図3.3**）においては、06年12月４日の高値から06年12月18日の安値にリトレースメントを当てはめ、抵抗線になりそうな水準を求めました。この場合、ユーロは0.618倍リトレースメントで抵抗に遭い、その後に同じスイングの0.786倍リトレースメントでまた抵抗に遭いました。

図3.4

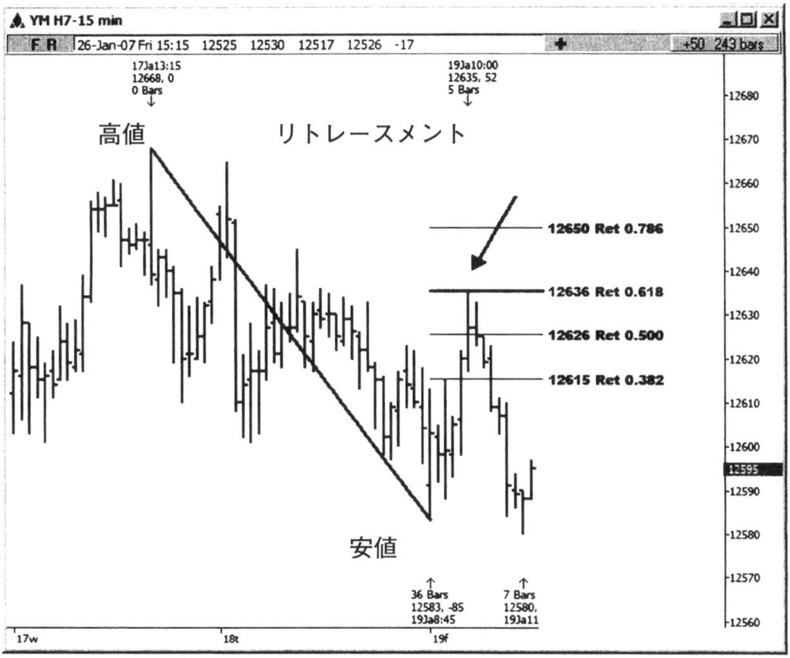

次のリトレースメント例は、ミニダウ先物の15分足チャート（図3.4）のものです。ここでは、中部標準時で07年1月17日の午後1時15分の高値から07年1月19日の午前8時45分の安値に対して、リトレースメントを当てはめました。ここで求めていたのは、1月19日の安値からの戻りで抵抗線になりそうなところでした。これらの価格関係を見るために測った大きなスイングのなかに、さらに多くのスイングがあることに注意してください。あとのほうの例では、これらの複数のスイングから複数のリトレースメントを当てはめています。この例では、戻り局面の0.382倍リトレースメントでわずかに下げていますが、それよりはるかに重要な下落が0.618倍リトレースメント水準でありました。

図3.5

図3.5は、ミニダウ先物の45分足チャートでの別のリトレースメント例です。このスイングは大きい（243ポイント）ので、リトレースメントを引く水準に0.236倍を含めて良い例です。ここでは支持線になりそうなところを求めました。この例の場合、0.236倍リトレースメントで小さな戻りがあったあと、0.382倍リトレースメントからもっと大きな戻りが見られました。この例はまた、フィボナッチ水準が必ずしも完ぺきに当たるわけではないということも示しています。しかし、比較的近いかぎりその水準はまだ有効だと考えられます。

比較的近いという意味は、実際に描かれた水準から価格で上下３、４ティックまでというのが一般的です。例えばこの場合、0.382倍リトレースメントの近くで付けた安値１万2482ドルは、実際のリトレースメント水準の１万2486ドルよりも４ティック下でした。ほかのいくつかの市場、例えばFX市場では、特に大きめのスイングからリトレースメントを当てはめている場合には、わずかですが、もう少しの余裕が許されるかもしれません。

著者から一言

経験則として、水準がまだ有効だと考えてよいかどうかを判断するのに良い方法は、分析しているチャートをただ見ることです。目立って水準を突破したり、そこに届かなかったりということがなければ、わたしはまだその水準には価値があると考え、チャートに残しておきます。

図3.6

次のリトレースメント例はマイクロソフト（**図3.6**）の日足チャートです。ここでは、04年11月15日の高値から05年３月29日の安値までの値動きにリトレースメントを当てはめ、戻りに対して抵抗線になりそうなところを求めました。0.618倍リトレースメントだけが、このチャート上でトレンドの変化を生み出していることに注意してください。高値26.09ドルは、リトレースメントとぴったり一致しています。これらの価格関係を使えば、いつも完ぺきに当たると期待することはできません。しかし、そういうことが起こったからといって驚かないように！

図3.7

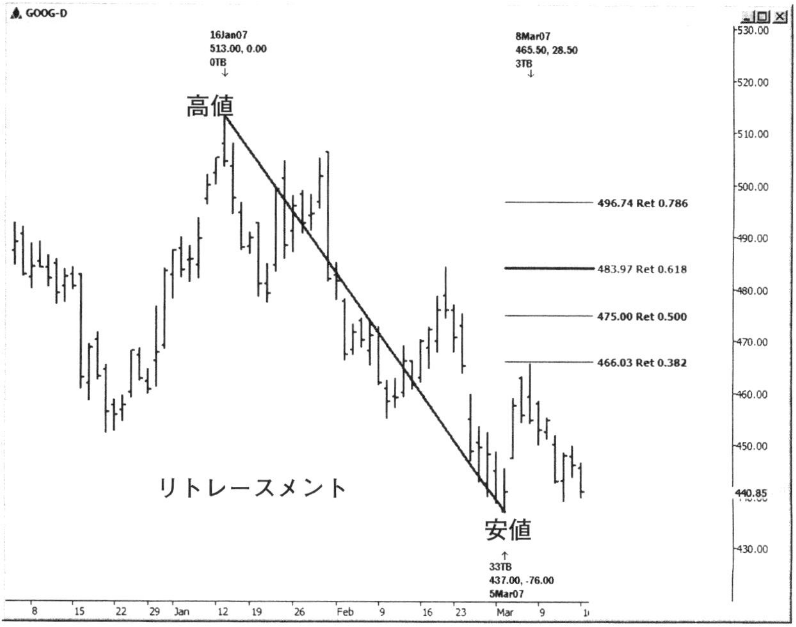

図3.7はグーグルの日足チャートです。ここで、わたしたちは高値から安値を測って、抵抗線になりそうな水準を求めました。このリトレースメントは、07年１月16日の高値513.00ドルから07年３月５日の安値437.00ドルに対して当てはめたものです。重要な戻り高値は0.382倍リトレースメントの水準よりもわずかに下でした。

図3.7をよく見ると、わたしたちが測った大きめのスイング内に小さなスイングがあることに気づいたはずです。これらの小さなスイングを取り上げて、フィボナッチリトレースメントを当てはめることもできます。それはほかのスイングからのリトレースメントと、結局重なるかもしれません。水準がそのように重なり合い始める場合、その重なりはさらに重要な価格判断の場所だということを示しています。

図3.8

図3.8のグーグルの日足チャートで、以前のチャートで引いた大きなスイングのなかにある小さなスイングに別のリトレースメントを当てはめると、どうなるか確かめてみましょう。今回は07年２月22日の高値484.24ドルから07年３月５日の安値437.00ドルまでの値動きを取り上げました。この場合、0.618倍リトレースメントである466.19ドルで下げに転じていますが、そこは偶然にも前のチャートの0.382倍リトレースメントである466.03ドルと重なっています。実際の高値は466.50ドルで、十分に近いと言えるでしょう。実際にはこの辺りで、本書を読み進めれば分かる価格関係の重なりがほかにも２つありました。前もって分かる価格関係がきれいに重なっているので、この作業をしていたら、07年３月８日の高値から下げに転じるときが迫っているという強い警告をトレーダーは受けていたでしょう！

図3.9

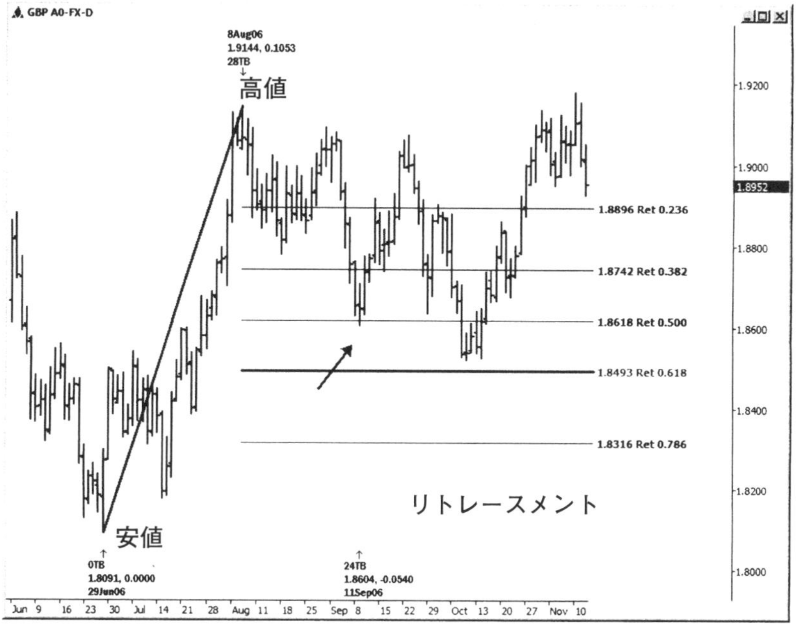

図3.9は、英ポンドの日足チャートでのリトレースメント例です。06年６月29日の安値から06年８月８日の高値を測って支持線になりそうなところを求めると、トレンドの変化が生まれたリトレースメントは矢印で示した50％のところだけでした。これは完ぺきな当たりではありませんでしたが、反転の兆候を見守るところとしては十分に近い地点でした。もうひとつの重要な安値は、0.618倍リトレースメントよりも上で付けました。それは当たりとみなすには十分に近いとは言えませんが、大きなスイングに対するこれほど重要なリトレースメントに用心していても、困ることはありません。

図3.10

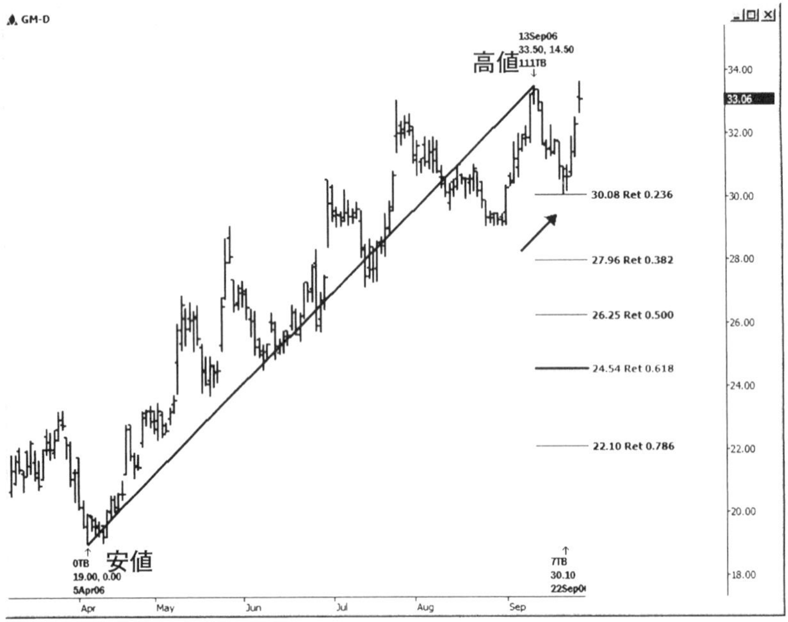

次のリトレースメント例（**図3.10**）で見ているのは、ゼネラル・モーターズの日足チャートで、06年４月５日の安値から06年９月13日の高値にリトレースメントを当てはめて、押し目で支持線になりそうなところを求めました。この場合、0.236倍リトレースメントへの小さな押し目しか見られずに、再び上昇が始まりました。

図3.11

次のリトレースメント例は、Ｅミニナスダック先物の15分足チャート（図3.11）です。1822.25のスイングの高値から1789.00のスイングの安値までを測り、戻り高値の抵抗線になりそうなところを求めました。このチャート上でかなりの下落が見られたのは、スイングの高値方向へ0.618倍戻した水準からだけでした。このリトレースメントの値は1809.55でした。実際の高値はこれをわずかに下回る1809.00でした。

図3.12

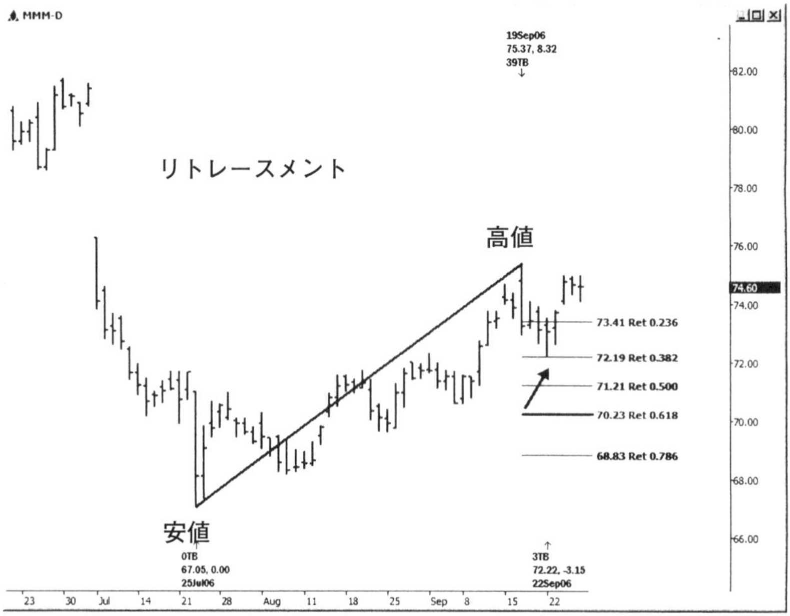

図3.12は、３M社の日足チャートです。そこでは、06年７月25日の安値から06年９月19日の高値にリトレースメントを当てはめて、支持線になりそうなところを求めました。この場合は、0.382倍リトレースメントまで押したあと、再び上昇しています。

図3.13

Eミニラッセル先物の15分足チャートで別のリトレースメント例を見てみましょう。**図3.13**では、815.60の高値から796.80の安値までを測り、戻りで抵抗線になりそうなところを求めました。ここでは0.786倍リトレースメントの水準でしか反応が見られませんでした。価格は、実際にはこの水準に2ティック及びませんでしたが、十分に近い値です。このリトレースメントの高値からきれいな下げが続きました。

正しいリトレースメント

フィボナッチ比率の価格のクラスター（価格関係が集中する水準）によるセットアップを作る方法のひとつは、分析しているチャート上

図3.14

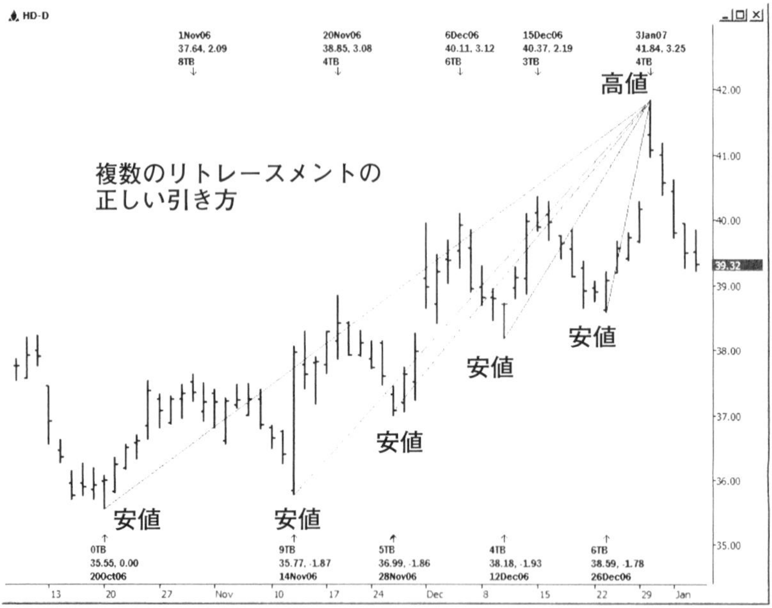

のスイングの多くにリトレースメントを当てはめることです。わたしは自分の生徒が、分析しているときに間違ったスイングを使うという誤りを犯すのを長年にわたって見てきました。次の例を見れば、同じような誤りをどうやって避ければいいのか分かるでしょう。

図3.14で見ているのは、ホーム・デポの日足チャートです。支持線になり得る水準を求めるという点で、分析に使えるスイングがいくつか確認できます。複数の安値から高値へのスイングに対してリトレースメントを当てはめる場合、チャート上の複数の安値から最高値に当てはめる必要があります。例えばこのチャートでは、06年10月20日の安値から07年１月３日の高値に当てはめるほかに、さらにより高い安値から07年１月３日の高値に当てはめることもできます。ほかのスイングをわたしが使うとしたら、06年11月14日の安値、06年11月28日

の安値、06年12月12日の安値、06年12月26日の安値のそれぞれから、07年１月３日の高値までのスイングでしょう。これらのスイングはすべて、07年１月３日の高値から下げたときに支持線になりそうな水準を設定する場合に価値を持つでしょう。多くのリトレースメントを当てはめると、これらの水準のいくつかがきれいに重なるのに気づくでしょう（これが、わたしたちが見たいものなのです)。

正しくないリトレースメント

図3.15は同じホーム・デポのチャートで07年１月３日の高値からの下落でトレードする場合に、支持線になりそうなところを決めるのには意味がないスイングをいくつか例として示しています。示したスイングは、別のときには支持線となり得る水準を求めるのに役立ったかもしれません。しかし、現在の相場分析には適切ではないでしょう。言い換えると、06年10月20日の安値から06年11月20日の高値にリトレースメントを当てはめても現在の相場とは無関係なのです。今は07年１月３日からの押し目に対する支持線を求めているのですから。06年11月20日からの調整局面での支持線を求めていたのなら適切だったことでしょう。しかし06年11月20日の高値を更新したら、その時点で新たに付けた高値を使って支持線になりそうな水準を求めなければなりません。この理屈に従うなら、11月14日の安値から06年12月15日の高値までや06年11月28日の安値から06年12月15日の高値までを使うのは、今の相場分析には無意味です。もっとも、06年12月15日の高値が更新される前なら適切だったでしょうが。これらの視覚的な例で、わたしの言いたいポイントは伝わったと思います。

図3.15

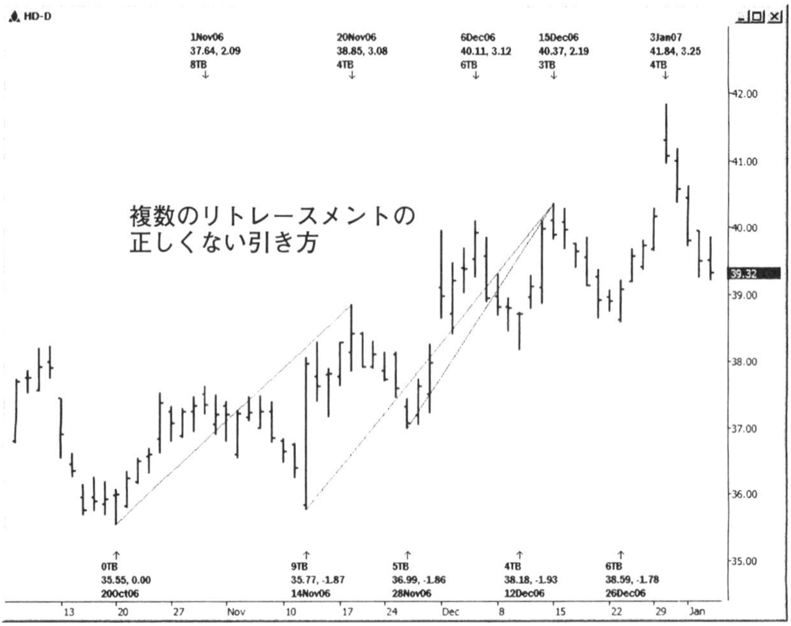

高値から安値への正しいリトレースメント

ミニ原油先物の例で、複数のリトレースメントを適切に当てはめて、06年10月31日の安値からの戻りに対する抵抗線を求める方法を見てみましょう。複数の高値から安値へのスイングにリトレースメントを当てはめる場合、必ず取り上げた高値すべてから最安値（この場合06年10月31日の安値）までで実行するようにしてください。少なくとも最高値から最安値までの距離はいつも使ったほうがいいでしょう。次に、複数のリトレースメントを加えるために、最高値よりも下の高値から最安値までの距離を使います。**図3.16**では、以下のスイングがすべて、その時点での現在の相場で抵抗線になり得る水準を見るのに適切だったことが分かるはずです。

図3.16

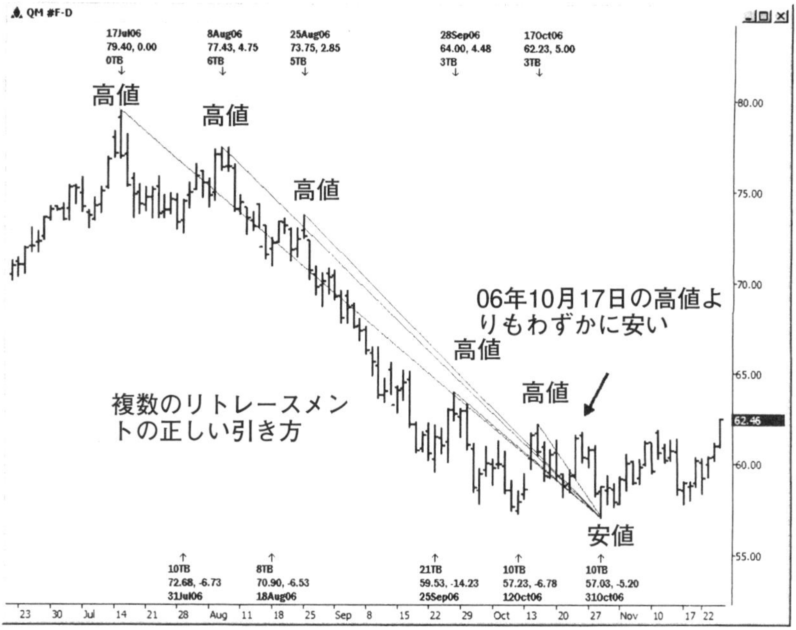

06年７月17日の高値から06年10月31日の安値
06年８月８日の高値から06年10月31日の安値
06年８月25日の高値から06年10月31日の安値
06年９月28日の高値から06年10月31日の安値
06年10月17日の高値から06年10月31日の安値

この場合、使えた小さなスイングがもうひとつありますが、06年10月17日の高値よりはほんのわずかに安くなっています。この２つの高値はかなり接近しているので、こちらは余分と言っていいでしょう。それでも、それを選んで使ってもかまわないのですが。ここで取り上げたスイングすべてにリトレースメントを当てはめれば、06年10月31

図3.17

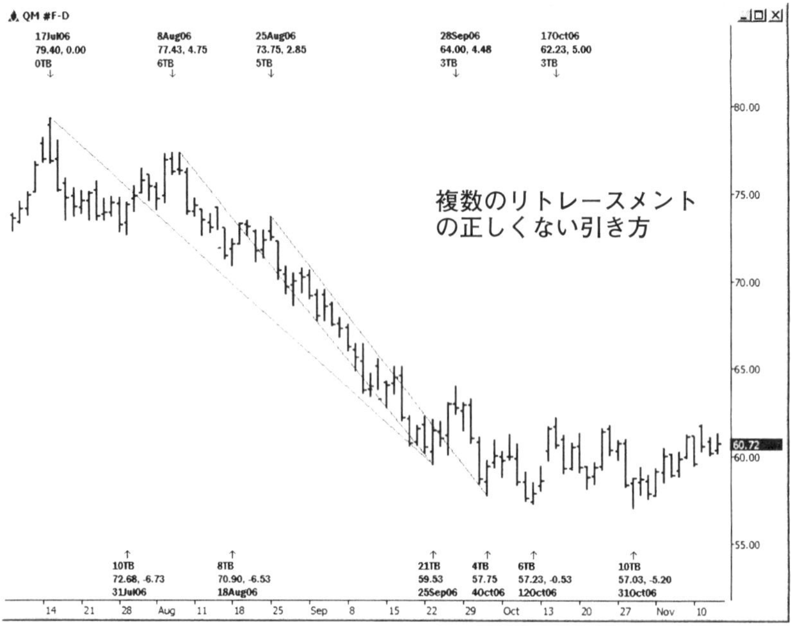

日の最安値から始まる上昇に対して、抵抗線になりそうなところが見分けられるでしょう。しかし、この安値が破られたら、さらに下げた新安値からリトレースメントをすべてやり直さなければなりません。

原油先物（**図3.17**）のこの２つ目のチャートでは、06年10月31日の最安値に引かれていないので、その時点での最新の相場の値動きとは関係のないスイングを示しています。例えば、06年７月17日の高値から06年９月25日の安値にリトレースメントを当てはめても、現在の分析には役に立ちません。06年９月25日の安値は更新されてしまったからです。しかし、06年９月25日の安値が最安値の時点では意味があったでしょう。ほかに無意味だったスイングとしては、06年８月８日の高値から06年９月25日の安値と、06年８月25日の高値から06年10月４日の安値があります。06年10月31日が分析時点での最安値だったからです。

価格のフィボナッチエクステンションに移る前に、わたしが講演をするときにほとんど決まって出る質問に答えておこうと思います。いつも聞かれることは、以前のフィボナッチの支持線が新しい抵抗線になったり、以前の抵抗線が新しい支持線になったりするでしょうか、ということです。「なりません」がその答えです。そういうやり方は、要するにわたしの方法論にはないのです。相場はある価格帯を抜けたあと、また元の価格帯に戻る傾向があるので、それが当てはまるように見えるときはあります。しかし、新しい支持線や抵抗線の水準を見つけるもっと正確な方法は、直近の値動きにリトレースメントを当てはめて新しい水準を作ることです。わたしたちはこの市場を勢いがあり、生きて成長しているものとみなして、分析し続けなければならないのです。

第4章

価格のフィボナッチエクステンション

Fibonacci Price Extensions

本章では、多くの価格のフィボナッチエクステンション例を示します。それはまた、分析している市場が何であれ、支持線や抵抗線になりそうな水準を設定するためにも使われます。フィボナッチエクステンションはリトレースメントに似ている点があります。両者とも、価格関係を見るのに２点のみのデータを使い、以前の安値から高値か以前の高値から安値に対して当てはめるからです。唯一の違いは、リトレースメントを当てはめるときには、以前のスイングに対して100％未満であり、以前の値動きをリトレースして（押して・戻して）います。一方、エクステンションでは、以前のスイングに対して100％を超えてエクステンドして（伸びて）います。あなたはおそらくトレーディング分析プログラムの同じツールを使っているでしょうが、それでもこのテクニックに違う名前をつけたのは、価格関係が以前のスイングの範囲内で起こっているのか、あるいはそれを超えて伸びているのかを示すためなのです。

エクステンションは以前の安値から高値へのスイングに対して、比率1.272倍と1.618倍を使って支持線になりそうな水準を求めます。抵抗線になりそうな水準を求める場合には、比率1.272倍と1.618倍を使って以前の高値から安値へのスイングに当てはめます。さらに、比率2.618倍と4.236倍を加えてもかまいません。わたしはセットアップの

３番目の候補として2.618倍を使いますが、4.236倍を見るのは、相場が一方向に大きく展開している場合に最終的に止まる地点を探そうとしているときだけです。

これから先のエクステンション例を当てはめるためにわたしが使ったのは、リトレースメントの章で示したダイナミックトレーダー（DT）のツールと同じものです。ほとんどの分析プログラムはリトレースメントと同じツールでエクステンションを当てはめます。両方ともチャート上の２点の価格だけを使って測るからです。計算は同じで、唯一の違いは、リトレースメントが以前のスイングの100％未満と定義され、エクステンションは以前のスイングの100％を超えると定義されるところです（注　本書で価格のエクステンションとわたしが呼んでいるものには、以降の例で分かるように、DTを使ったチャートでは、「EX Ret」と表示されています。わたしの指導者であるロバート・マイナーが、これらを価格のエクステンションではなく「エクスターナル・プライス・リトレースメント」と呼ぶためです）。

図4.1

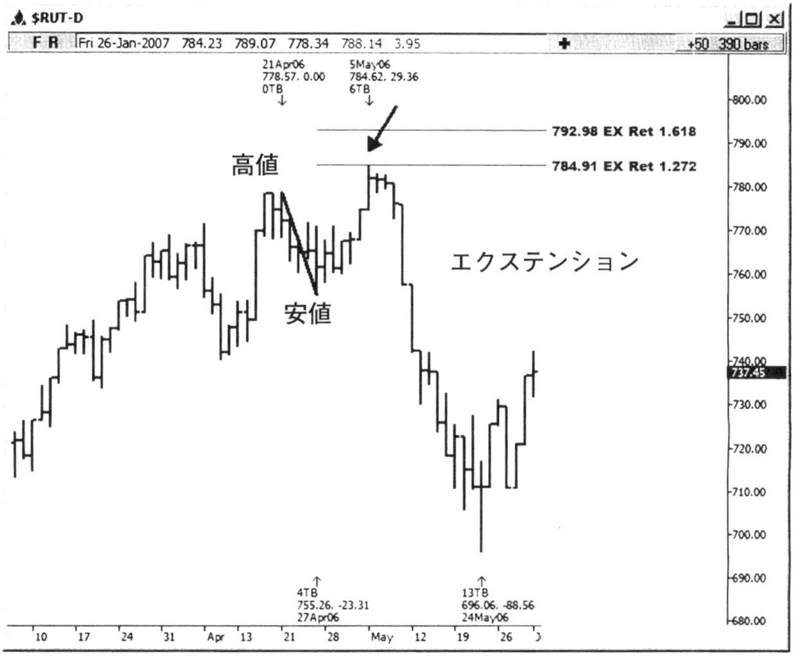

最初のエクステンション例は、ラッセル現物指数の日足チャートです（**図4.1**）。06年４月21日の高値から06年４月27日の安値に対し、1.272倍と1.618倍のエクステンションを当てはめ、06年４月27日の安値から始まった上昇に対して抵抗線になりそうな水準を求めました。この例では、1.272倍のエクステンションがどこになるかを知っておくことは、トレーダーにとって非常に重要だったことでしょう。指数はこの抵抗線を試したあと、非常にきれいな下げに転じたからです。

図4.2

次のエクステンション例は、原油先物の60分足チャートです（図4.2）。ここでは、07年１月12日の安値51.58ドルから07年１月15日の高値53.38ドルまでを測り、1.272倍と1.618倍のエクステンションを当てはめました。重要な安値は1.618倍エクステンションから数ティック内に付け、そこで2.00ドル以上の上昇があったことに注意してください！　エクステンションを長年使ってきて分かったことは、たとえ一時的にせよ、これらのエクステンション水準で多くの値動きは終わる傾向があるということです。

図4.3

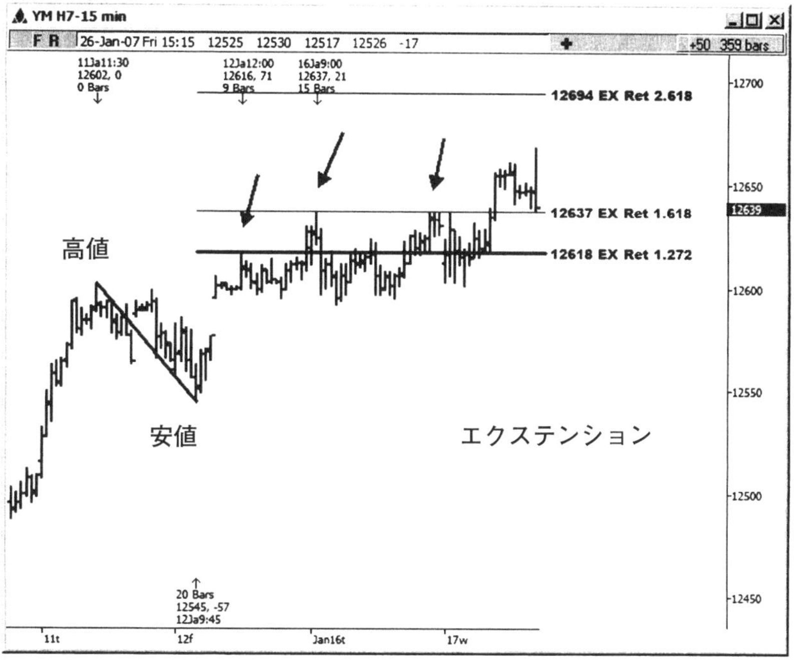

エクステンションの例をもうひとつ、今回はミニダウで見てみましょう。**図4.3**では、この15分足チャートの高値から安値へのスイングに対して当てはめ、上昇局面で抵抗線になりそうな水準を求めました。1.272倍エクステンションで小さな押しがあり、次に1.618倍エクステンションでも小さな押しがあったことに注目しましょう。この先物は、やがてこれらの水準を両方とも超えて上げていきました。きれいな上昇トレンドのなかにいたので、こういうことはそれほど珍しくはありません。しかしこれらの水準がこの指数の値動きに対する一時的な抵抗線になったのは確かです。そういうわけで、トレーダーとしてはそれらに気づいているほうが良いのです。

図4.4

次のエクステンション例はＥミニS&P先物の15分足です（図4.4）。わたしたちは、1435.75の高値から1429.25の安値までを測って、上昇局面で抵抗線になりそうな水準を求めました。S&Pは1.272倍エクステンションではほとんど止まりませんでしたが、1.618倍エクステンションでは確かに少し押しました。ここでも、15分足チャートは明白な強気パターンを示していたので、どちらの値動きもそれほど驚くことではありません。

図4.5

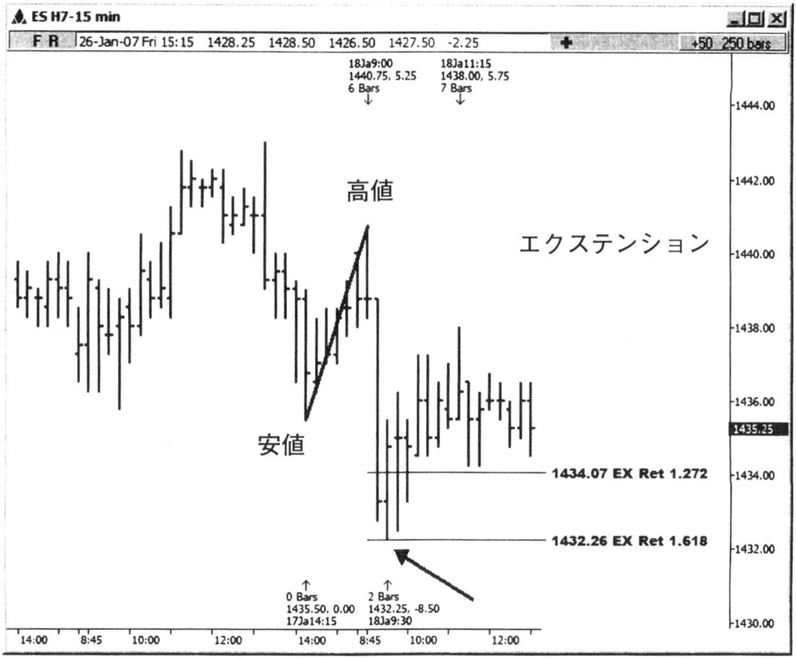

図4.5も、ＥミニS&P先物の15分足チャート上でエクステンションを当てはめた例です。わたしたちは、安値から高値へのスイング（07年１月17日の中部標準時午後２時15分の安値1435.50から07年１月18日の同午前９時00分の高値1440.75まで）を測り、1.272倍と1.618倍のエクステンションを当てはめて、支持線になりそうな水準を求めました。S&P先物は1.272倍エクステンションでは休みもしませんでしたが、同じスイングの1.618倍エクステンションではトレード可能な安値を付けました。

図4.6

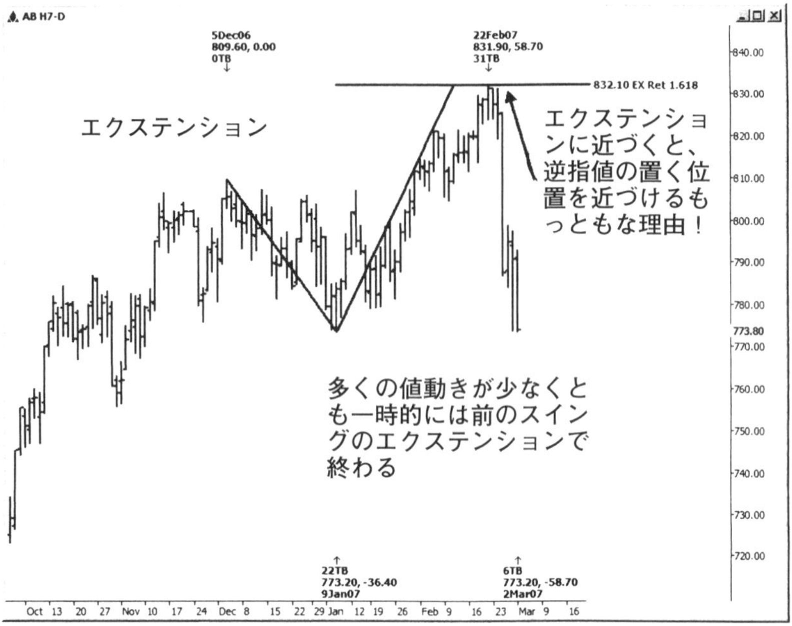

図4.6は、Ｅミニラッセル先物の日足チャートです。06年12月５日の高値から07年１月９日の安値に対する1.272倍エクステンションが軽く抜かれたあと、1.618倍エクステンションの832.10で止まりました。DTのソフトウエアの特徴として、かなりの幅で抜かれた価格関係はプログラムが自動的に削除します。このため、この場合では1.272倍エクステンションがチャート上に表示されていません。実際の高値は831.90で、このエクステンションよりも２ティック下でした。これまでのところ、58.70ポイントの下落がこのエクステンションに続いています。以前のスイングの1.272倍のエクステンションに近づくかそれを超えた場合は、自分のポジションに対して置いている逆指値注文の位置を近くするようにと、わたしは言います。多くの値動きは少なくとも一時的には、エクステンション付近で終わるからです。

図4.7

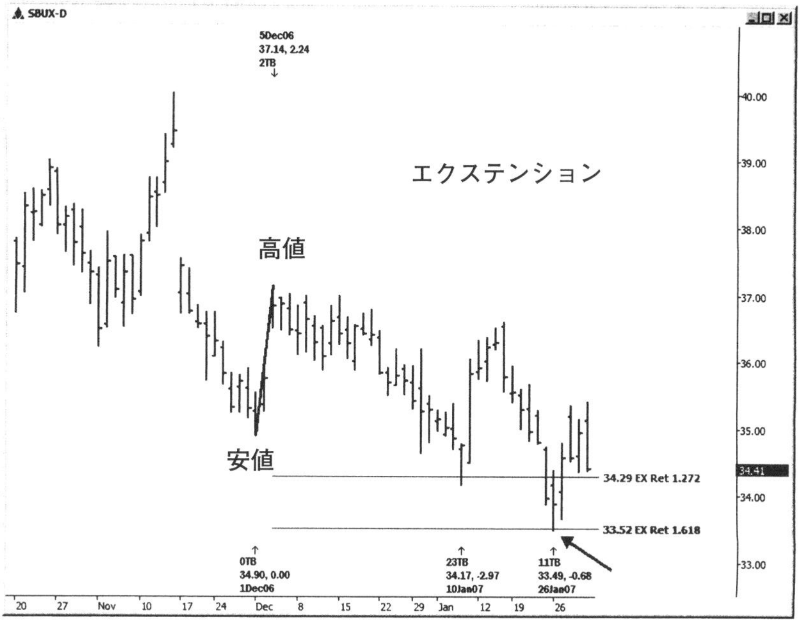

図4.7はスターバックスの日足チャートでのエクステンション例です。ここでは、06年12月１日の安値34.90ドルから06年12月５日の高値37.14ドルまでを測り、支持線になりそうな水準を求めました。このスイングの1.272倍エクステンション辺りでかなりの戻りが見られました。もっとも完ぺきな当たりとは言えませんが。しかし07年１月26日に付けた安値のほうは、1.618倍エクステンションである33.52ドルから数ティック以内でした。実際は33.49ドルで安値を付けました。

図4.8

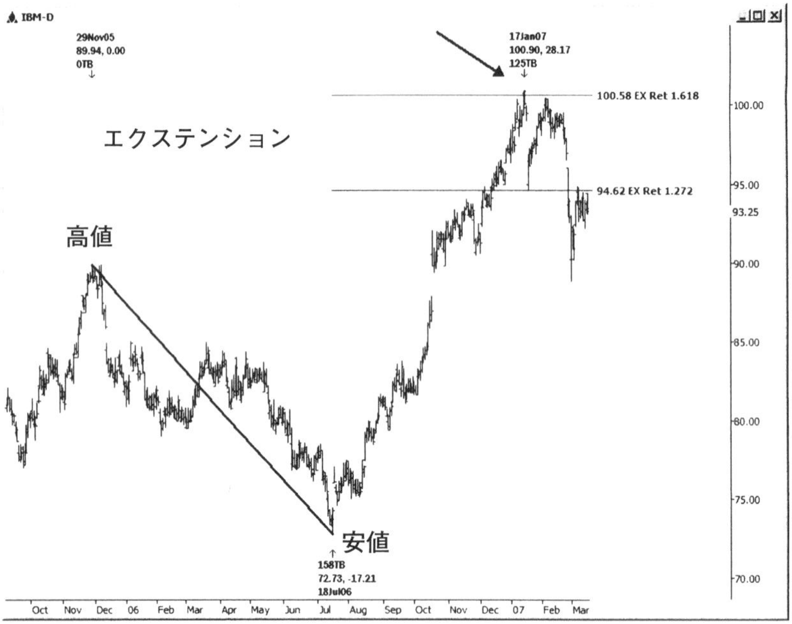

図4.8のIBMの日足チャートでは、05年11月29日の高値89.94ドルから06年７月18日の安値72.73ドルまでを測り、06年７月18日からの上昇に対して抵抗線になりそうな水準を求めました。この場合、1.618倍エクステンションがそのような抵抗線になりました。ここでも注意してもらいたいのですが、これも完全な当たりではありませんでした。エクステンションの水準は100.58ドルで、実際に付けた高値は100.90ドルでした。しかし大きく抜かれないかぎり、わたしは通常その水準をチャート上に残しておき、その辺りで反応する可能性がないかをなおも見守るでしょう。

図4.9

グーグルという銘柄は相場の幾何学を尊重するようにしばしば見えます。**図4.9**では、07年２月12日の安値455.02ドルから07年２月22日の高値484.24ドルまでを測り、支持線になりそうなエクステンションを求めました。この株は1.272倍エクステンションではほとんど止まりませんでした。しかし1.618倍エクステンション付近を試したあとには、トレード可能な戻りを見せました。

図4.10

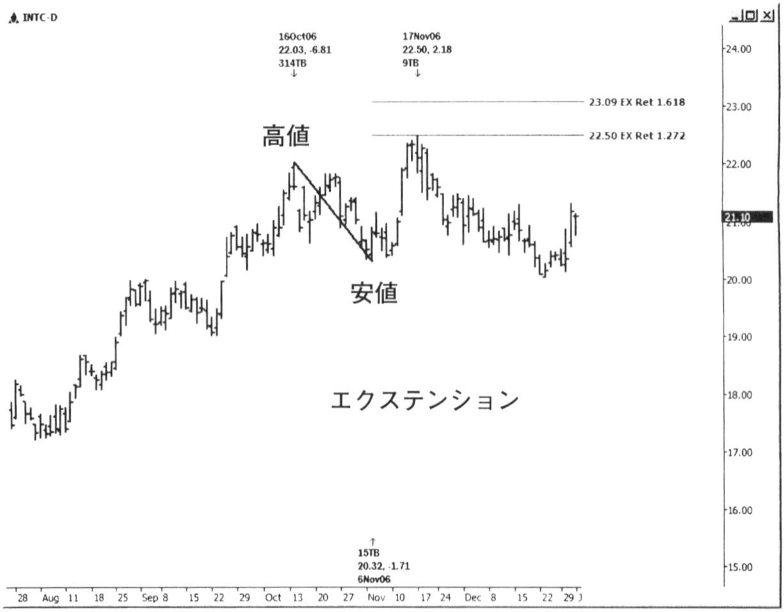

図4.10では、インテルの日足チャート上で、06年10月16日の高値22.03ドルから06年11月6日の安値20.32ドルまでの値動きを使ってエクステンションを当てはめて、抵抗線になりそうな水準を求めました。ぴったり22.50ドルの水準で、1.272倍エクステンションが試されて持ちこたえました。この高値のあとにきれいな下げが続きました。

図4.11

図4.11のホーム・デポの日足チャートでは、06年11月１日の高値37.64ドルから06年11月14日の安値35.77ドルまでの値動きにエクステンションを当てはめ、抵抗線になりそうな水準を求めました。この場合、1.618倍エクステンションがトレード可能な高値になりました。この株は06年11月20日の高値でかなりの調整をしたあと、再び上昇トレンドに入りました。これらのフィボナッチ比率の価格関係の多くは、トレンドの変化を生まないし、毎日破られるのだということを頭に入れておいてください。あとの章では、これらの価格関係がたとえ集中してもトレンドの小さな変化さえ捕まえられないという例を示します。この作業は魔術ではありません。しかし適切な使い方を学べば、トレーディングであなたは間違いなく優位に立つことができます。

図4.12

図4.12のヤフーの日足チャートでは、05年６月７日の高値38.95ドルから05年９月21日の安値31.60ドルまでの値動きにエクステンションを当てはめました。この大きなスイング内には複数のスイングが含まれています。このチャートでは、1.272倍と1.618倍のエクステンションが抵抗線にならないかを見ていました。1.618倍エクステンションの43.49ドルをわずか数セント下回るところで、トレード可能な高値を付けました。

図4.13

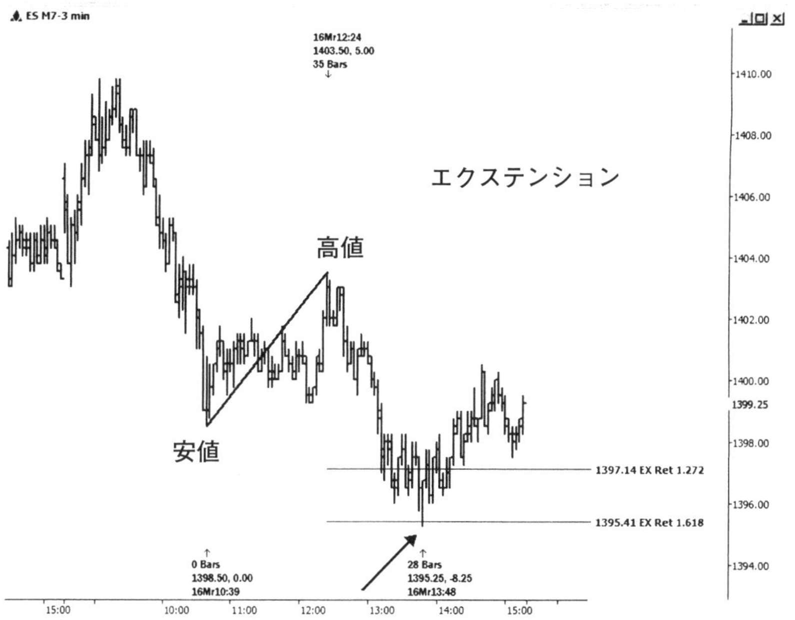

フィボナッチ比率の価格関係は、どんな時間枠のチャート上でも使うことができます。**図4.13**はＥミニS&Pの３分足チャートです。1398.50の安値から1403.50の高値を測り、このスイングのエクステンションで支持線になりそうな水準を求めます。この場合、1.618倍エクステンションから少し下げたところで、トレード可能な安値を付けました。

著者から一言

多くの値動きがエクステンションで止まるのをよく目にするので、わたしのチャットルームでは、自動タイプ機能を使ってこの

図4.14

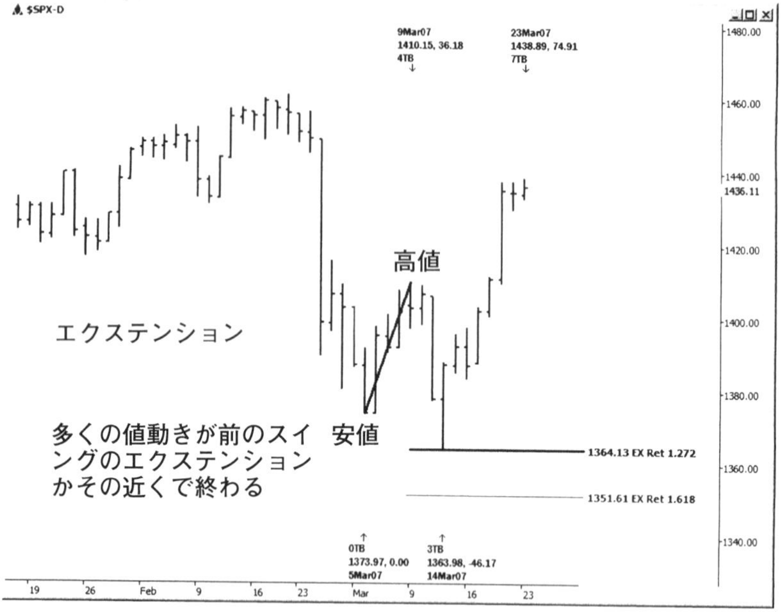

ことを絶えずトレーダーに思い出させています。

このS&Pの日足チャート（**図4.14**）も、1.272倍か1.618倍エクステンションのいずれかに出合うと、相場が急反転する例です。07年３月５日の安値から07年３月９日の高値の値動きを使うと、そのスイングの1.272倍エクステンションは1364.13になりました。実際の安値は1363.98でした。ここまでのところでは、劇的な74ポイントの上昇がこの安値に続いています。

本章では、チャート例を使って、多くの値動きが以前のスイングのエクステンションで止まる傾向があることを示しました。これらの水準は、トレーダーとしてよく知っておく価値があります。あなたが前もって計算していれば、相場の値動きが止まる確率がいつもよりも高いことを知っている、という有利さを手にするのです。それでは次の章で、価格のフィボナッチプロジェクションを見ていきましょう。

第5章

価格のフィボナッチプロジェクション

Fibonacci Price Projections or Objectives

価格関係の最後になりますが、劣らず大事な、価格のフィボナッチプロジェクションを分析中のチャートに当てはめる方法をこの章で見ることにしましょう。このプロジェクションは、プライスオブジェクティブとも呼ばれます。わたしは、自分のチャート上では、プロジェクションではなくプライスオブジェクティブの略である「PO」とよく表示します。

この価格のプロジェクションは、３点のデータを使って当てはめ、同じ向きのスイングを比べます。このツールはまず、以前の安値から高値へのスイングに当てはめ、次に別の安値からそのスイングをプロジェクトして（当てはめて）抵抗線になりそうな水準を求めます。あるいは、まず以前の高値から安値へのスイングに当てはめ、次に別の高値からそのスイングを当てはめて支持線になりそうな水準を求めます。わたしたちがプロジェクションを当てはめるために使う比率は、1.00と1.618です。

100％のプロジェクションはシンメトリーが見つかる場所でもあります（この概念は第７章で詳しく説明します）。この時点で知っておく必要があるのは、同じ向きのスイングが似ているか等しい場合をシンメトリーと定義するということです。わたしは毎日シンメトリーのプロジェクションを使って、トレンド方向にセットアップを作ってい

図5.1　DTのプライス・プロジェクションツール

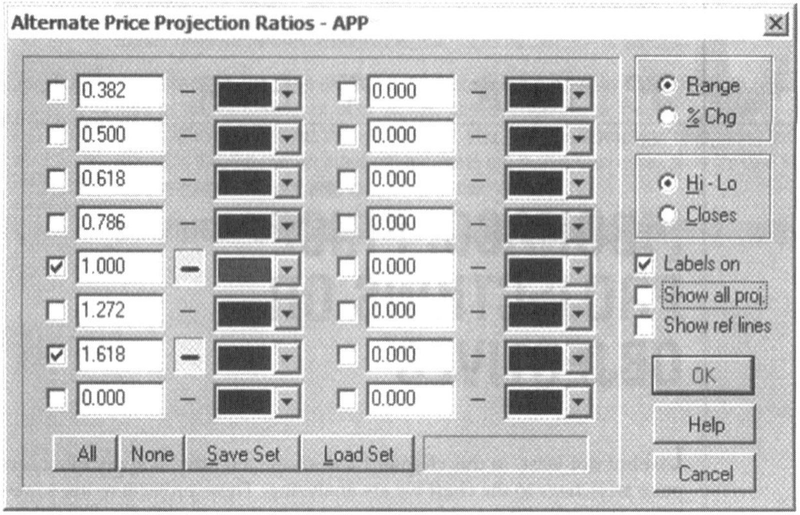

ます。この概念はチャート例を見ていくことで明らかになるでしょう。

これらの価格関係の線を引くためには、チャート上で３点が使える分析ツールを使わなければなりません。ダイナミックトレーダー（DT）のソフトウエアでは、それをオールタネイト・プライス・プロジェクションツールと呼んでいます。**図5.1**に、このツールの設定を表示しています。

わたしがプロジェクション関係の使い方を教える場合に、混乱することがあるかもしれません。というのは、多くのテクニカル分析プログラムが３点を使ったフィボナッチのツールを、プロジェクションツールではなくエクステンションツールと呼んでいるからです。覚えておいてほしいことは、呼び名がどうであれ、同じ向きのスイングを比較するプロジェクションを当てはめるためには３点を選べるツールを使う必要があるということです（注　本書で価格のプロジェクションあるいはオブジェクティブとわたしが呼んでいるものは、以降のDTを使ったチャート例では「APP」あるいはオールタネイト・プライス・プロジェクションと表示されています）。

図5.2

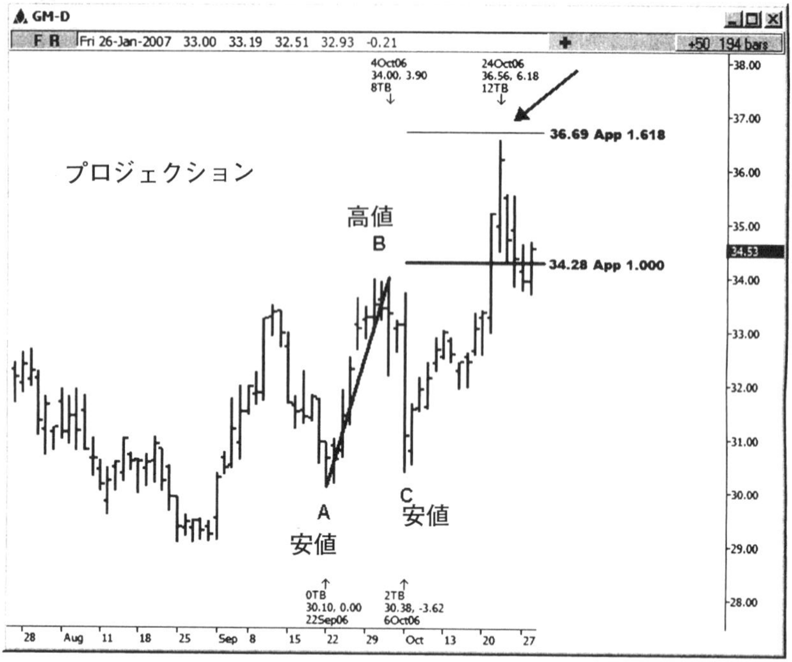

わたしたちの最初のプロジェクション例は、**図5.2**のゼネラルモーターズ（GM）の日足チャートです。３点を使うプロジェクションツールで比べているのは、同じ向きのスイングだということを忘れないでください。まず点Ａから点Ｂまでのスイングを測ると3.90ドルでした。次に点Ｃから最初のスイングの1.0倍と1.618倍のプロジェクションを当てはめて抵抗線になりそうな水準を求めました。1.0倍プロジェクションの水準は34.28ドルでした。この最初のプロジェクションでは下落がありませんでした。1.618倍プロジェクションの水準は、36.69ドルでした。GM株の上昇はこの２番目の抵抗線のほんの少し下で、少なくとも一時的には止まったという点に注目してください。

図5.3

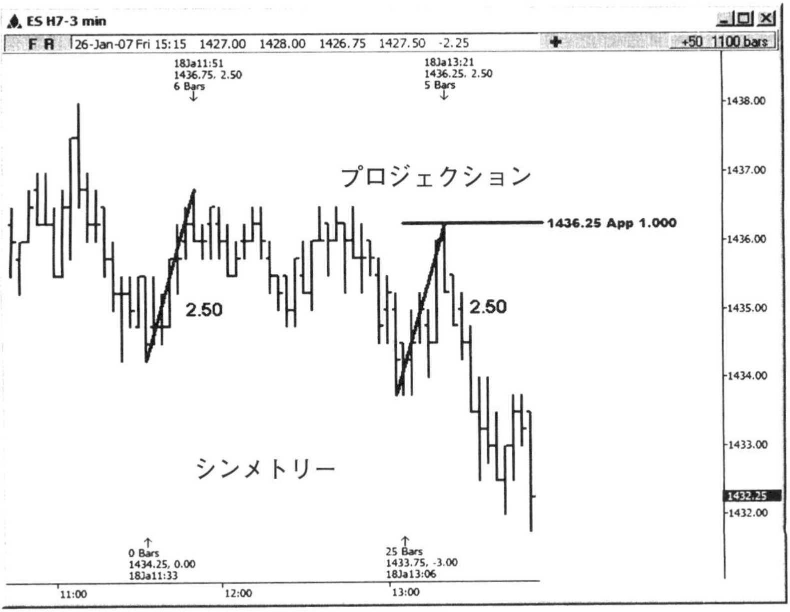

２番目のプロジェクション例は、ＥミニS&P先物の３分足チャートです。**図5.3**では下降トレンド内の調整の戻りを比べているので、1.0倍プロジェクションだけを使っています。わたしは調整のスイングを比べるのが好きです。これらのスイングは普通、似ているか等しいということが分かるためです。これはトレンド方向に仕掛ける場合に役立つ強力なツールになります。

注目してほしいのは、このチャートの最初のスイングは、安値1434.25から高値1436.75まで2.50ポイントだった点です。次にこのスイングの100％を1433.75の安値から当てはめると、プロジェクションで抵抗線になり得る水準は1436.25になりました。

実際の高値はぴったり100％のプロジェクションに等しくなりました。4.00ポイント以上の下げがこのシンメトリーのプロジェクション

図5.4

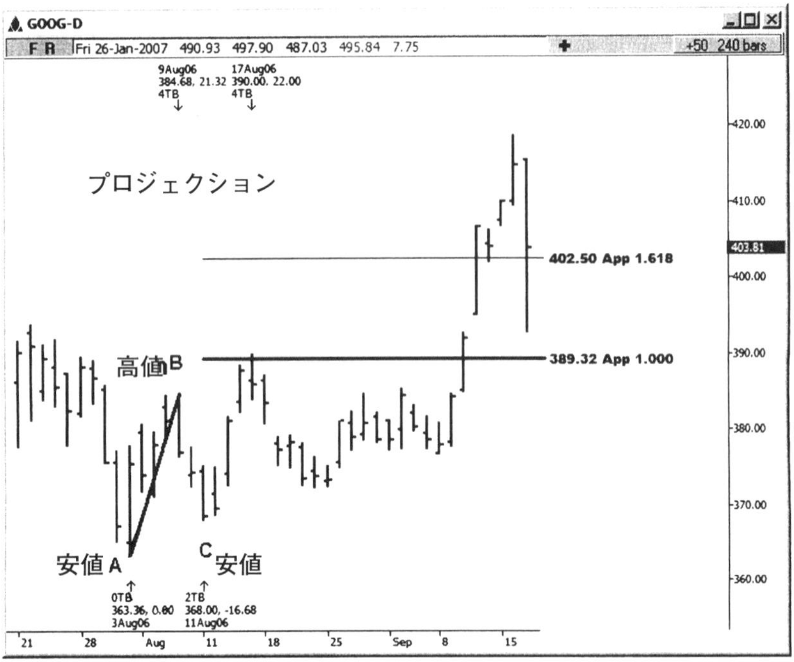

のあとに見られました。この場合、両方のスイングがちょうど2.50ポイントだったので完全なシンメトリー（等しさ）がありました。

グーグル株で、別のプロジェクションの例を見ましょう。**図5.4**では、点Aから点Bまでのスイングを測り、次に点Cから1.0倍と1.618倍プロジェクションを当てはめて抵抗線になりそうな水準を求めました。1.0倍プロジェクションは389.32ドルになりました。価格の面では完全な当たりではありませんでした（実際の高値は390.00ドル）が、そこで明確なダウンサイド・リバーサルを見せました。402.50ドルに引かれた1.618倍プロジェクションは、この場合まったく抵抗線になりませんでした。

これらのフィボナッチ比率の価格関係のなかには、当てはめられた水準でぴたりと当たるときがあります。それは極めて神秘的に見えることでしょう。だからと言って、この作業をすれば常に完ぺきなものが見られると期待しないでください。水準が大きく破られたり、水準に遠く及ばないのでないかぎり、それはまだ価格の判断材料としての価値があります。個人的なことを言えば、フィボナッチ水準を早く消しすぎると、間違いを犯しやすいことをわたしは発見しました。わたしのチャットルームのトレーダーたちが、この点を最初に指摘してくれたのです。

図5.5

図5.5はインテルの日足チャートです。ここでは、点Aから点BまでのスイングをSる測ると2.55ドルの下落でした。ついで点Cからこの下落の1.0倍を当てはめ、19.95ドルでのプロジェクションが支持線になるかを見ました。この場合20.03ドルで実際の安値を付けましたが、それは支持線の水準にわずかに届きませんでした。最初のスイングが2.55ドルの下落で、2番目が2.47ドルの下落だったので、2つのスイングには類似性（シンメトリー）が明確にありました。

図5.6

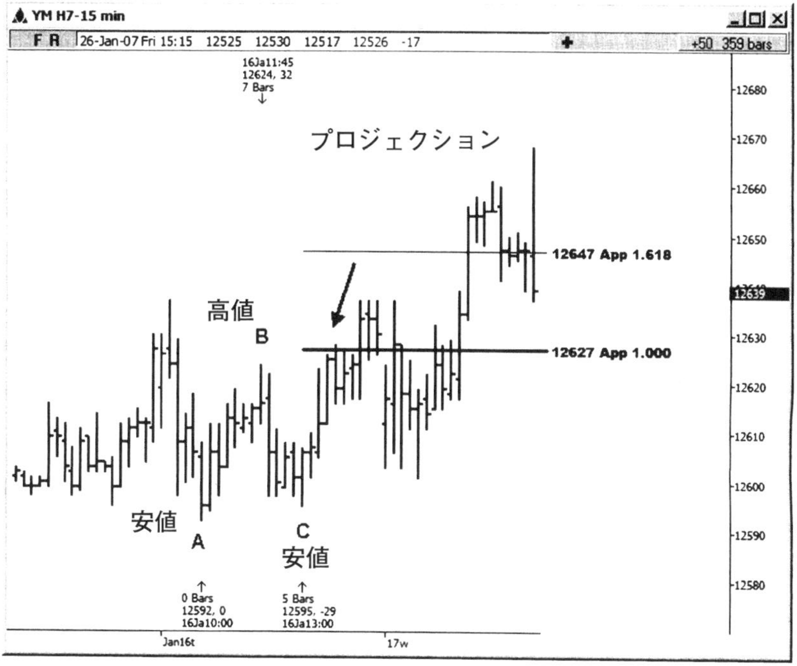

ミニダウのプロジェクション例を、次に見ることにしましょう。この15分足チャート（**図5.6**）では、わたしたちは点Aから点Bまでの32ポイントの上昇から測り始めました。このスイング幅に1.0と1.618を掛けて（実際にはコンピュータープログラムが計算したのですが）、点Cからその結果を当てはめました。この場合にわたしたちが目にしたのは、1.0倍プロジェクションの近くで短時間、値動きが止まったというだけのものでした。そこを超えたところにあるプロジェクションは、上昇に対する抵抗線の役目を実はあまり果たしませんでした（これらの価格関係の多くは破られるものであって、そうしたものは予測としての価値をまったく持たないのだということを覚えておいてください！）。

図5.7

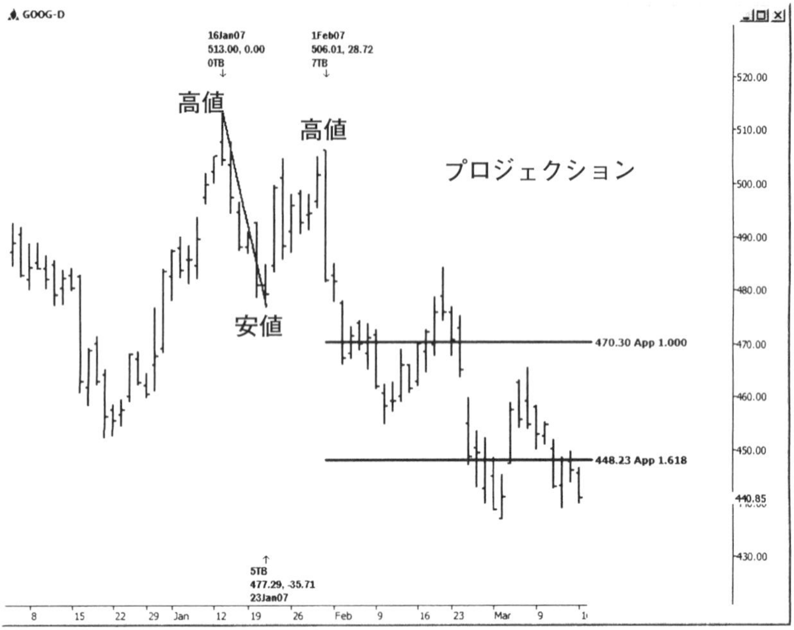

もう一度言いますが、フィボナッチ比率の価格関係は常に当てはまるという印象を、わたしは与えたくありません。だから、プロジェクションが何の意味ももたらさなかった例（**図5.7**）を、グーグルでいっしょに見ておこうと思います。水準が当てはまった例だけを見せるのは、著者として無責任でしょう。百パーセントいつでもうまくいく方法論や分析は存在しないということもさることながら、これらの価格帯を試しに行くときに反転の兆しや仕掛けのトリガーが何も見当たらない場合、そこでは仕掛けてはいけないということがトレーダーのあなたには分かるでしょう。

図5.8

図5.8はラッセル現物指数の日足チャートでプロジェクションを見た例です。06年２月14日の安値（点A）から06年３月３日の高値（点B）までを測り、06年３月８日の安値（点C）からそれを当てはめて抵抗線になりそうな水準を求めました。1.0倍プロジェクションの辺りでわずかに押したあと、同じスイングの1.618倍プロジェクションのわずか下でもっとはっきりした下落があることに注目してください。

図5.9

S&Pの日足チャート（**図5.9**）では、04年８月13日の安値1060.72（点A）から04年10月６日の高値1142.05（点B）までを測り、04年10月25日の安値1090.19（点C）からそれを当てはめ、抵抗線の水準を求めました。この例では、点Aから点Bまでのスイングの1.0倍プロジェクションで小さな横ばいがありました。さらに1.618倍プロジェクションのわずか下で、はるかに明確な下落がありました。

図5.10

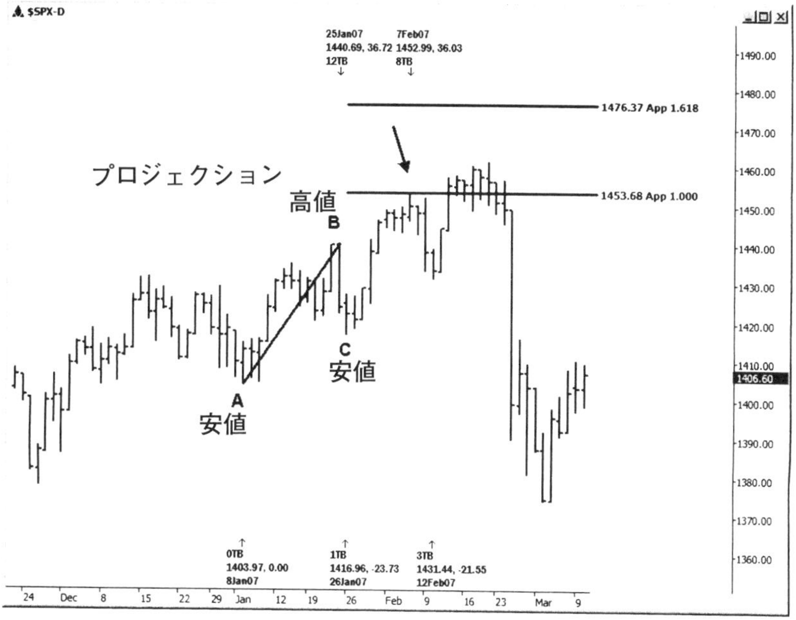

S&P日足チャート（**図5.10**）では、07年１月８日の安値1403.97（点A）から07年１月25日の高値1440.69（点B）までを測り、07年１月26日の安値1416.96（点C）からフィボナッチ比率で当てはめて抵抗線の水準を求めました。トレード可能な高値は1.0倍プロジェクションのわずかに下で付けました（この場合、1.618倍は試しに行きませんでした）。

図5.11

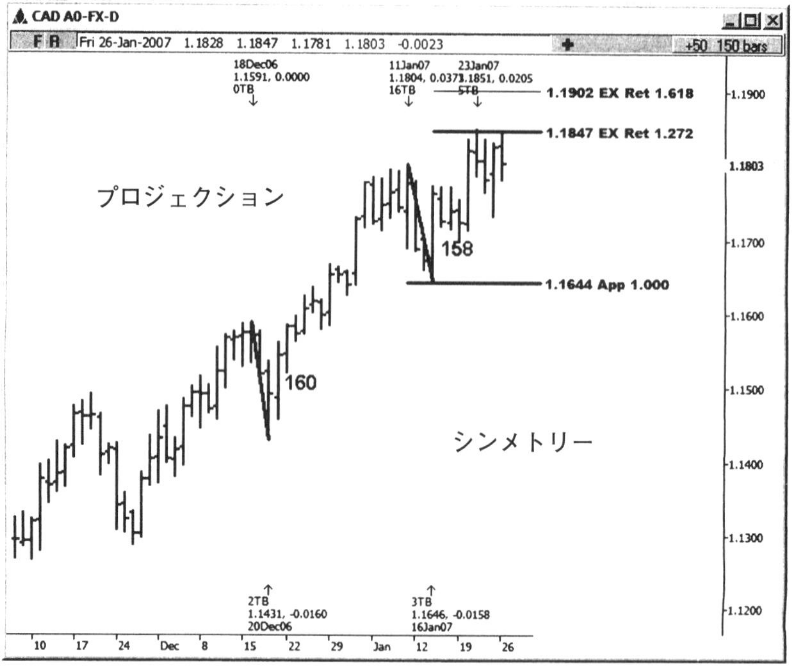

次の例は、FX市場のカナダドルです（図5.11）。ここではきれいな上昇トレンドを描いているので、プロジェクションツールを使い、トレンド内でシンメトリーによる支持線を求めたいと考えました。06年12月18日の高値から06年12月20日の安値までの値動きを取り、07年1月11日で新たに付けた高値から当てはめました。ここからの1.0倍プロジェクションは1.1644ドルの辺りで支持線になりそうな水準を示しました。実際の安値は1.1646ドルでした。それはプロジェクションの水準から2ピップスの差でした。この安値のあと、きれいな上昇が1.1851ドルまで続きました。それは07年1月16日の安値から205ピップスの上昇でした。この上昇は1.272倍エクステンションの水準に達したあと、止まった点に注目してください。

図5.12

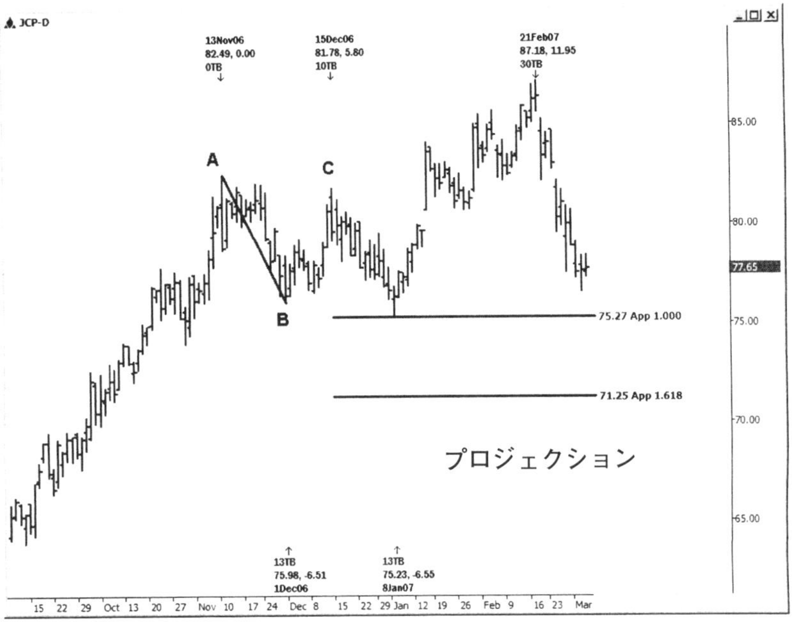

次に、JCペニーの日足チャート（**図5.12**）を見ましょう。ここでは、06年11月13日の高値から06年12月１日の安値（点Ａから点Ｂ）の幅を測り、06年12月15日の高値（点Ｃ）からそれを当てはめて支持線になりそうな水準を求めました。この場合、以前のスイングの1.0倍プロジェクションがかなり正確に安値をとらえました（1.618倍プロジェクションの水準は試しに行きませんでした）。株価はその後、11.95ドルの上昇を見せました。

図5.13

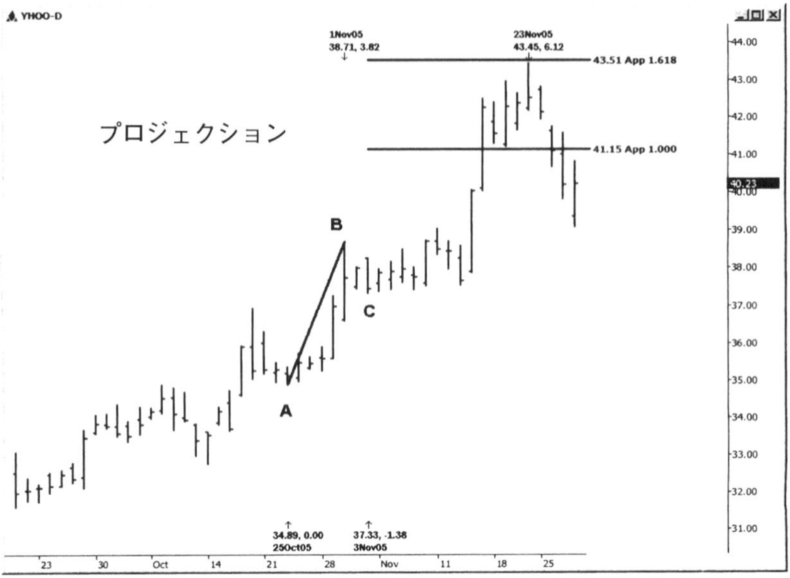

このヤフーの日足チャート（**図5.13**）では、プロジェクションを実行できるはっきりとした場所を見つけるのが少し難しいかもしれません。点Cの押し目は、これまで見てきた例に比べると明確ではありません。チャート上でフィボナッチ比率の価格関係を当てはめるのは、ときに科学というよりは芸術です。分析を行うときに常識や直観を使うしかない場合もあるでしょう。この例のスイングは日足チャート上では明白ではないかもしれませんが、60分足チャートでこれを見ればもっと明白になるでしょう。ある高値や安値を計算で使うべきかどうか迷っている場合には、いつでも現在よりも短期の時間枠のチャートを使って判断をすればいいのです。

わたしたちは、05年10月25日の安値から05年11月１日の高値までのスイング（点Aから点B）を測り、05年11月３日の安値（点C）から

図5.14

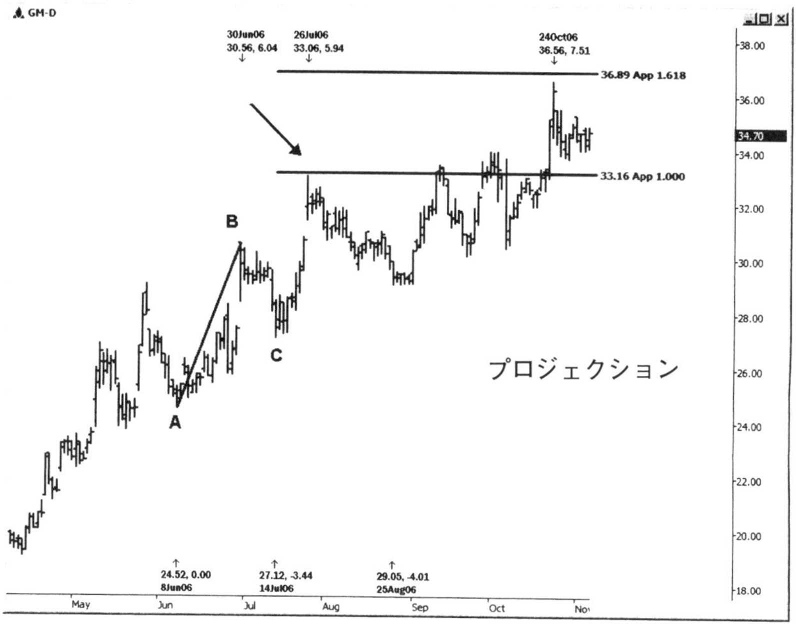

プロジェクションを当てはめて、抵抗線になりそうな水準を求めました。以前のスイングの1.0倍プロジェクションでは何の反応もありませんでした。しかしこの同じスイングのちょうど1.618倍プロジェクションの辺りで、トレード可能な高値が付くのが見られました。

図5.14のゼネラル・モーターズの日足チャートでは、06年６月８日の安値から06年６月30日の高値（点Ａから点Ｂ）を測り、次に06年７月14日の安値（点Ｃ）からプロジェクションを当てはめて、抵抗線になりそうな水準を求めました。このチャートでは、以前のスイングの1.0倍プロジェクションからきれいに下落しました。1.618倍プロジェクションよりも少し下での下落は、完全主義者であるわたしには当たりと呼べるほど十分に近くはありませんでしたが、重要な価格判断の水準に接近しているときは常に、逆指値注文を現在の相場の値動き

に近づける習慣をつけておくことが望まれます。トレイリングストップを使った戦略については、後述します。

これまでの章で、セットアップを作るために、3つの異なるタイプのフィボナッチ比率の価格関係をどのように当てはめればよいかという例を示してきました。すなわち、リトレースメント、エクステンション、プロジェクションです。次章では、これらの価格関係の「集中効果」あるいは「コンフルエンス（重なり）」を見ていくことにします。それはわたしたちの最初のセットアップとなる、フィボナッチ比率の価格のクラスターです。

第6章

フィボナッチ比率の価格のクラスター——セットアップ1

Fibonacci Price Cluster Setups : Trade Setup 1

価格のクラスターのわたしの定義は、比較的狭い範囲内に集まった少なくとも3つのフィボナッチ比率の価格関係が同時に現れることです。これらの価格のクラスターによって、セットアップとみなせる重要な支持線と抵抗線が特定されます。価格のクラスターは、3つのリトレースメント、3つのエクステンション、3つのプロジェクション、あるいはこれらの価格関係のうちのいずれの組み合わせからでも作ることができます。

価格のクラスターは4つ以上の価格関係が同時に現れた場合でも起こります。3つというのは定義を満たすのに必要な最小の数にすぎません。比較的狭い範囲に5つから10の価格関係が集まるのを、あなたは目にするかもしれません。しかし、これらの価格関係が多く集まったからといって、その価格帯が持ちこたえる可能性が高まるというわけではありません。それでも、そこは非常に重要な価格判断の水準であるという示唆にはなっています。その価格帯が持ちこたえる場合、かなり高い割合でトレンドは転換するでしょう。しかし、この重要な価格帯が破られる場合は、元のトレンドが加速しながらこの価格帯に入っていくのを見ても驚かないようにしましょう。大きなクラスターが、現在の相場の値動きからあまり遠くない水準にできるのを見ることがあります。それらは価格を引きつける磁石のような働きをする傾向があります。

トレンド

価格のクラスターのセットアップを作るときに、仕掛けに関するかぎり、分析しているチャートのトレンド方向にできるクラスターにわたしは注目したいのです。そのほうが確度の高いセットアップになるでしょう。わたしが使っているトレンドの簡単な定義は、チャート上のパターンを見れば分かるものです。パターンを全体的に見て、高値も安値も切り上げていれば上昇トレンドとみなし、あるいは全体的に高値も安値も切り下げていれば下降トレンドとみなしているのです。

わたしは多くのトレーダーが逆張りで試みるように、上流に向かって泳ぐのではなく、流れに沿って泳ぐほうがいいと信じています。相場が強気のパターン（高値も安値も切り上げている形）を示していれば、わたしはトレンドに合わせて買いを仕掛けられるクラスターをセットアップに用います。相場が弱気のチャートパターン（高値も安値も切り下げている形）ならば、下降トレンド方向に仕掛けるのに役立つクラスターを見ます。わたしがトレンドに「逆らって」現れるクラスターを探す場合は、含み益や手仕舞い戦略を管理するのに役立てるためです。例えば、買いポジションを持っていて、上昇トレンド内に抵抗線のクラスターが見られるのなら、わたしはトレーダーたちに逆指値注文の位置を近くして、利益を一部確定するようにと提案するでしょう。

直近のトレンドに反するクラスターでもセットアップとみなせますが、これらのクラスターのひとつが利益をもたらす確率は、トレンドに逆らわないクラスターよりも確率が低いということを意識しておく必要があります。このような逆張りの機会が現れた場合には、適切なフィルターやトリガーを使うことで、勝率を上げられるでしょう。

図6.1

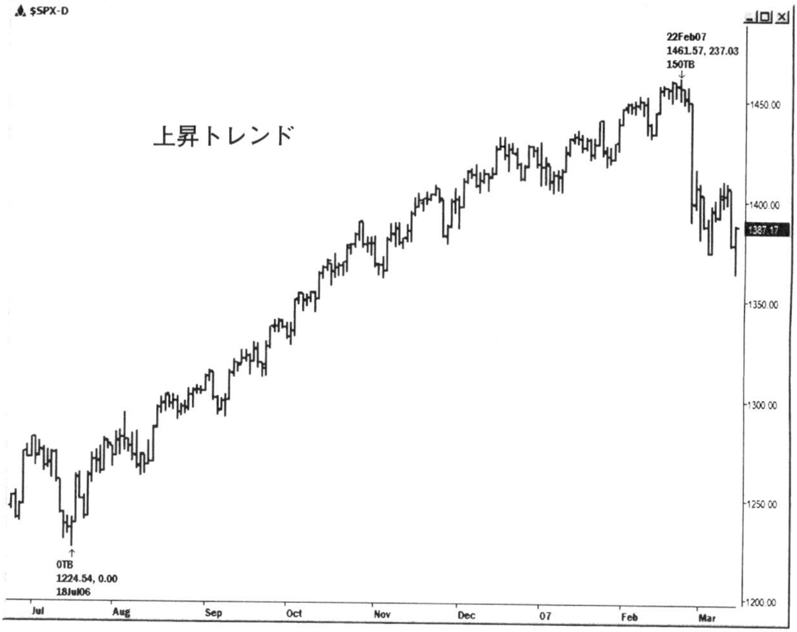

上昇トレンドの図解　全体的に高値も安値も切り上げるパターン――買いのクラスターのセットアップに注目

図6.1はS&Pの日足チャートです。この相場の全般的なパターンは、2006年７月の安値から2007年２月の高値に向かっての上昇です。全般的という意味は、チャートで示したほとんどの期間で高値も安値も切り上げているということです。しかし、相場の全体的方向は上昇トレンドと言っても、チャートには前の押し目である安値を割っているところがあります。これを見る別の方法は４歳の目で見ることです。あなたに代わって４歳の子どもに見てもらい、価格が上がっているか下がっているか子どもに尋ねてみましょう。子どもは普通、一歩下がって観察し、木ではなく森を見て正解を出すものです。

図6.2

下降トレンドの図解　全体的に高値も安値も切り下げるパターン――売りのクラスターのセットアップに注目

図6.2はS&Pの日足チャートです。この相場の全般的なパターンは、2001年５月の高値から2001年９月の安値に向かって下降しています。全般的と言う意味は、チャートで示したほとんどの期間で安値も高値も切り下げるパターンを示しているということです。しかし、相場の全体的な方向がまだ下降トレンドとは言っても、チャートには前の戻り高値より高くなっているところがあります。４歳の子どもの心でチャートを見ることを忘れないように！

資金管理

実際のクラスターのセットアップ例に入る前に、市場で利益を上げるためにクラスターを使う場合、一般的に考えておくべきことを見ておきましょう。最初にリスクの定義を見ます。クラスターのセットアップを利用して市場で仕掛ける場合、最大リスクとは価格のクラスター帯の両端よりも数ティック上か下と定義します。この最大リスクよりもずっと小さなリスクで逆指値注文を置く方法がほかにもいくつかあります（ほかの戦略についてはあとで検討します）。

次に、トレーディングで得られる可能性がある利益とは何かについて、一般論を持っておいたほうがいいと思います。どのクラスターのセットアップにおいても、わたしの最低限のトレーディング目標はいつでもスイングの1.272倍エクステンションの水準で、クラスター帯にあるものです。この目標は、特にきれいなトレンドの相場ではかなりの割合で達成されます。しかし、それが常に達成されるわけではないということは、心に留めておいてください。この同じスイングからのわたしの２番目の目標は常に1.618倍であり、３番目の目標は2.618倍です。

トレーディング目標に関して、指摘しておかなければならないことがいくつかあります。トレーディング目標はいつも達成されるわけではないので、必ず資金管理をうまく使うようにしてほしいのです。これはトレードが自分に有利に動いてきたら、逆指値注文を損益ゼロのところまで動かすか、現在値を追いかけて動かし続けるということを意味します。こうすれば、1.272倍の目標に到達しなくとも、損失から自分を守っていることになります。また、相場が1.272倍の目標をしばしば超えることにも注目しましょう。これが、相場が最初の目標を超えても少なくともある程度ポジションを維持する理由です。また、相場がどこまで動き、トレードでどれぐらいの利益が上げられそうかを前もって決めようとするのではなく、ポジションに対してトレイリングストップを置いておいて、動きが勢いを失ったら市場から追い出されるようにすることもできます。

価格のクラスターの例

さて、いくつか価格のクラスターのセットアップ例を見ていきましょう。これらの例を理解しやすくするために、価格関係を当てはめる以前の高値や安値の日付か価格のいずれかに触れていくことにします。

価格のクラスターの最初のセットアップ例では、段階を踏んでまず価格関係を何も当てはめていないチャートを見たあと、買い手と売り手のどちら側にセットアップを作るかを決めます。あとの例でも、初めのほうほどチャート数は多くはありませんが、価格のクラスターをどこから当てはめるかを図で説明します。

図6.3

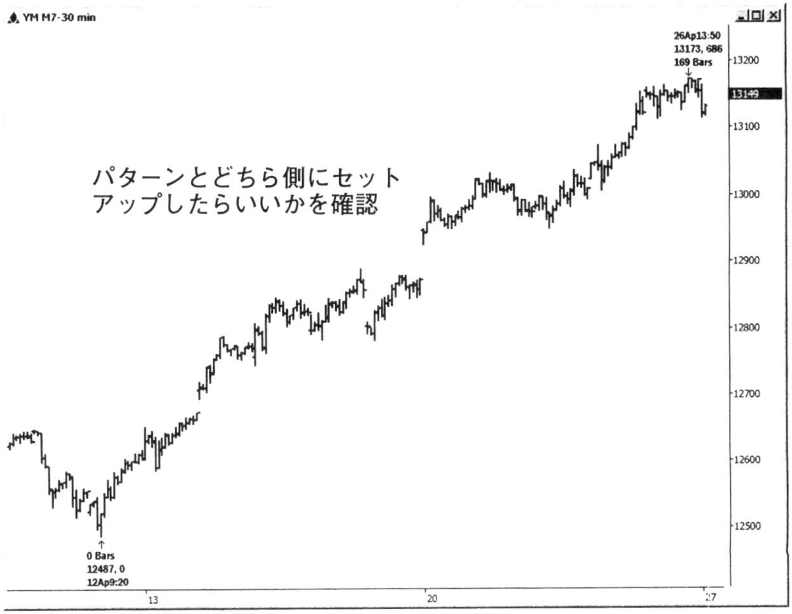

まず何も設定していないＥミニダウのチャートを見て、相場のどちら側にセットアップしたいかを決めましょう。ここで見ているのは、2007年６月限の30分足チャートです（**図6.3**）。全般的に高値も安値も切り上げているパターンから、相場は強気と明確に定義できます。わたしは分析しているチャートのトレンド方向に、クラスターを作ることに集中したいので、この場合は支持線になりそうな価格関係をすべて当てはめたいと考えます。そしてセットアップと言える価格関係が集中している水準を求めます。

図6.4

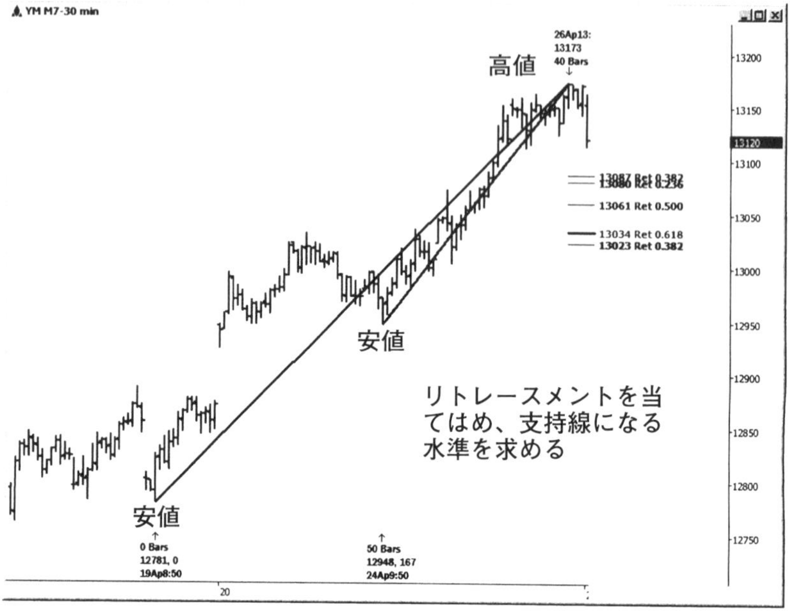

価格のフィボナッチリトレースメントを当てはめられる明白なスイングが２つありました。１万2781ドルの安値から１万3173ドルの高値までと、１万2948ドルの安値から１万3173ドルの高値までのスイングです（**図6.4**）。これらのリトレースメントのうち、支持線になりそうなものがどれか分かるでしょう（わたしがこの２つのスイングを選んだ理由がまだ分からなくても心配する必要はありません。本書中のすべての例を検討するうちに、この分析のためにどのようにしてスイングを選べばよいのかを、もっと理解できるようになるはずです）。

図6.5

リトレースメントを当てはめたら、以前のスイングにエクステンションを当てはめて支持線になりそうな水準を求めるのに意味があるかどうかを確かめます。この例では、1万3112ドルの安値から1万3173ドルの高値までと、1万3124ドルの安値から1万3173ドルの高値までのスイングに、エクステンションを当てはめました。それらのスイングの1.272倍と1.618倍エクステンションが、**図6.5**に示してあります。

図6.6

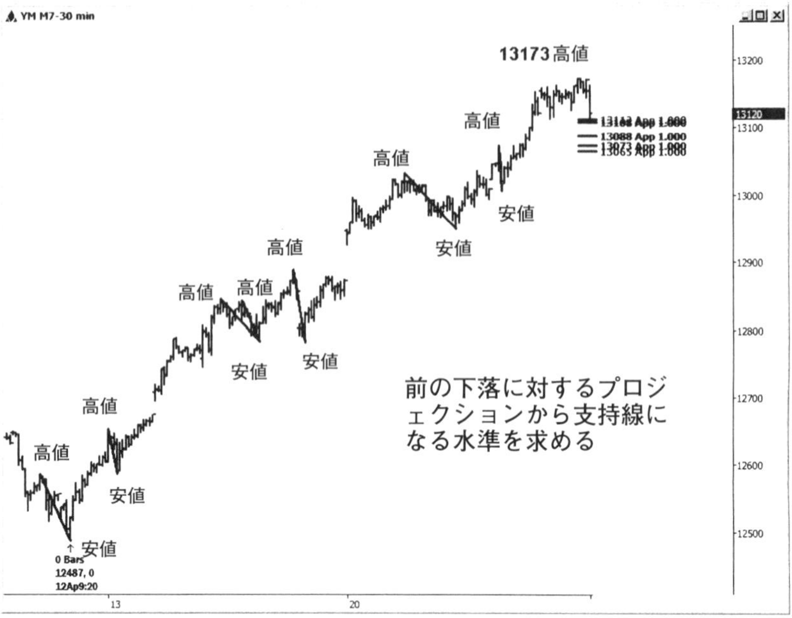

さらにこれも大切なことですが、支持線になりそうな水準を求めるためにどのプロジェクションを当てはめればよいのかを決める必要があります。この場合、07年４月12日に１万2487ドルの安値を付けて以降のこの強気のスイング内で、わたしが引きたい線は、以前の下落幅の1.0倍プロジェクション、つまりシンメトリーだけです。1.618倍の比率は外して1.0倍プロジェクションだけを当てはめているのは、以前の押し目と新しい下落幅を比べたいだけだからです。**図6.6**では、わたしが１万3173ドルの高値から測って当てはめるつもりの以前の下落を明示しています。これらを当てはめた結果がチャート上に描かれています。

図6.7

著者から一言

特定の順番で、これらのフィボナッチ比率の価格関係を当てはめる必要はありません。プロジェクションやエクステンションを最初に当てはめてもかまわないのです。もっと大切なのは、それらをすべて当てはめたうえで、クラスターを探すということです。

図6.7では、このダウの例における価格関係をすべて示しています。このチャート上で、きれいに集まっている最初の２つの範囲に注目しましょう。まず１万3107～１万3112ドルの範囲にカギとなるクラ

図6.8

スターによる判断水準、すなわちセットアップがあります。次に、1万3087～1万3095ドルの範囲にカギとなるクラスターによる判断水準、すなわちセットアップがあります。これらの重要な判断水準を突破し始めた場合にのみ、ほかのクラスターに興味を持つことにします。

図6.8に分析結果を示しています。これは07年4月27日に、わたしのチャットルームで実際に話されたセットアップです。1万3113ドルで付けた安値は、最初のクラスター帯の上端からわずか1ティック上でした。このクラスターでの安値から、最終的には75ポイントの上昇が見られました。これは先物1枚当たり375.00ドルです。もっともトレーダーは、クラスターでの安値から上昇が終了するところまでの間で、値動きの一部をとらえることしか期待していないでしょう。

図6.9

クラスター帯の上端が持ちこたえたので、１万3107～１万3112ドルに集まった正確な価格関係を、次に示すことにしましょう。まず**図6.9**の価格のプロジェクションから始めます。

１万2653ドルの高値から１万2587ドルの安値までを１万3173ドルの高値から当てはめた1.0倍プロジェクションは、１万3107ドル（点１から点２までを点７から当てはめた）

１万2847ドルの高値から１万2782ドルの安値までを１万3173ドルの高値から当てはめた1.0倍プロジェクションは、１万3108ドル（点３から点５までを点７から当てはめた）

１万2843ドルの高値から１万2782ドルの安値までを１万3173ドルの高値から当てはめた1.0倍プロジェクションは、１万3112ドル（点４から点５までを点７から当てはめた）

図6.10

図6.10は、前のシンメトリーのプロジェクションと重なったエクステンションを示しています。

1万3124ドルの安値から1万3173ドルの高値までの1.272倍エクステンションは、1万3111ドル（点6から点7まで）。

図6.11

ミニダウの例をもうひとつ。今回は15分足のチャートで見ることにします。**図6.11**の全般的なパターンは弱気でした。そのため、この例では売りでのセットアップに焦点を当てました。重要なクラスターでの高値は１万2622ドルでした。スイングの実際やクラスターがどのようにしてできたのかを検討して、どうしたらこの情報を自分のために役立てられたかを確かめてみましょう。

図6.12

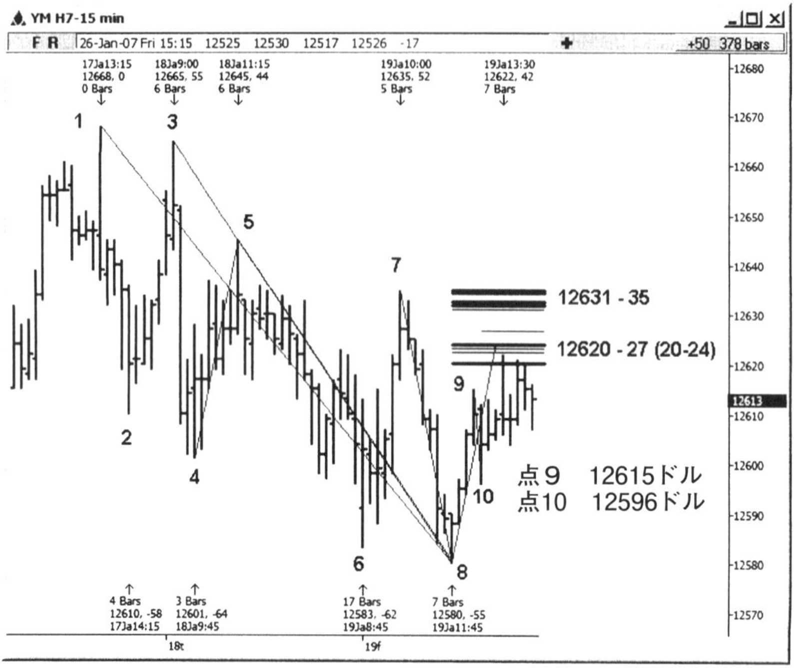

この例では、価格関係のきれいなクラスターが１万2620～１万2627ドルの範囲にできました。**図6.12**は、このクラスターを生み出した個別の価格関係を示しています。この例では、あなたが分析についてこられるように、重要なスイングの高値および安値に番号を付けています。

１万2668ドルの高値から１万2580ドルの安値までの0.50倍リトレースメントは、１万2624ドル（点１から点８）

１万2665ドルの高値から１万2580ドルの安値までの0.50倍リトレースメントは、１万2623ドル（点３から点８）

１万2645ドルの高値から１万2580ドルの安値までの0.618倍リトレースメントは、１万2620ドル（点５から点８）

１万2635ドルの高値から１万2580ドルの安値までの0.786倍リト

レースメントは、１万2623ドル（点７から点８）
１万2601ドルの安値から１万2645ドルの高値までを１万2580ドルの安値から当てはめた1.0倍プロジェクションは、１万2624ドル（点４から点５までを、点８から当てはめた）
１万2615ドルの高値から１万2596ドルの安値までの1.272倍エクステンションは、１万2620ドル（点９から点10）
１万2615ドルの高値から１万2596ドルの安値までの1.618倍エクステンションは、１万2627ドル（点９から点10）

ここで分析に使ったほとんどのスイングと比べて、点９から点10のスイングが小さかったことに注意しましょう。あなたがこの種の作業を学び始めたばかりなら、そのスイングを見分けるのは難しいかもしれません。しかし、わたしはこの仕事を十分に長くやっているので、５分足チャート上ならば、もっと明白なこのスイングがこのクラスター帯を確認するのに役立つということが分かっています。

このチャートでは特別に、最初の例のすぐ上の１万2631～１万2635ドルの範囲に別のクラスターができるように、プロジェクションを残しておきました。分析しているチャート上に、２つ以上のクラスター帯ができるのは珍しいことではありません。しかし、本書中の例では、一度にひとつのセットアップに焦点を当てるために、ほかの価格関係のほとんどを消すことにします。

図6.13

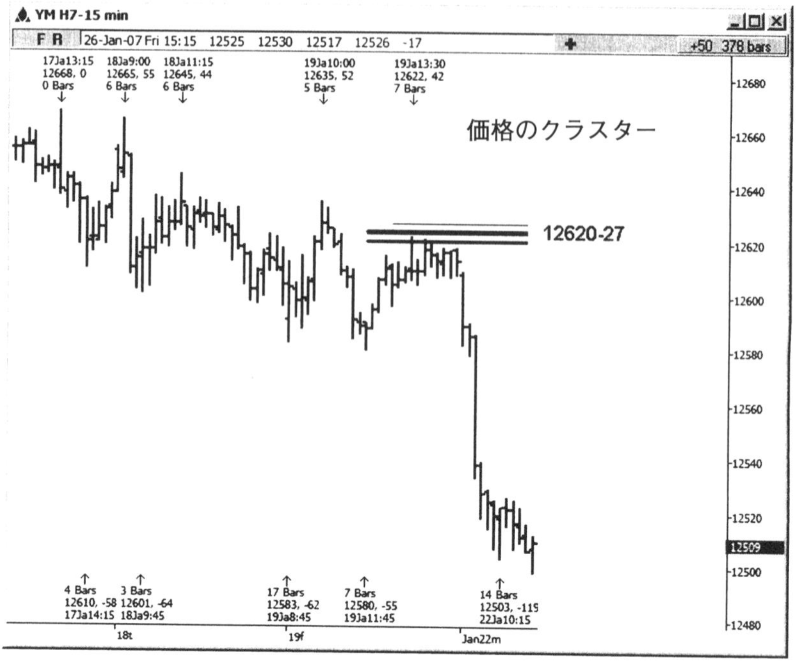

このクラスターは確度が高いセットアップのひとつです。この下落している15分足チャートのトレンド方向に作ったものだからです。１万2620～１万2627ドルの範囲に目立った抵抗線が認められるので、意味があるほどの差で相場がこの抵抗線を突破しないかぎりは、このセットアップと調和する売りのトリガーがないかを見るでしょう（**図6.13**）。下落は１万2622ドルの高値から始まり、119ポイント分続きました。仕掛けのトリガーが出るまで少し時間がかかったように見えますが、あなたが忍耐強くて資金管理の技術をうまく使っていれば、かなりの利益を得られていたでしょう。

図6.14

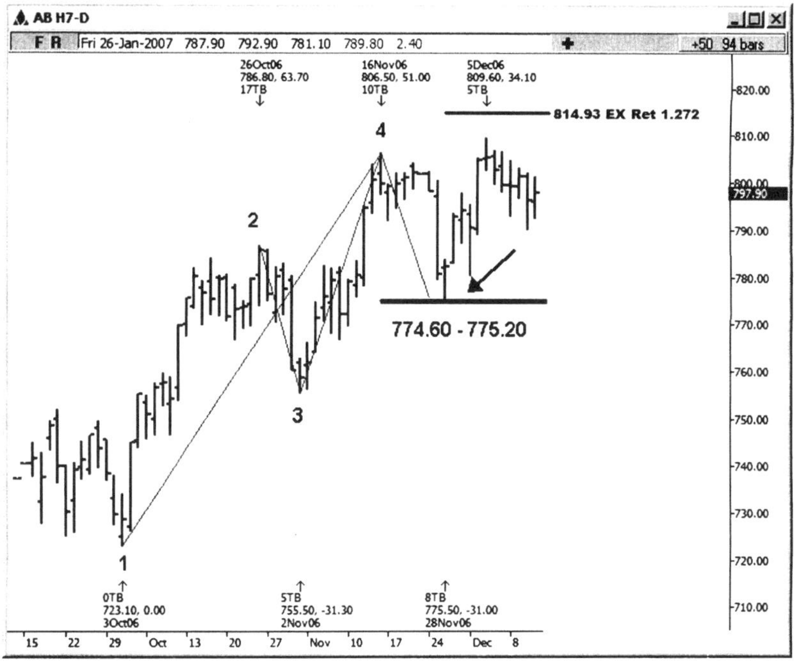

次の例は、Ｅミニラッセル先物の2007年３月限の日足チャートです（**図6.14**）。このクラスターは774.60～775.20の間に集まり、３つの重要な価格関係を含んでいました。

723.10の安値から806.50の高値までの0.382倍リトレースメントは、774.60（点１から点４）

755.50の安値から806.50の高値までの0.618倍リトレースメントは、775.00（点３から点４）

786.80の高値から755.50の安値までを806.50の高値から当てはめた1.0倍プロジェクションは、775.20（点２から点３までを点４から当てはめた）

実際に付けた安値は775.50で、それはクラスター帯の上端から３テ

図6.15

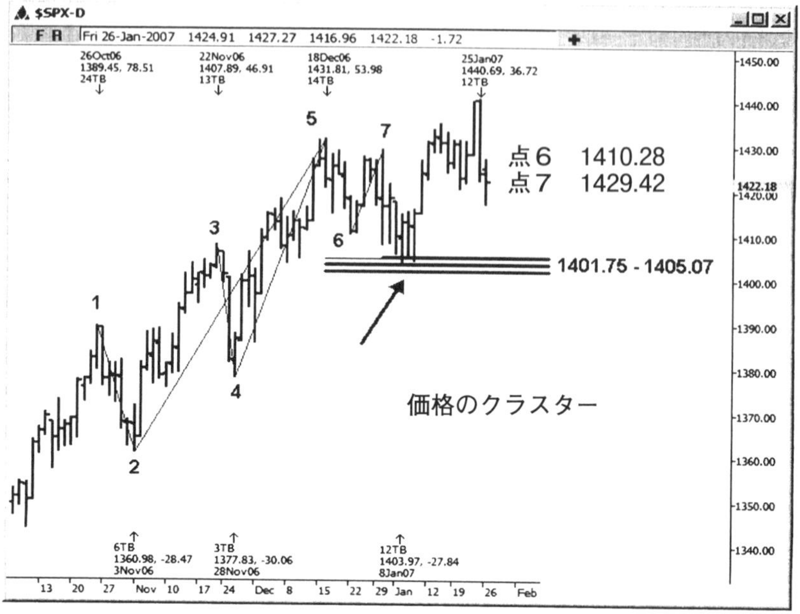

ィック内であり、許容範囲内の差でした。最大34ポイントの上昇がこのクラスターから続きました。

図6.15で示したクラスターは、S&P500指数の日足チャート上にできたものです。このクラスターは1401.75～1405.07の範囲に集まっていて、少なくとも５つの価格関係が同時に起こっていました。

1360.98の安値から1431.81の高値までの0.382倍リトレースメントは、1404.75（点２から点５）

1377.83の安値から1431.81の高値までの0.50倍リトレースメントは、1404.82（点４から点５）

1410.28の安値から1429.42の高値までの1.272倍エクステンションは、1405.07（点６から点７）

1407.89の高値から1377.83の安値までを1431.81の高値から当ては

図6.16

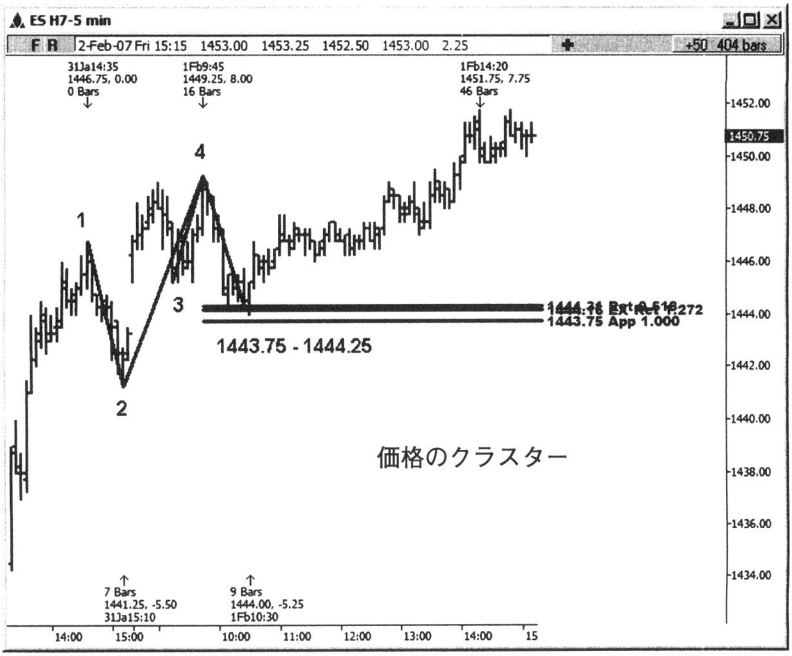

めた1.0倍プロジェクションは、1401.75（点３から点４までを点５から当てはめた）

1389.45の高値から1360.98の安値までを1431.81の高値から当てはめた1.0倍プロジェクションは、1403.34（点１から点２までを点５から当てはめた）

安値はクラスター帯のぴったり内側の1403.97水準で付けました。36.72の上昇がそこから続きました。

次の例は、2007年３月限のＥミニS&P先物の５分足チャートです（**図6.16**）。ここでは、1443.75～1444.25の範囲に３つのフィボナッチ比率の価格関係が集中しています。

点２から点４の0.618倍リトレースメントは、1444.25

図6.17

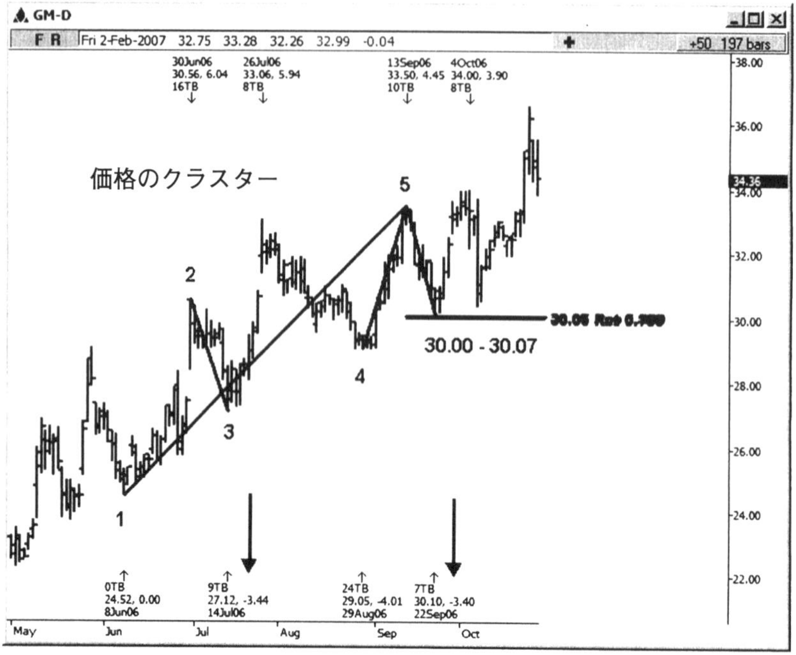

点３から点４の1.272倍エクステンションは、1444.00

点１から点２までを点４から当てはめた1.0倍プロジェクションは、1443.75

このチャート上では、相場は全体的に上昇傾向にありました。この場合、実際の安値は1444.00でした。この安値からの最初の上昇は7.75ポイントで、387.50ドルに相当します。

ゼネラルモーターズ（GM）の例を見てみましょう（**図6.17**）。30.00～30.07ドルに３つの価格関係が重なっていました。

点１から点５の0.382倍リトレースメントは、30.07ドル

点４から点５の0.786倍リトレースメントは、30.00ドル

点２から点３までを点５から当てはめた1.0倍プロジェクション

図6.18

は、30.06ドル

これは、確度が高いセットアップのひとつでした。日足チャート上に見える上昇トレンド方向にクラスターができたからです。実際の安値は30.10ドルで、クラスター上端からわずか数セント上でした。3.90ドルの最初の上昇がそこから続きました。

図6.18の例は、2007年２月限のミニ原油先物での60分足チャートです。ここでは下降トレンドの相場を見ていたので、理想としては抵抗線、つまり売りのクラスターを作りたいところでした。価格関係の重なりが61.48～61.58ドルにできました。

64.13ドルの高値から59.85ドルの安値までの0.382倍リトレースメント（点２から点４）は、61.48ドル

図6.19

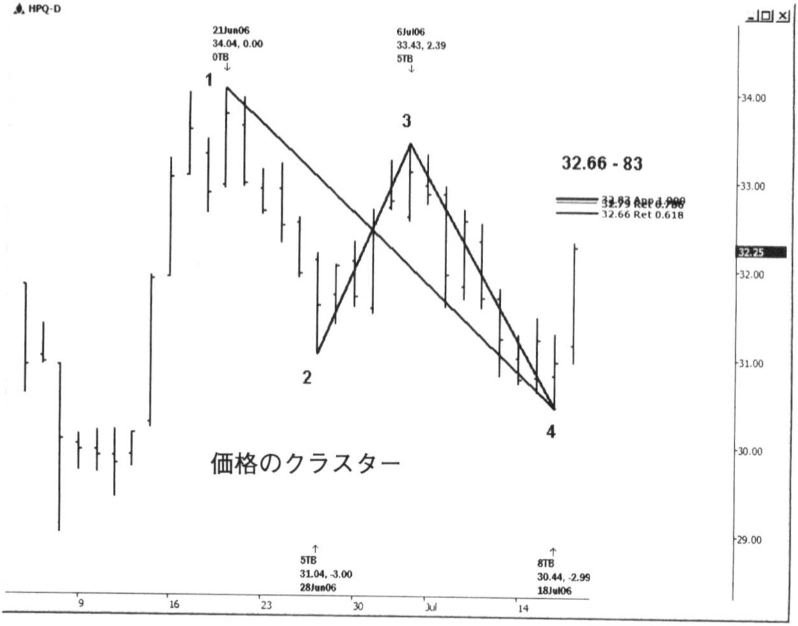

61.15ドルの高値から59.85ドルの安値までの1.272倍エクステンション（点３から点４）は、61.50ドル
62.40ドルの安値から64.13ドルの高値までを59.85ドルの安値から当てはめた100％プロジェクション（点１から点２までを点４から当てはめた）は、61.58ドル

ここでは、61.53ドルで実際の高値を付けました。このクラスターでの高値からわずか数日のトレーディング期間中に6.48ドルの下落が続きました。

これまでのところ、わたしはヒューレットパッカードのコンピューターにかなり満足しています。それで、同社株の日足チャートを見て、相場の幾何的な配置を調べてみることにしました。**図6.19**では、価格関係を当てはめるのにわずか４点しか必要としませんでした。クラスターは32.66～32.83ドルの範囲にできました。ほとんどのチャート例で、わたしはチャートをきれいにして重なり合った価格関係を見せないようにしてきました。そういうものは普通、価格が極めて読みにくいからです。しかし、それこそまさにクラスターで求めているものです。価格がうまく重なり合っているところは、わたしたちの大のお気に入りです。それは価格関係の美しい重なりがあることを意味しています（価格は読み取れないことになっているということを、編集者に説明するのは難しい！　それがどう見えると望ましいのかを示すために、この例には手を加えないことにしました）。

このクラスターを作っている価格関係は次のとおりでした。

06年６月21日の高値から06年７月18日の安値の0.618倍リトレースメントは、32.66ドル（点１から点４）

06年７月６日の高値から06年７月18日の安値の0.786倍リトレースメントは、32.79ドル（点３から点４）

06年６月28日の安値から06年７月６日の高値までを06年７月18日の安値から当てはめた1.0倍プロジェクションは、32.83ドル（点２から点３までを点４から当てはめた）

図6.20

相場はこの重要な抵抗線による判断水準まできれいに戻していました。**図6.20**にその結果が示されています。

ヒューレットパッカードは32.76ドルで高値を付けました。それはクラスター帯のぴったり内側です。これに続いてかなり急激な2.78ドルの下落がありました。**図6.20**を注意深く見ると、クラスター帯に含まれているもの以外にも、良いシンメトリー例が見つかります。06年６月21日の高値から06年６月28日の安値までの下落幅は3.00ドルで、これは06年７月６日の高値から06年７月18日の安値までの2.99ドルの下落にとてもよく似ています。この単純なシンメトリーのプロジェクションに続いて、2.32ドルの上昇がありました。

著者から一言

市場の値動きはランダムだとだれかが説得しようとすると、わたしは静かに一人笑いするのが常です。下準備をして市場の幾何学やパターンを実際に調べることを拒絶する人とは、話し合う価値がありません。わたしは師や先生たちからだけでなく、過去20年にわたって市場から教えられてきました。これまでのところ、市場はわたしにウソをついたことはありませんでしたし、かなりのことを教えてくれました。わたしは今でも謙虚な生徒で、時の変化とともに学び続けています。

図6.21

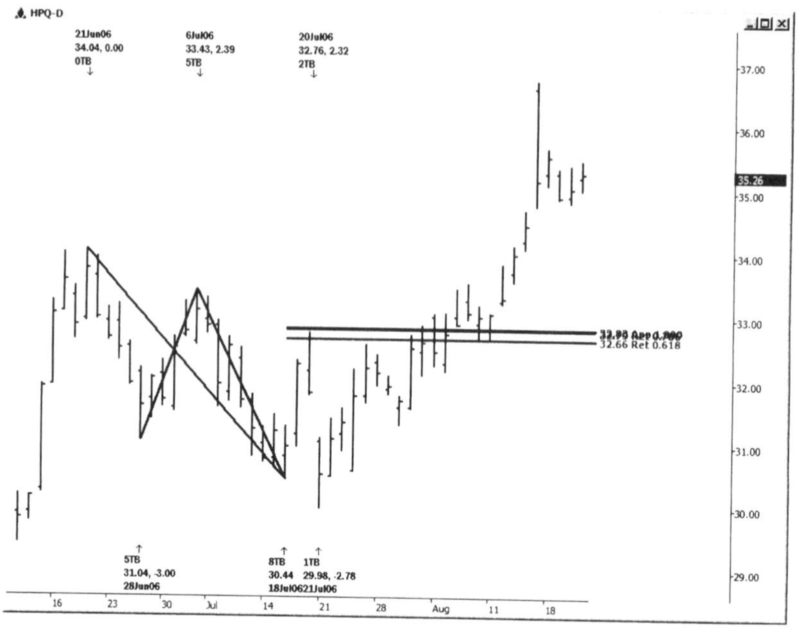

ヒューレットパッカードのチャート（図6.21）から学ぶべき教訓がもうひとつあります。たしかに32.66〜32.83ドルのクラスター水準からかなりの下落がありましたが、だからといってある方向の判断に固執しないようにしましょう。良いセットアップで仕掛けているのなら、トレイリングストップを置いて自分の利益を守ることです。そのセットアップがいつまでも自分に都合良く働き続けるだろうとか、少なくとも最初の目標である1.272倍エクステンション（この場合29.81ドル）までは下げるはずだ、と思い込まないことです。市場は与えたもうたものを、かなり素早く取り上げることがあるのです。言い換えれば、柔軟であれということです。

このクラスターのセットアップは、1.272倍の目標である29.81ドルにわずか届かず、下落は29.98ドルで止まりました。この安値を付けたあと、かなり重要なトレンドの変化が起こりました。このトレードでトレイリングストップを使っているかぎり、かなりの利益を楽に手にしていたことでしょう。しかし、相場は1.272倍の目標まで下げるだろうと決め込んでいたら、それまで苦労して得た含み益の多くを失っていたかもしれません。

次の例は、2007年３月限のミニダウ先物15分足のチャート（**図6.22**）上にできた、クラスターです。そこでは１万2648～１万2655ドルに、少なくとも５つのフィボナッチ比率の価格関係が同時に起こっていました。

点３から点７の0.236倍リトレースメントは、１万2654ドル

点６から点７の0.382倍リトレースメントは、１万2648ドル

点１から点２までを点７から当てはめた1.0倍プロジェクションは、１万2655ドル

点４から点５までを点７から当てはめた1.0倍プロジェクションは、１万2653ドル

１万2667ドルのスイングの安値から１万2698ドルのスイングの高値までの1.618倍エクステンションは、１万2648ドル

この最後のエクステンションは元のスイングを確かめにくいので、**図6.23**で示します。それはチャート上の比較的小さなスイングから当てはめたものですが、クラスターにうまく重なり、裏付けになる良いエクステンションでした。

図6.22

図6.22には似ているか等しい押し目が3つ（43ポイント、45ポイント、43ポイント）あった点に注目しましょう。シンメトリーのプロジェクションがほかの価格関係に重なる場合、クラスターの重要性は高まります。

この場合、1万2655ドルで実際の安値を付け、少なくとも59ポイントの上昇がそれに続きました。ミニダウの1ポイントは、1枚当たり5.00ドルの価値があります。

図6.23

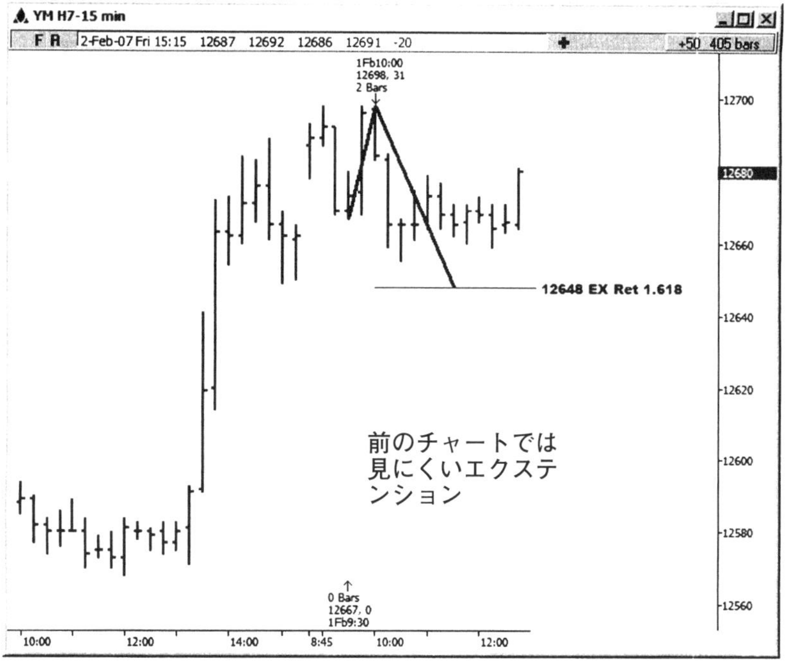

ミニダウ先物15分足の**図6.23**では、１万2648ドルにある小さなエクステンションがどのスイングから来たのかを示しています（ほかの価格関係と重なっていたので、前のチャート上では見づらかった部分です）。

図6.24

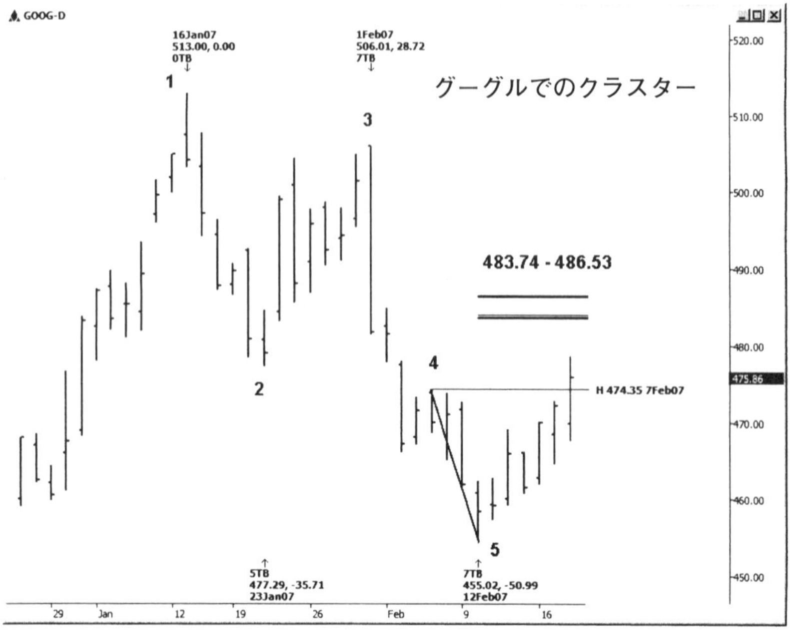

図6.24のクラスター例は、グーグルの日足チャート上のものです。ここでは、安値も高値も切り下げている弱気パターンと見ていたので、わたしは抵抗線を見てみようと思っていました。483.74～486.53ドルの範囲に5つの価格関係が同時に現れました。

513.00ドルの高値から455.02ドルの安値までの0.50倍リトレースメントは、484.01ドル（点1から点5）

506.01ドルの高値から455.02ドルの安値までの0.618倍リトレースメントは、486.53ドル（点3から点5）

474.35ドルの高値から455.02ドルの安値までの1.618倍エクステンションは、486.30ドル（点4から点5）

477.29ドルの安値から506.01ドルの高値までを455.02ドルの安値から当てはめた1.0倍プロジェクションは、483.74ドル（点2から

図6.25

点3までを点5から当てはめた）

1.618倍のエクステンションをどのスイングから当てはめたか、少し分かりづらいかもしれません。実は60分足チャート上でなら、そのスイングはもっとはっきり見えるかもしれません。そのうちに、見る目を鍛えて使えるスイングをすべて見つけだし、どの価格帯が重要な判断水準かを確認できるようになるでしょう。

図6.25は、重要なクラスター水準の辺りでグーグルに何が起こったかを示しています。484.24ドルで高値を付けたあと、45.56ドルも急落しました。グーグルがこの抵抗線にぶつかってそこを抜けなかったのを見ると、トレーダーはこのクラスターの抵抗線を使って売りを仕掛けるために、売りのトリガーを探し始めるでしょう。

図6.26

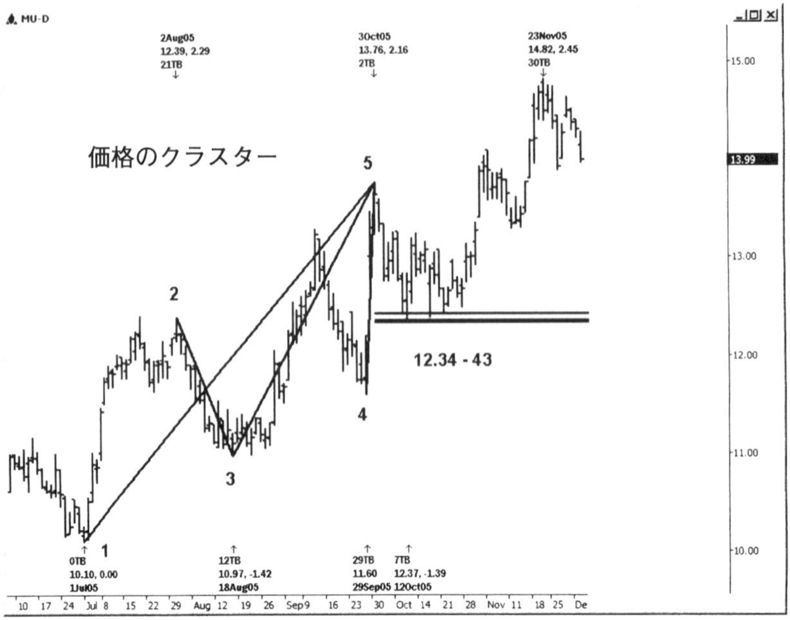

マイクロン・テクノロジーは、日足チャート上でのクラスターの良い例を示しています。**図6.26**に描かれた支持線のクラスターを最初に試したのは05年10月12日でした。12.34～12.43ドルの範囲にできたクラスターは、次の価格関係から当てはめたものです。

05年７月１日の安値から05年10月３日の高値の0.382倍リトレースメントは、12.36ドル（点１から点５）

05年８月18日の安値から05年10月３日の高値の0.50倍リトレースメントは、12.37ドル（点３から点５）

05年９月29日の安値から05年10月３日の高値の0.618倍リトレースメントは、12.43ドル（点４から点５）

05年８月２日の高値から05年８月18日の安値までを05年10月３日の高値から当てはめた1.0倍プロジェクションは、12.34ドル（点

２から点３までを点５から当てはめた）

12.37ドルで重要な安値を付けました。そこはクラスター帯のぴったり内側でした。やがて、この安値から14.82ドルまで上昇しました。

著者から一言

これからの数例では、高値と安値に番号を振っていないことに注意してください。もうそろそろ、わたしたちが何を行っているか理解できているはずですし、価格関係がどこから当てはめたかはチャート上の日付を追えば分かるでしょう。

ハネウェル株の日足チャート上の41.38～41.56ドルの範囲に、小さいけれど良いクラスターがあります（**図6.27**）。このクラスターには、４つの価格関係が同時に現れています。

06年９月11日の安値から06年12月５日の高値の0.382倍リトレースメントは、41.56ドル
06年10月19日の安値から06年12月５日の高値の0.786倍リトレースメントは、41.42ドル
06年11月28日の安値から06年12月５日の高値の1.272倍エクステンションは、41.38ドル
06年10月18日の高値から06年10月19日の安値までを06年12月５日の高値から当てはめた1.0倍プロジェクションは、41.45ドル

図6.27

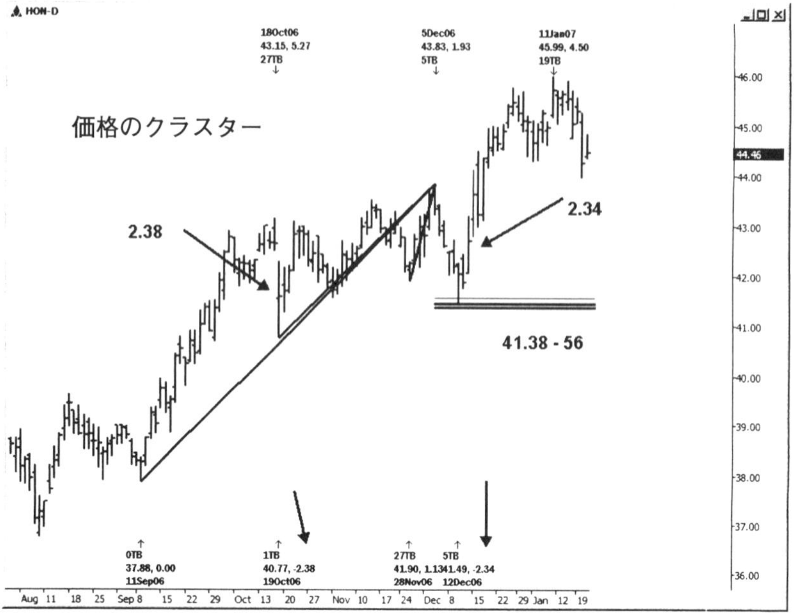

このチャートでもうひとつ気づくことは、表示した２つの押し目が非常に似ているという点です。ひとつのスイング幅は2.38ドルで、クラスター帯へ入っている２番目のスイング幅は2.34ドルでした。ハネウェルの安値は41.49ドルで、その安値に続いてやがて4.50ドルの上昇が見られました。

図6.28

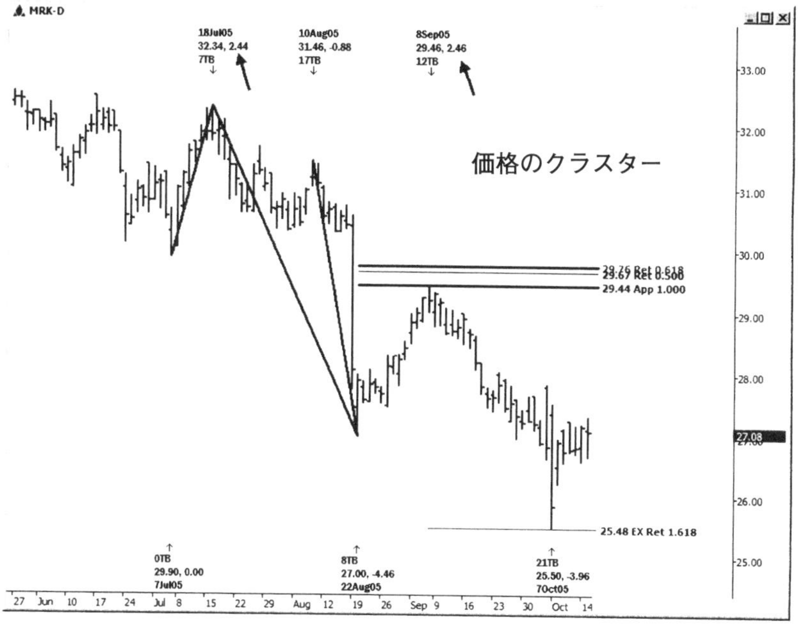

わたしたちが見ている次のクラスター例は、メルク株の日足チャートです（**図6.28**）。安値も高値も全体として切り下げているパターンですから、このときのメルクのトレンドと一致する売り手側にクラスターを作るのが、ここでは有利になります。最低3つの価格関係を含むクラスターが29.44～29.76ドルの範囲に現れました。

05年7月18日の高値から05年8月22日の安値の0.618倍リトレースメントは、29.76ドル

05年8月10日の高値から05年8月22日の安値の0.50倍リトレースメントは、29.67ドル

05年7月7日の安値から05年7月18日の高値までを05年8月22日の安値から当てはめた1.0倍プロジェクションは、29.44ドル

前の05年７月18日の高値までの調整の戻り（2.44ドル）と、05年９月８日のクラスター帯の高値までの調整の戻り（2.46ドル）のシンメトリー（似ているか等しいもの）に注目しましょう。あとの高値は05年９月８日に、クラスター帯の下端よりもわずかに２セント上の29.46ドルで付けました。このクラスターの高値から3.96ドルの下落が見られたので、このセットアップは基本的に第２の価格目標を作りだしたことになります。この第２の価格目標は、1.618倍エクステンション水準である25.48ドルでした。実際に付けた安値はこの水準にわずか２セント届かない25.50ドルでした。

図6.29

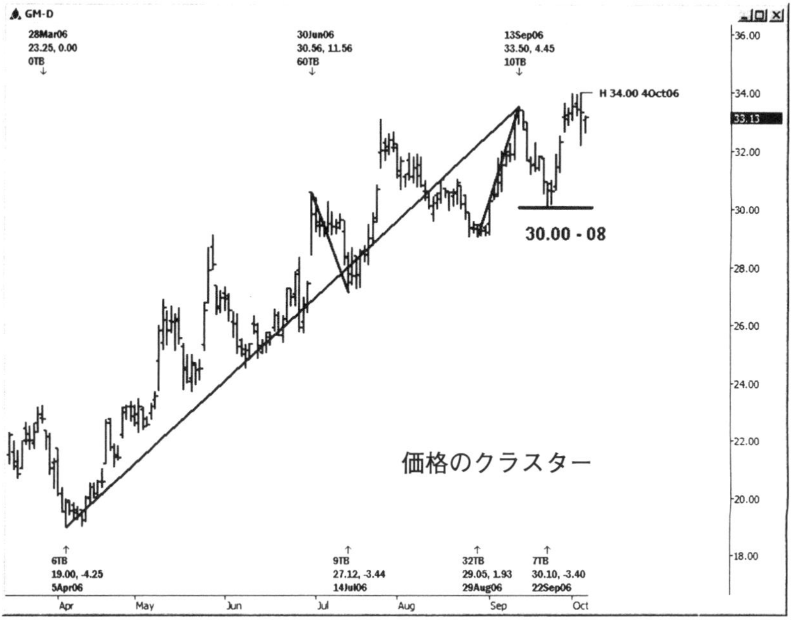

GMのチャートでのこのクラスターには、30.00～30.08ドルの間に３つの重要な価格関係が同時に現れています（**図6.29**）。このチャートには見覚えがあるかもしれませんが、リトレースメントの章で0.236倍リトレースメントを表示したものです。トレーダーのなかには、リトレースメントをひとつ使えば満足する人もいるかもしれませんが、その範囲に少なくとももう２つ価格関係が重なっていたことを知りたい人もいるでしょう！

このクラスターでの価格関係は次のとおりでした。

06年４月５日の安値から06年９月13日の高値の0.236倍リトレースメントは、30.08ドル

06年８月29日の安値から06年９月13日の高値の0.786倍リトレースメントは、30.00ドル

図6.30

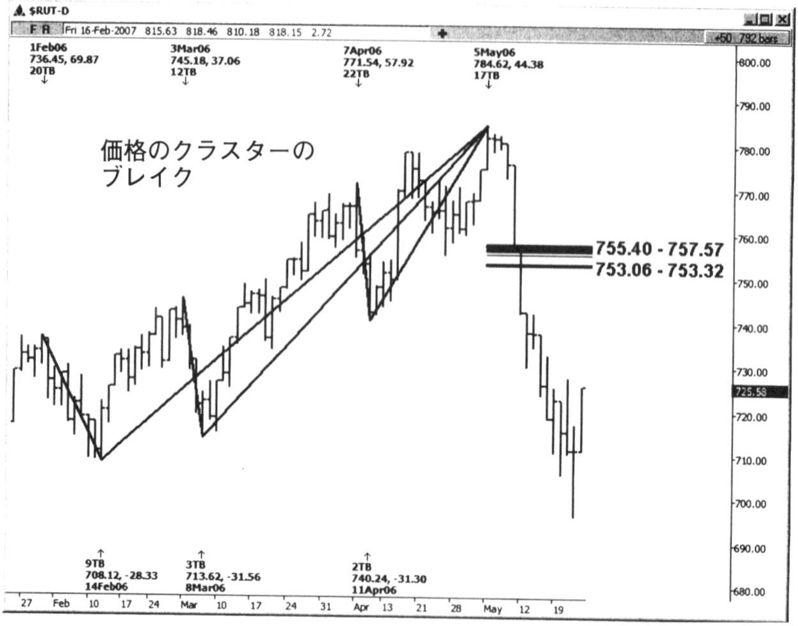

　06年６月30日の高値から06年７月14日の安値までを06年９月13日の高値から当てはめた1.0倍プロジェクションは、30.06ドル

　安値はクラスター帯の上端からちょうど２セント上の30.10ドルで付けました。この安値のあと、3.90ドルの上昇が続きました。

　図6.30は、クラスターが必ずしも持ちこたえるとは限らないという注意を促すものです！　これはラッセル現物指数の日足チャートです。チャート上には、目立った重要な支持線のクラスターが２つありました。755.40～757.57の範囲と、753.06～753.32の範囲です。これらのクラスターは、前の押し目幅のシンメトリーのプロジェクションと、チャート上に表示している前の３つのスイングのリトレースメントから出来上がったものです。これらのクラスター帯のいずれも持ちこた

えませんでした。実を言うと、市場には日々突破されている多くのクラスターがあります。すべてのクラスター帯が持ちこたえると期待すべきではないのです。わたしたちは確実に持ちこたえるクラスターを使って、トレーディングの仕掛けになり得るところを見たいだけです。そしてそこで、実際の仕掛けのトリガーを見るのです（仕掛けのトリガーについてはあとの章で検討します）。

本章では、フィボナッチ比率の価格のクラスターを作る過程を見てきました。リスクに関するかぎりこれらのセットアップは非常に明確です。また、仕掛けを促すトリガーが出た場合、求めることができる最低限のトレーディング目標もはっきり決められています。たとえ毎日これらの価格のクラスター帯の多くが突破されていても、持ちこたえて売買シグナルも出ているものであれば、かなり低リスクで確度が高く、リスク・リターン比率が優れたセットアップをあなたに提供してくれます。

第7章

強力なツールのシンメトリー――セットアップ2

Symmetry--The Power Tool : Trade Setup 2

シンメトリーの概念とそれをセットアップとしてどう使えばいいかについて、詳しく見ていきましょう。繰り返しになりますが、わたしのシンメトリーの定義は、同じ向きのスイングを比べた場合、似ているか「等しい」ということです。これは単純ですが、見落としてはならない非常に強力なトレーディングツールです。わたしがこのテクニックを発見したと言おうとしているのではありません。多くの市場の達人たちがこれらのプロジェクションをすでに使っています。非常に一般的な呼び名として、メジャードムーブという言い方もあります。

著者から一言

これまでの価格のクラスター例には、シンメトリーのプロジェクションをすでに当てはめたものもありました。シンメトリーを含む価格のクラスターは、確度がより高いクラスター帯になりやすいという点に注目しましょう。

シンメトリーを見分けるために、わたしは価格プロジェクションのツールを1.0に設定して使っています（ほかの多くの分析プログラムのなかには、これをエクステンションツールと呼んでいるものもあります）。プロジェクションでは、わたしたちはこのツールを使って同じ向きのスイングを比べています。このツールは３地点を選んでプロジェクションを当てはめることができます。わたしの非常に多いシンメトリーの使い方は、支持線か抵抗線になりそうな水準を当てはめてトレンド方向に仕掛けるのに役立てることです。ここでセットアップ２が登場します。このセットアップを作るために、わたしは前の調整のスイング幅の100％を当てはめ、トレンド方向に仕掛ける水準を見分けるのに役立てます。わたしが調整のスイングと言っているものは、メジャーな上昇トレンド途上での逆行の動き、つまり短期の下落のことか、メジャーな下降トレンド途上での逆行の動き、つまり短期の上昇のことです。

わたしのトレーディング計画に関するかぎり、メジャートレンド内での前の調整のスイングから当てはめたシンメトリーだけがセットアップの基準を満たしています。わたしはチャート上のパターンによってトレンドを定義します。高値も安値も切り上げているパターンが現れていれば、わたしは買い手側でシンメトリーを使ったセットアップを作ることができるかどうかを見ています。高値も安値も切り下げているパターンが現れていれば、わたしは売り手側でシンメトリーを使ったセットアップを作ることができるかどうかを見ています。セットアップにはひとつの水準があれば十分です。しかし時に、だいたい同じ範囲で重なる複数のシンメトリーのプロジェクションが見られます。

シンメトリーはまた、メジャートレンド方向のスイングから当てはめて、トレンドの動きが止まりそうな水準を決めるのに役立てることもできます。わたしがこういうシンメトリーのプロジェクションを使うのは、トレードを手仕舞う場合か、ポジションを守る逆指値注文の位置を近くするようにと推奨し始める水準に使う場合だけです。個人的には、こういうシンメトリーのプロジェクションをセットアップに使うことは考えていません。メジャートレンドを当てはめるということは、実は逆張りトレーディングのセットアップを作っていることになるからです。

著者から一言

トレーダーのなかには、まだこういうプロジェクションをトレードに使っている人もいるかもしれません。しかし、逆張りのトレードは初心者向きではありませんし、機敏でない人向けでもありません。個人的には、相場が調整の動きを見せたあと、メジャートレンド方向に仕掛けられるセットアップに注目するのがわたしの好みです。そうすれば確率を自分に有利にしておくことができるからです。

トレーディング目標や損切りや仕切りのための逆指値注文は、シンメトリーの場合もクラスターの場合と本質的に同じです。わたしたちは以前のスイングのシンメトリーのプロジェクションあるいは水準から1.272倍エクステンションを求め、それを最低限の利益目標とします。そして最大リスクはシンメトリーのプロジェクションから数ティック上か下になるでしょう。

シンメトリー例

最初のシンメトリー例（**図7.1**）は、2007年３月限のＥミニラッ

図7.1

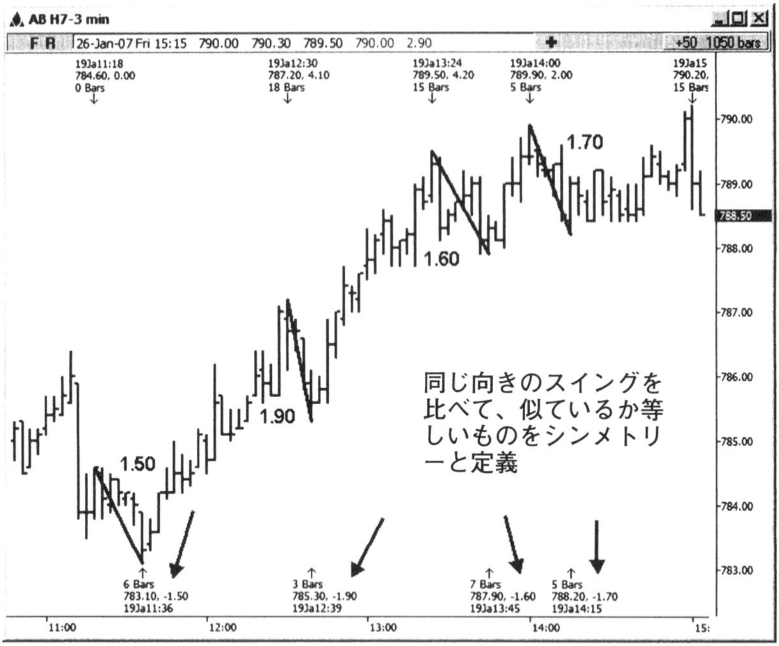

セル先物の３分足チャート上に引かれています。このチャート上で似ているスイングには表示をしておきました。この先物の783.10から790.20までの大きな上昇スイング内に、1.50ポイント、1.90ポイント、1.60ポイント、1.70ポイントの下降スイングを見ることができます。これらのスイングはすべて似ているので、シンメトリーの定義に合っています。また、これらは上昇トレンドのなかにあるので、わたしはこれらを調整のスイングであると考えています。このチャート上の２、３カ所にセットアップを作ることができたでしょう。というのは、前の押し目を新たに付けたどの高値から当てはめても、買い仕掛けの水準になりそうなところを確認できたと思われるからです。

図7.2

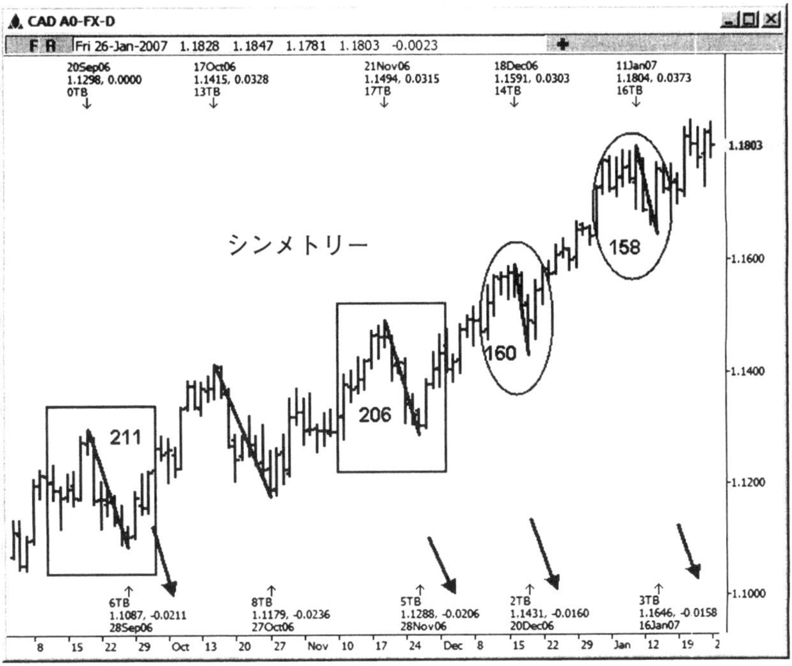

図7.2は、米ドル・カナダドルの日足チャート上でのシンメトリーの例です。似たスイングを囲っています。211ピップスのスイングは206ピップスのスイングに似て、160ピップスのスイングは158ピップスのスイングに似ています。ここでは、２つの異なるシンメトリーがあります。ここで比べているスイングは、上昇トレンド内での調整のスイングとみなすこともできます。例えばこのチャートでシンメトリーのセットアップをひとつ求めるなら、06年12月18日の高値から06年12月20日の安値までの値動き（160ピップス）を使って、07年１月11日の高値からプロジェクションツールの設定を1.0にして当てはめることになるでしょう。そうすると支持線になりそうな買う水準として、1.1644カナダドルが現れます。実際に付けた安値は1.1646カナダドルで、比較的きれいな上昇がその安値のあとに続きました。

図7.3

図7.3では、2007年３月限のＴボンド先物60分足を見ています。チャート上で確認される最初のスイングは、26/32ドルだったことに注意しましょう。スイングの安値110 08/32ドルからこれを当てはめると、111 02/32ドルの辺りで「シンメトリーによる抵抗線」になりそうな水準を示しました。それがセットアップでした。この場合、110 08/32ドルからの戻りはぴったりシンメトリーの水準で止まりました。シンメトリーは類似や同等だということを思い出しましょう。その高値から、Ｔボンドは丸々２ポイント近く下げました。

図7.4

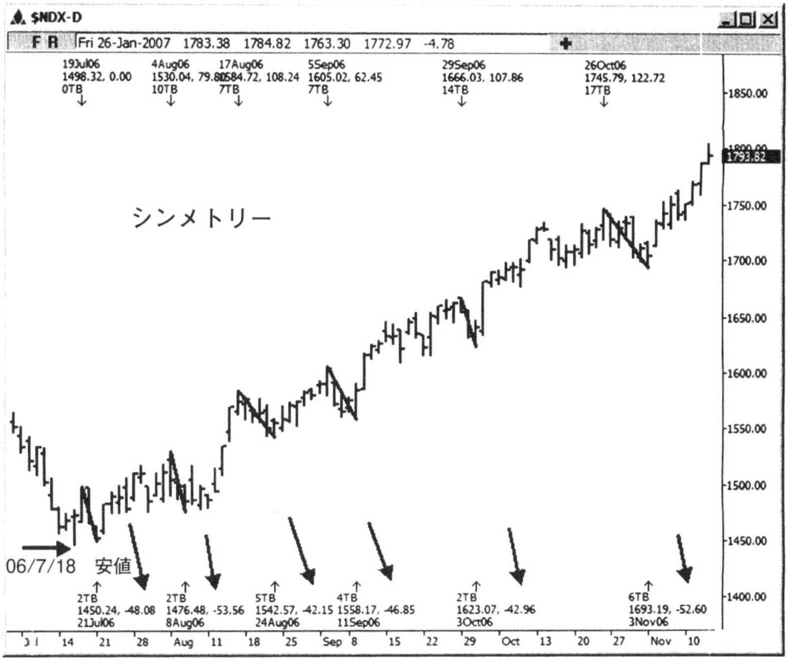

ナスダック指数の日足では、06年７月18日に最安値を付けました。この安値のあと、かなり多くのシンメトリーの例を**図7.4**で見つけることができます。わたしがここで表示している押しの幅は、48.08、53.56、42.15、46.85、42.96、52.60ポイントです。上昇トレンド内にあるこれらのスイングのなかには、類似性が見られるものがある点に注目しましょう。このチャート上でシンメトリーのセットアップになりそうな場所が、少なくとも２～３カ所はありました。

図7.5

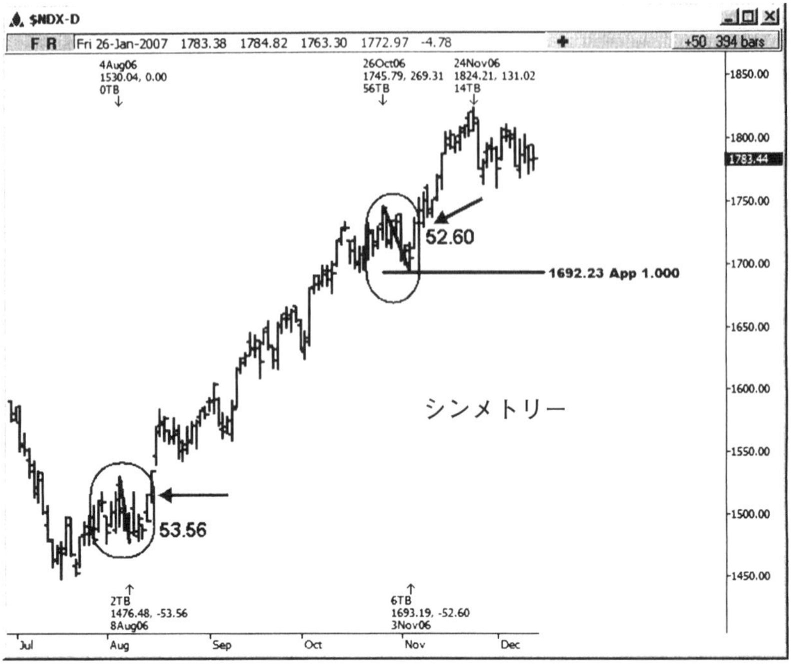

同じナスダックのチャートで、これらのシンメトリー例のうちのひとつを見ましょう。それはトレンド方向にあって成功するセットアップであると分かったでしょう（**図7.5**）。このシンメトリーを当てはめた水準と重なる価格関係はほかにもあったかもしれませんが、この例ではシンメトリーだけに注目するつもりです。06年８月４日の高値から06年８月８日の安値までの押し幅を測って、06年10月26日の高値からこの押し幅の100％を当てはめれば、1692.23が支持線になりそうだと判断できる水準でありセットアップになるところです。実際の安値はカギになるこの水準からわずかに上でした。あざやかな上昇がこれに続きましたが、そこでの最初の急騰は1693.19から1824.21までの131.02ポイントでした。

図7.6

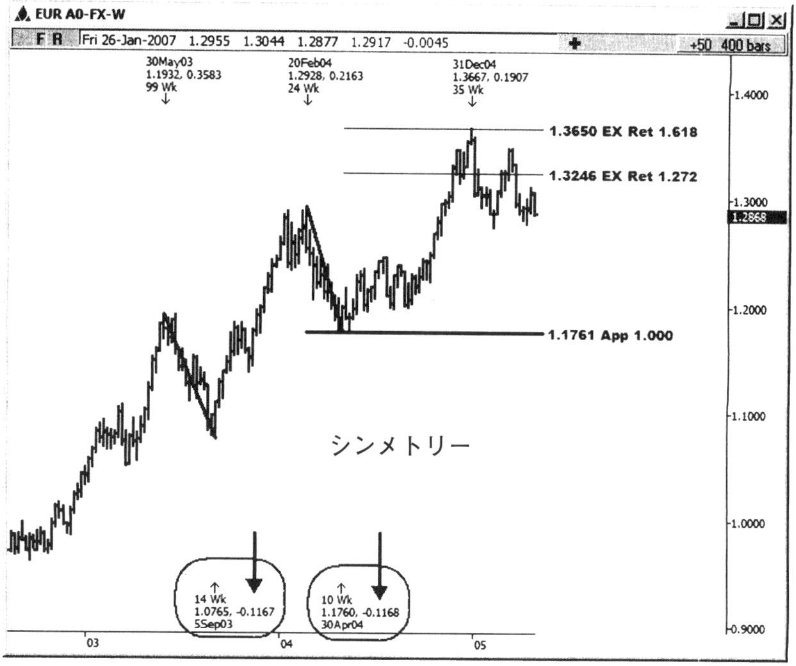

より長期の時間枠チャートで、当てはめたシンメトリーから目を離さないでいることには絶対に価値があります。**図7.6**はユーロ（ユーロ・ドル）の週足チャートです。シンメトリーがこの相場の大きな押し目を見分けるのに役立っています。チャート上に表示がある最初の下落は1167ピップスの押し目でした。この1167ピップスの押し目を、04年２月20日の週の高値から当てはめました。その結果、1.1761ドルの辺りに支持線になりそうなプロジェクションができました。それがセットアップでした。実際の安値は当てはめたシンメトリーから１ピップ以内の1.1760ドルでした。1907ピップスの大幅な上昇がやがてこの安値に続きました。

図7.7

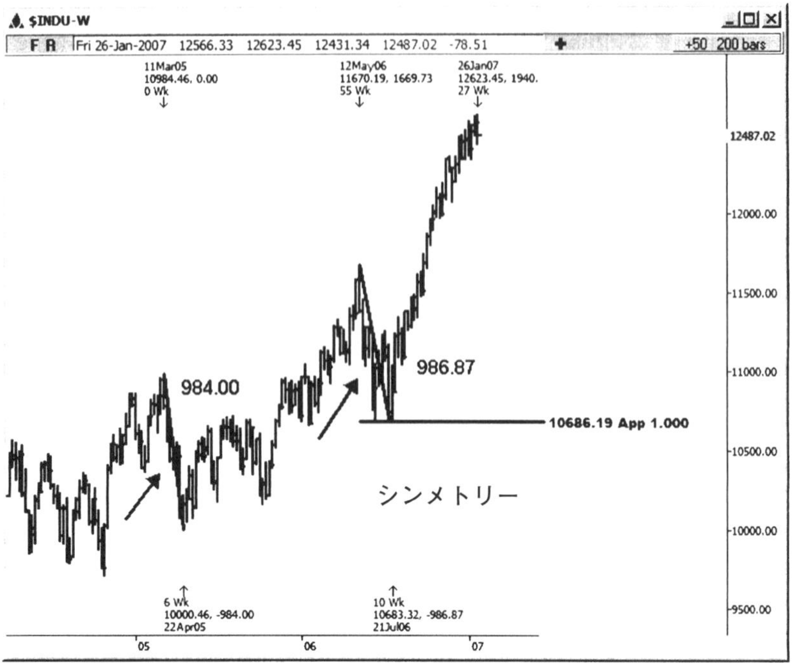

図7.7はダウ平均の日足チャートです。05年3月11日の週から05年4月22日の週の間に、ダウは高値から安値まで984.00ポイントも下げました。06年5月12日の週から06年7月21日の週には、ダウは高値から安値まで986.87ポイントも下げました。06年5月の高値からのシンメトリーのプロジェクションは、ダウでの支持線を見分けるのに役立ちました。その支持線からやがて非常にきれいな上昇が展開していきました。このプロジェクションも素晴らしいシンメトリーのセットアップの基準を満たしていました。

図7.8

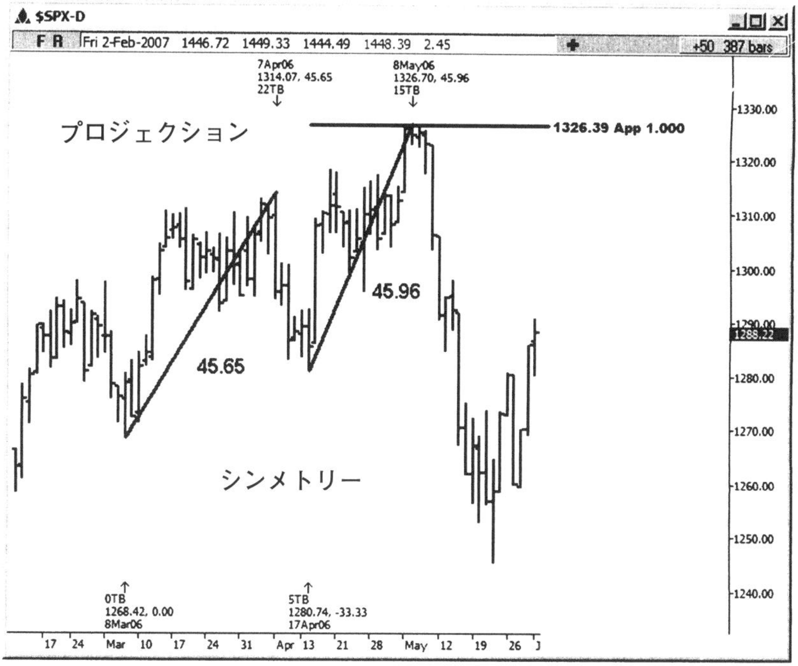

次のシンメトリー例は、S&P日足チャートのものです。**図7.8**はその時点で上昇していた、メジャートレンド方向のスイングから当てはめたシンメトリーを示しています。このプロジェクションは上昇に対して抵抗線になり得るところを見分けています。メジャートレンドはこの抵抗線に向かって上昇しているので、最初に抵抗線を試しに行ったときにこの水準を使って売りを考えるということは、逆張りだと考えられます。06年３月８日の安値から06年４月７日の高値までを測り（45.65ポイント）、06年４月17日の安値から当てはめたら1326.39の辺りがシンメトリーによる抵抗線になり得るところです。実際に付けた高値は1326.70でした。

これらのスイングは非常に似ていて、上昇が止まるかもしれない水準を示唆しました。そのような場合には、買いポジションを守る逆指値注文の位置を近くしたほうがいいと思います。トレンドに逆らったプロジェクションを使って仕掛ける場合は、トレンド方向にプロジェクションを使う場合よりも勝率が低いのですが、それでもそうしたプロジェクションが非常に貴重なこともあり得ます。ただし、より短期の時間枠チャート上で明確な反転のテクニカル指標が出るまで待つことが非常に大切です。そうすれば、いわゆる貨物列車の前に踏み出すようなマネをしないですむでしょう。

日足チャートを見ている場合は、わたしはトレンドの転換を示すようなパターンの変化がないか、15分足かそれより長い時間足のチャートで確認したいと思います。したがって、わたしのトレーディング計画に従えば、この例で抵抗線を最初に試しに行ったときに空売りすることは許されません。しかし、15分足チャートがパターンの転換を示している（この場合なら安値も高値も切り下げている）ならば、わたしのトレーディング計画で認められる売りのセットアップを作ることができることになります。

図7.9

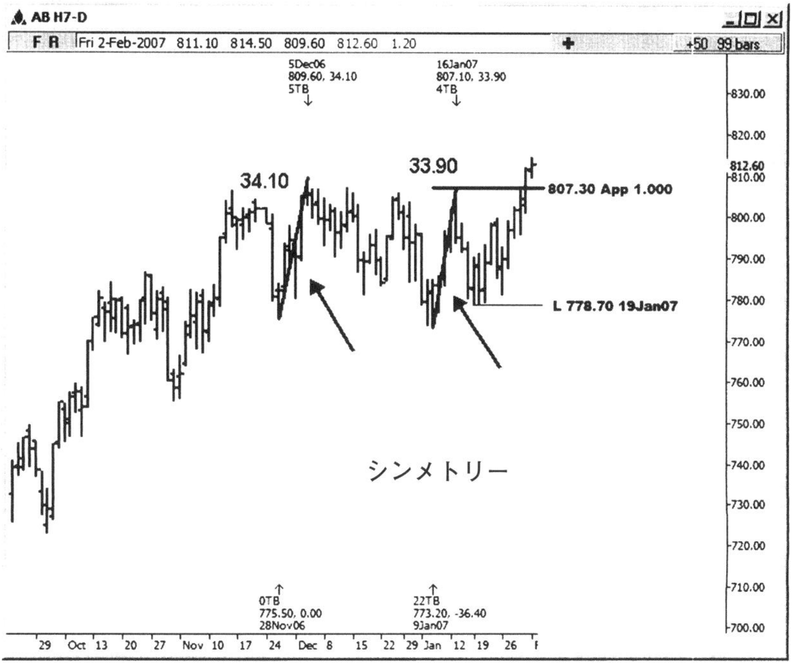

図7.9は、2007年３月限のＥミニラッセル先物でのシンメトリーの例です。ここで06年11月28日の安値から06年12月５日の高値までを測ると、34.10ポイントのスイングでした。この同じ距離を07年１月９日の安値から当てはめて、抵抗線になりそうな水準を求めました。シンメトリーの水準は807.30の位置にきました。実際に付けた高値は807.10で、２番目のスイングは33.90ポイントになりました。この抵抗線は確かにトレード可能な高値になりました。わたしの計画に従えば、これはセットアップとは考えられません。もしあなたがその抵抗線に向かって買いポジションを持っていたら、それを守る逆指値注文の位置を近くするか手仕舞いする非常に良い場所になっていたでしょう。

繰り返しますが、わたしのトレーディング計画ではそういうプロジェクションを使って貨物列車の前に踏み出すようなことは許されないのです。しかし、15分足チャート上のパターンが安値も高値も切り下げるパターンに変わったら、07年１月16日の高値を頭に入れて売りの安全なセットアップを作ることをようやく考えることができるでしょう。

著者から一言

とにかく、トレンドに逆らうプロジェクションを使ってトレードを仕掛けるのは、トレンド方向に現れるプロジェクションを使うよりも勝率が低いということは心に留めておいてください。

図7.10

図7.10は、米ドル・スイスフランの日足チャートです。このチャート上のスイングが似ていることに注目しましょう。表示で分かるように戻りは334ピップス、324ピップス、323ピップスでした。これはシンメトリーの典型的な定義に合っています。

図7.11

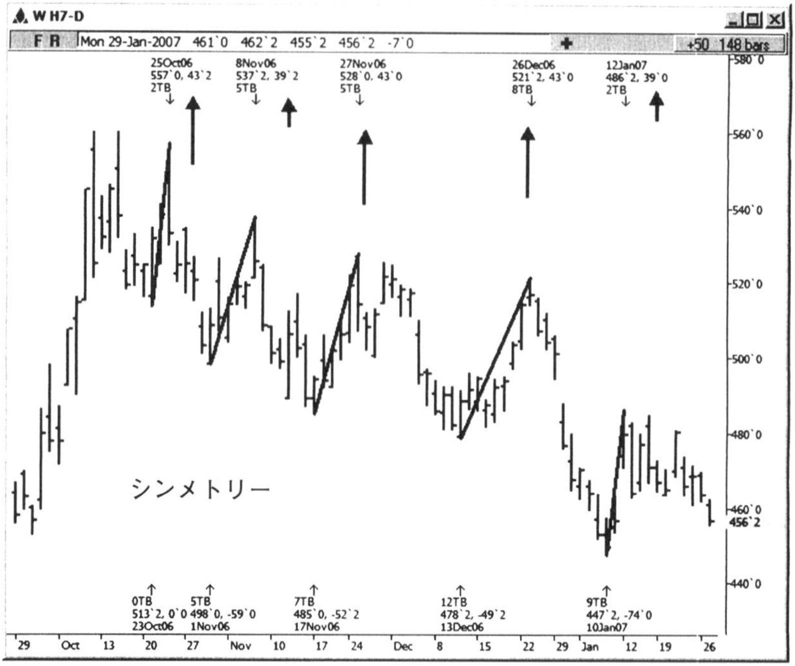

小麦市場をちょっとのぞいて見ると、美しいシンメトリーの例が見つかりました。この例は、2007年３月限の小麦先物のチャート上に描かれています。相場なんて訳が分からないとだれが言うのでしょうか。この最初の小麦のチャートを見てみましょう（**図7.11**）。この先物での戻りがいかに似ているかを見てください。表示したスイングは43.5セント、39.5セント、43セント、43セント、39セントでした。

図7.12

もうひとつのチャートで見てみましょう（**図7.12**）。**図7.11**で見た以前のスイングのうちの２つが、518～522セントの範囲にシンメトリーを含むきれいなクラスターを作り出すのに役立っています。その後、わずか数週間で74セントの下落が続きました。それは穀物トレーダーにとっては大成功でしょう！　このクラスターでの価格関係のうち２つは、以前の43.5セントだった戻りと43セントだった戻りを、単に100％当てはめたものでした。それらは、ほかの２～３のフィボナッチ比率の価格関係とたまたま重なり、かなりのクラスターを生み出しました。シンメトリーの当てはめそれ自体でもセットアップと考えられたでしょう。それにほかの価格関係が加わることで、このセットアップの確度はさらに高まったのです。

図7.13

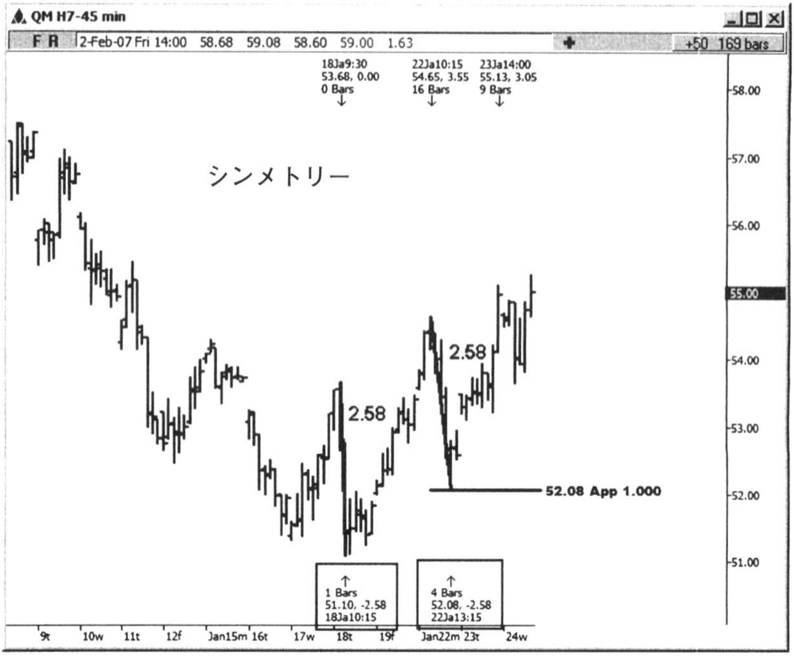

図7.13では単純なシンメトリーをもう一例、2007年３月限のミニ原油先物の45分足チャート上で示します。この例では、チャート上で確認された１番目と２番目のスイング間には完全なシンメトリーがありました。これらのスイングは両方とも2.58ドル分続きました。そのプロジェクションを見ると、52.08ドルの辺りが支持線になりそうな水準でした。そこがセットアップでした。52.08ドルで付けた安値のあとに、先物１枚当たり3.00ドルを少し超える上昇が続きました。

シンメトリーのブレイク

シンメトリーは、素晴らしいセットアップのいくつかを見分けてくれます。それが持ちこたえる場合、そこから反転する値動きでトレー

図7.14

ドするための情報を提供してくれます。シンメトリーがブレイクする、つまり突破される場合であっても、トレーディングに役立ち得る情報を提供してくれます。わたしがブレイクで意味しているのは、以前の調整のスイングを当てはめたシンメトリー水準の上下数ティック以内に相場が持ちこたえられない場合ということです。このブレイクの重要性とブレイクによってその後の相場で何が生じると示唆されているのかが、以降のチャート例で描かれています。

図7.14のゼネラルモーターズ（GM）の日足チャートのように、シンメトリーがブレイクされる、つまり突破されると、かなりの確率で少なくとも調整の深い下げが見られ、時にはメジャーなトレンドの変化が見られるでしょう。

著者から一言

メジャーなトレンドの変化に先だって、シンメトリーのブレイクが非常に多く見られます。これは頭の片隅に入れておいたほうが良いことです。わたしのチャットルームには、短期の時間枠でシンメトリーが突破されると、それをより長期の時間枠でのトレードのトリガーとしているトレーダーたちが実際にいます。

図7.14のGMの日足チャートで、いったん35.21～35.91ドルのシンメトリーのプロジェクションのすべてが突破されると、かなり劇的な下落が続いたことに注目しましょう。必ずしも劇的な下落が見られるとは限りませんが、シンメトリーが突破されると、こうなる可能性があるということには気づいていたほうがいいのです。

わたしが使ったシンメトリーのプロジェクションは、前年の11月に大きな上昇が始まって以降の明らかな押し目すべてから当てはめたものです。**図7.14**にこれら調整の下落を表示しています。したがってこの場合にシンメトリーのブレイクとわたしが言うときは、前の調整の下落である1.59ドル、1.34ドル、2.03ドル、1.33ドルのすべてよりも大きな下落が相場で起こったという意味です。この場合であれば、07年２月13日の高値から2.03ドルを超えてかなりの幅でいったん下落すれば、最後の強気のスイングのシンメトリーは突破されたということになります。

図7.15

図7.15の米ドル・スイスフランのチャートで、大きな下降スイングから当てはめたシンメトリーによる抵抗線が突破されたとき、この相場は自律反発を強め出したことが分かります。

図7.16

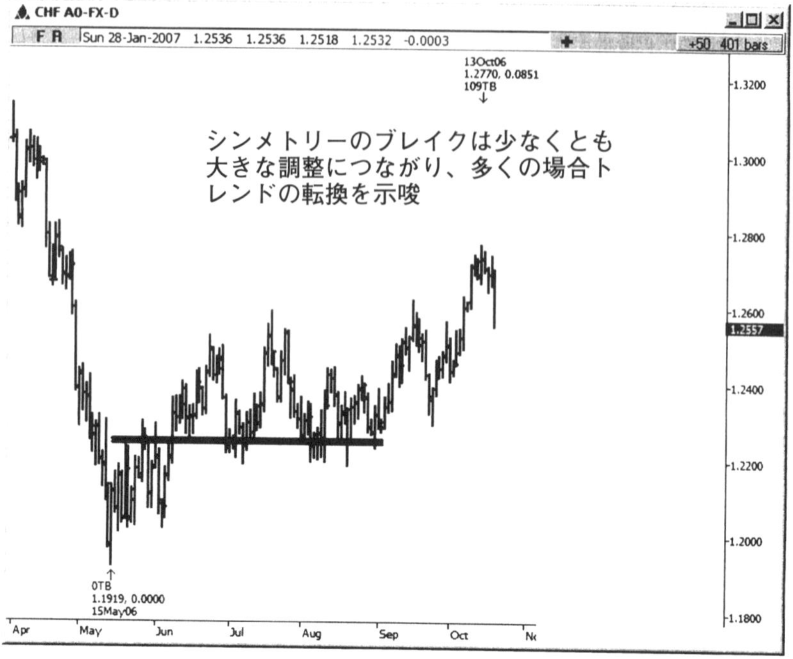

図7.16は、前のチャート上でのシンメトリーのブレイクが実際にはもっと重要なトレンド転換の始まりだったことを示しています。シンメトリーが突破されたあと、高値も安値も切り上げるパターンに変わったことが分かるでしょう。かなりきれいな上昇がこのシンメトリーのブレイク後に続きました。

図7.17

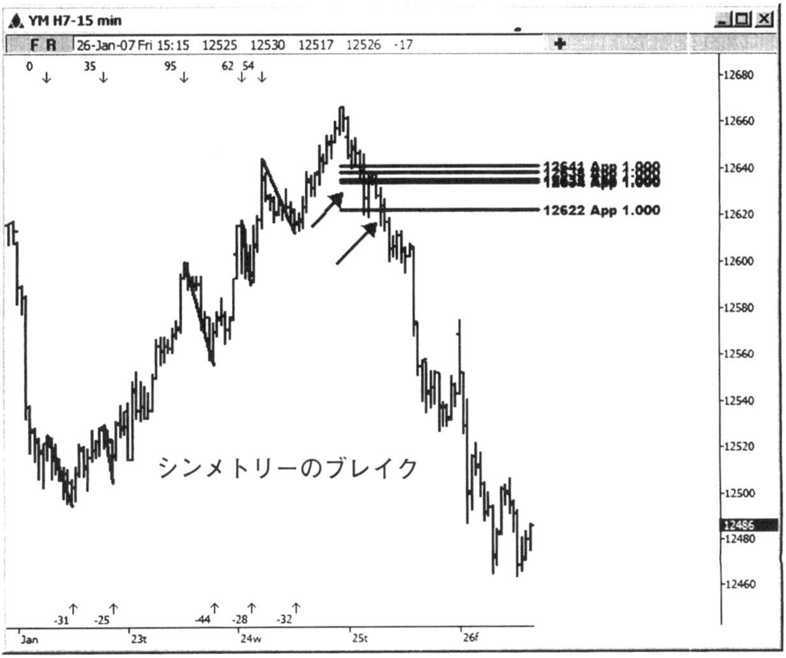

2007年３月限のミニダウ先物の15分足チャートで、シンメトリーのブレイク例を見てみましょう（**図7.17**）。チャートの下側に表示している押し目に注意してください。それらは、31、25、44、28、32ポイントでした。このチャート上で新たな高値を付けたとき、それらのスイングを新しい高値から当てはめました。そこは通常、調整局面で支持線になりそうな水準を探すところです。プロジェクションのいくつかが比較的狭い幅に集中しました。プロジェクションのうちひとつは、そのクラスターから少し下に離れていました。このチャート上で前の大きな上昇スイングから当てはめたシンメトリーがすべて突破された場合にそれが示唆していることは、少なくとも押し目がきついものになるだろうし、ひょっとしたらトレンドがもっと大きく変化するかもしれない、ということだと分かっていました（それを知っていれ

図7.18

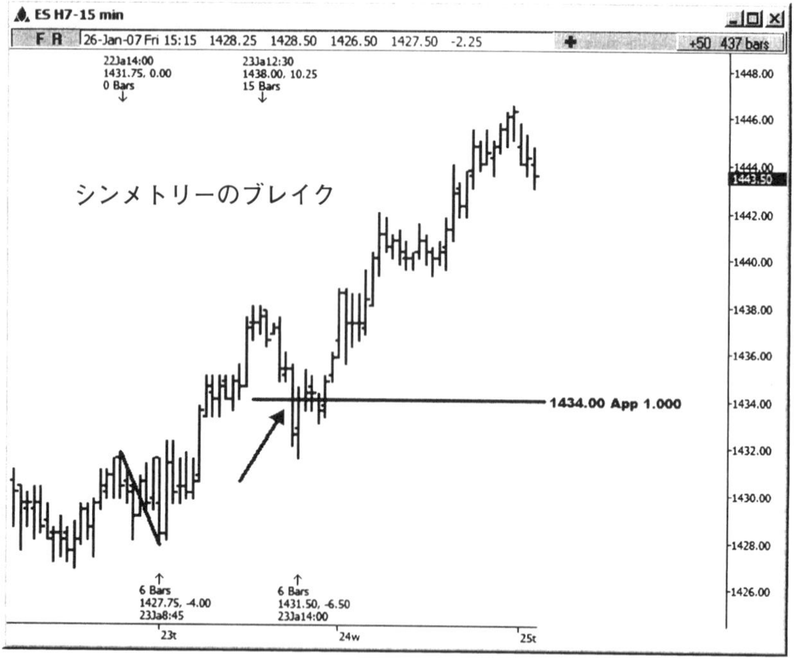

ば、トレーダーがポジションをいっそう効率的に管理するのに役立つかもしれません)。この強気のシンメトリーが突破されたあと、かなり劇的な下落が続きました。

次のシンメトリー例は、15分足のＥミニS&Pのチャートに描かれています(**図7.18**)。この場合には少し深い押し目があっただけで、その後は元のトレンドが再開しました。最初の下落は4.00ポイントでした。シンメトリーを突破した第２の下落は6.50ポイントでした。したがって頭に入れておいてもらいたいことは、ブレイクが必ずしもトレンドのより大きな変化を示しているとは限らないということです。

図7.19

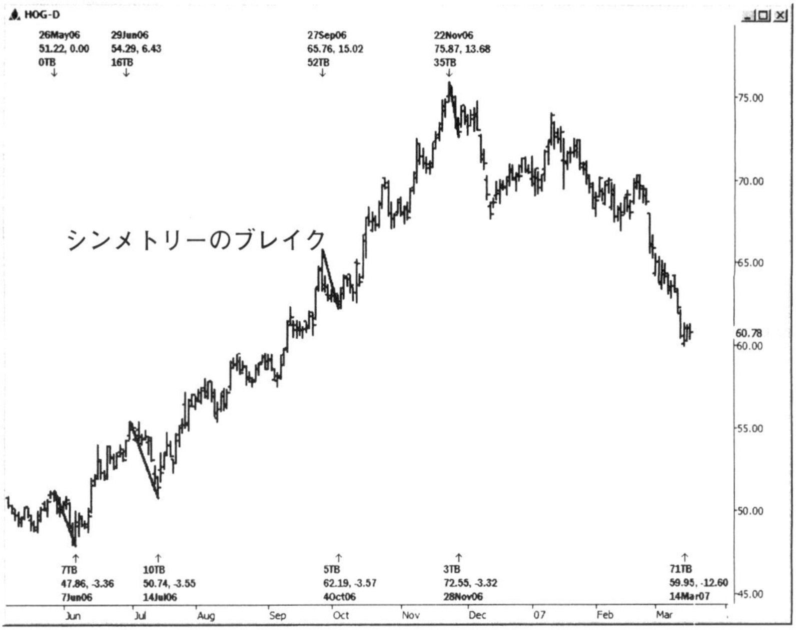

図7.19のハーレー・ダビッドソンの日足チャートでは、チャートをじっと見つめるだけで、06年11月22日で新高値を付けたあと、シンメトリーによる支持線が突破されたことが理解できるに違いありません。わたしたちは06年６月７日の安値から06年11月22日の高値までの大きな上昇スイング中の押し目を当てはめ、シンメトリーを作っていました。ここでは、06年６月７日の安値直前の下降スイングも含めておきました。メジャートレンドが新しく始まる直前のスイングを入れておくと、時には貴重なプロジェクションになり得ることが分かっています。このシンメトリーのブレイクを数学的に決めるなら、この株がどの高値からでも3.57ドル以上の押し目を作った場合、チャート上で当てはめたシンメトリーはすべて突破されたということになります。最大の押し目は3.57ドルだった点に注意しましょう。ほかのスイング

は3.36ドル、3.55ドル、3.32ドルの下落と、似ていました。いったん最大のシンメトリーのプロジェクションがかなり大きく突破されたら、わたしはシンメトリーは突破されたとみなしています。

この株は確かに元の高値近くまで戻したにしても、結局はかなりきれいな下落がこのシンメトリーのブレイク後に起こりました。シンメトリーが突破されたあとに相場が戻った場合は、その戻りがうまくいかずにシンメトリーが突破された方向に仕掛けられるか、見守ったほうがいいのです。

著者から一言

本書の分析で行うシンメトリーのプロジェクションのほとんどは、前の押し目を当てはめたものですが、ハーレーのチャート例のように、新しいトレンドが始まる直前のスイングの当てはめを含めるときがあります。ハーレーのチャートでは、問題のスイングは06年５月26日の高値から06年６月７日の安値でした。そのスイングは06年６月７日の安値から始まった新しいトレンドの前に生じているので、06年６月７日の安値から06年11月22日の高値までの値動きでの押し目とは考えられませんが、それでも同じ向きの似たスイングと比べられるものでした。

図7.20

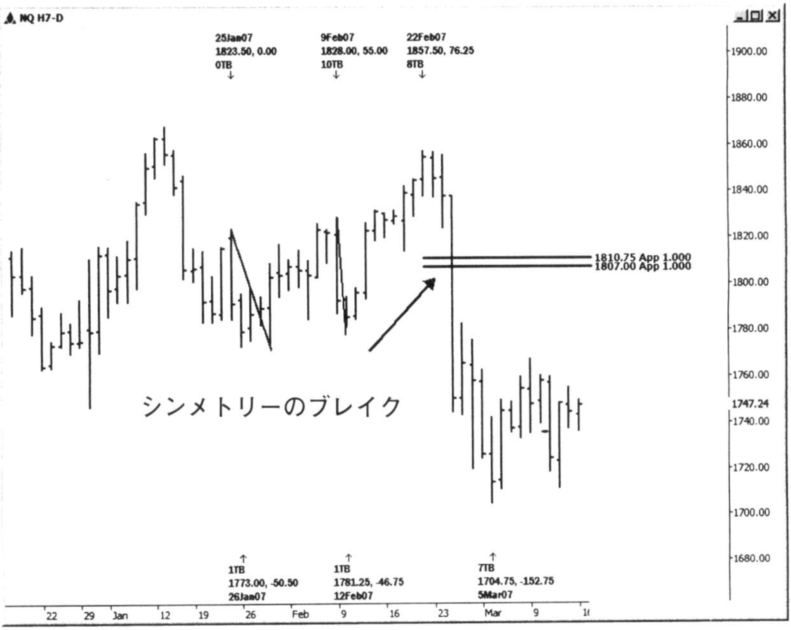

このナスダック先物の日足チャート（**図7.20**）においては、表示をした前の２つの押し目に注目してください。ひとつが50.50ポイントで、もうひとつは46.75ポイントでした。わたしはこの２つの押し目を07年２月22日の高値から当てはめました。それらはシンメトリーによる支持線になりそうな水準を示し、そこから上昇が再開する可能性がありました。しかし、この当てはめによる1807.00～1810.75の重要な支持線は持ちこたえられずに突破されました。そしてかなり劇的な下落がその後に続きました。繰り返しになりますが、シンメトリーが突破されるたびにこういう事が起こるわけではありません。しかし、いつでもそういう事が起こる可能性は意識しておくことが大切です。

図7.21

Tボンド先物の日足チャートに描かれたこの例では、シンメトリーのブレイクをもうひとつ示しておきます（**図7.21**）。最初のブレイクは大きくはありませんでした。しかし、06年12月１日の高値からの下げトレンドが変化する可能性がないかをそこで見守るには、十分に目立っていました。シンメトリーが突破されたあと、次の調整局面で仕掛けられそうかわたしは注目し始めます。というのは、シンメトリーのブレイク後によくトレンドの転換が見られるからです。

図7.22

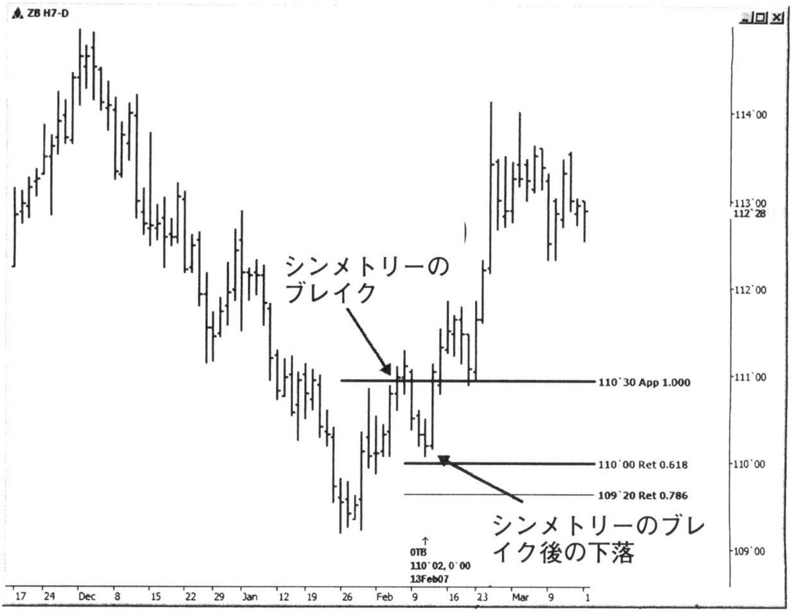

次のＴボンドのチャート（**図7.22**）は、シンメトリーが突破されたあとに買いの仕掛けができそうなところを求めるために、押し目のどの辺りに注目しておけばよかったかを示しています。この例において、Ｔボンドは0.618倍リトレースメントからちょうど２ティック上のところまで押しました。このリトレースメントよりも上で再び上昇を始めたこのときが、明らかなトレンド転換の始まりでした。

シンメトリーについての本章では、シンメトリーつまり1.0倍プロジェクションを、単純ですが強力なセットアップとして使う方法を教えました。さらに、シンメトリーが突破された場合に何を探したほうがいいかも検討しました。クラスターのセットアップだけでなくシンメトリーのセットアップも、リスク・リターン比率がかなり良くて比較的リスクの低いトレードを提供してくれます。

第8章

２段パターン——セットアップ３

The Two-Step Pattern Setup : Trade Setup 3

パターンというものは、人生においても市場においても繰り返す傾向があるものです。わたしがどの市場でも好んで探す特別のパターンがあります。それは２段パターンです。わたしが初めてこのパターンを紹介されたのはエリオット波動分析の基本を勉強していたころのことで、波動分析ではこのパターンをトレンドに戻る前に見られる調整、つまり逆行の値動きと考えていました。

２段パターンは、そのなかに現れる比率によってはガートレーパターンと呼ぶこともできます。ガートレーパターンの定義は、パターン内に現れる比率の点でもう少し細かいのです。このため、ガートレーパターンはすべて２段パターンとみなせますが、２段パターンのすべてがガートレーパターンの定義に当てはまるわけではありません（ガートレーパターンの詳細については、**『フィボナッチ逆張り売買法』**［パンローリング］の著者であるラリー・ペサベントの『Fibonacci Ratios with Pattern Recognition［フィボナッチ・レシオズ・ウイズ・パターン・レコグニション］』を参照のこと）。

２段パターンのセットアップは、前のトレンドの動きを調整するジグザグパターンです。このパターンを正確に見分けることができていれば、それはジグザグが展開する前のトレンド方向に消えていくはずです。このパターン内で特定のフィボナッチ比率の価格関係が重なる

図8.1

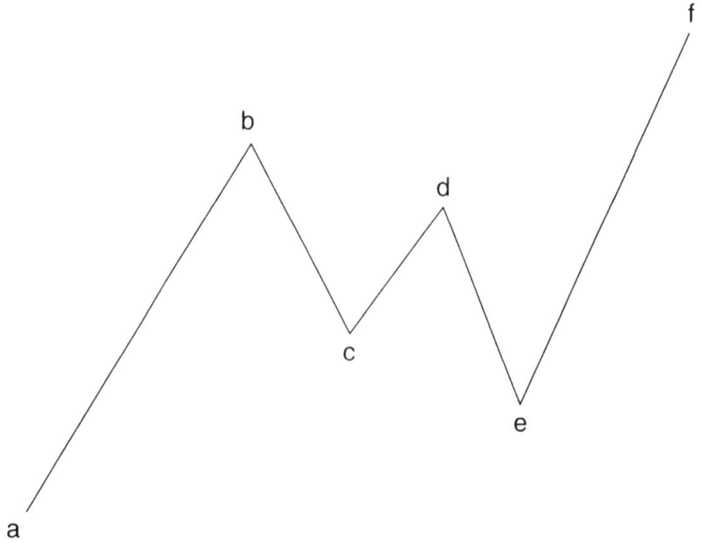

図8.2

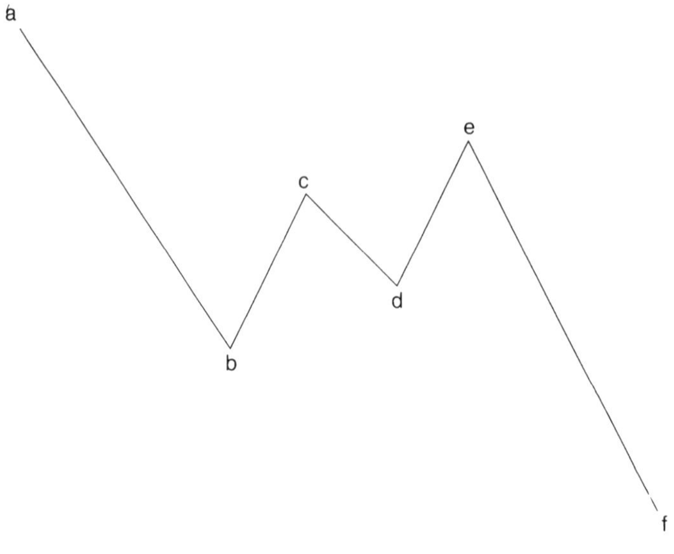

か集中する水準を求め、そのパターンが適切な２段パターンの定義に収まるかどうかを、わたしたちは確かめます。これらの価格関係は本章で定義します（２段パターンは**図8.1**のように強気相場のセットアップにもなり得るし、**図8.2**のように弱気相場のセットアップにもなり得ます）。したがってセットアップ３は基本的に価格のクラスターであり、そのセットアップの確度を高めるためにジグザグパターンを加えたものです。

わたしたちが見分けようと気をつけている実際のジグザグパターンは、点ｂと点ｅの間に生じるものです。クラスターを求めるためにわたしたちが使う予定の比率は、次のものから来ています。

点ａから点ｂにリトレースメントを実行（0.382倍、0.50倍、0.618倍、0.786倍）

点ｃから点ｄにエクステンションを実行（1.272倍、1.618倍）

点ｂから点ｃを点ｄから当てはめてプロジェクションを実行（1.00倍）

強気相場の２段パターンにも弱気相場の２段パターンにも同じ比率を使います（**図8.1**、**図8.2**）。

これらの数字を使って実行すれば、通常は３つのフィボナッチ比率の価格関係がうまく重なり合うクラスターができます。これらの価格関係のどれも重なる可能性があります。しかし、理想的なセットアップになっている２段パターンでは、点ａから点ｂに対するリトレースメント比率は0.618倍か0.786倍になるのが普通であり、その水準に点ｃから点ｄまでの値動きの1.272倍か1.618倍エクステンションが重なり、さらにジグザグの最初のスイングの100％プロジェクション、つまりbc＝deを意味する水準も重なるでしょう。この理想的な２段パターンは、ガートレーパターンの厳密なほうの定義を満たしているとわたしは信じています。また市場では、点ｄから点ｅのスイングが点

ｂから点ｃへのスイングの1.618倍となる２段パターンが現れるのを見るかもしれません。しかし、これはかなりまれであることが分かっています。そのためわたしは、２段パターンのセットアップでわたしが求めるものの定義には含めないことにしました。

これらの最初の価格関係を当てはめたあと、チャート上のほかのスイングからフィボナッチ比率の価格関係がさらに現れるかもしれません。これは、セットアップの確度をいっそう高め、重要な価格判定の水準だという確認になるでしょう。

なぜこれが良いパターンなのか

なぜこのパターンが大きな利益をもたらし得るかについてのわたしの最良の説明は、一般的なスイング理論を元にしたものです。基礎的なテクニカル分析を勉強しているころに、わたしたちが普通教えられるのは、前のスイングの安値をブレイクするのは、相場が弱くてトレンドが下向きに変化する示唆になっているということです。したがってまた、前のスイングの高値をブレイクするのは、相場が強くてトレンドが上向きに変化するという示唆だということになるでしょう。２段パターンを検討するにあたって、これらの基本的なテクニカルの概念を頭に入れておきましょう。

ジグザグパターン内で点ｃを抜いた場合、それは前のスイングの高値か安値のいずれかを抜いていることになります。先ほど検討したように、これはしばしばトレンドの転換を示します。例えば点ｃが安値で、相場の値動きがそこを下回っている場合、スイング理論に従うトレーダーなら、ここがブレイクされたのを見ると、売って買いポジションを手仕舞うかもしれません。また彼らは空売りを仕掛けて、新規の売りポジションを持つかもしれません。多くの場合、相場はただ下がり続けるでしょう。スイング理論が示唆するように、前のスイングの安値がブレイクされた場合、それは確かにしばしばトレンドの転換を示唆するからです。

しかし、2段パターンの価格関係を試してみて、価格が結局それらの水準よりも上で持ちこたえれば、それは2段パターンかもしれませんし、トレンドが転換し始めるのではなく元のトレンドに戻るという可能性を考えなければなりません。

したがってジグザグパターンを見始めたとき、これはトレンドの転換なのか2段パターンなのかと自問しなければなりません。最初のうちはその答えは分かりません。最も重要なのは、2段パターンが展開する場合に持ちこたえる必要がある水準は分かりますが、その水準が持ちこたえるかどうかは分からないということです。2段パターンが展開するかどうかの最も大きな手掛かりは、あとで検討することになるトレーディングのフィルターやトリガーから得られるでしょう。

さてこの例において、前のスイングの安値がブレイクされたときに、買いポジションを手仕舞ったか、空売りを仕掛けたすべてのトレーダーのことを思い出しましょう。2段パターンによる価格支持線が結局持ちこたえて強気相場が戻ってきた場合、手仕舞ったトレーダーたちは買いを仕掛けて再び買いポジションを持つかもしれません。また空売りしたトレーダーたちは不満足な売りを手仕舞うために買い戻しているはずです。これがおそらく価格を押し上げ、正確に2段パターンのセットアップを見分けることができたあなたは報われるでしょう。

2段パターンのセットアップで最大リスクに当たる損切りラインは、クラスターのセットアップの場合と同じです（クラスターの両端から数ティック上か下）。しかし2段パターンの場合、最初のトレーディング目標は少し異なります。最初のトレーディング目標はいつでも、点bから点eのスイングで表わされるジグザグ全体の1.272倍エクステンションです。

図8.3

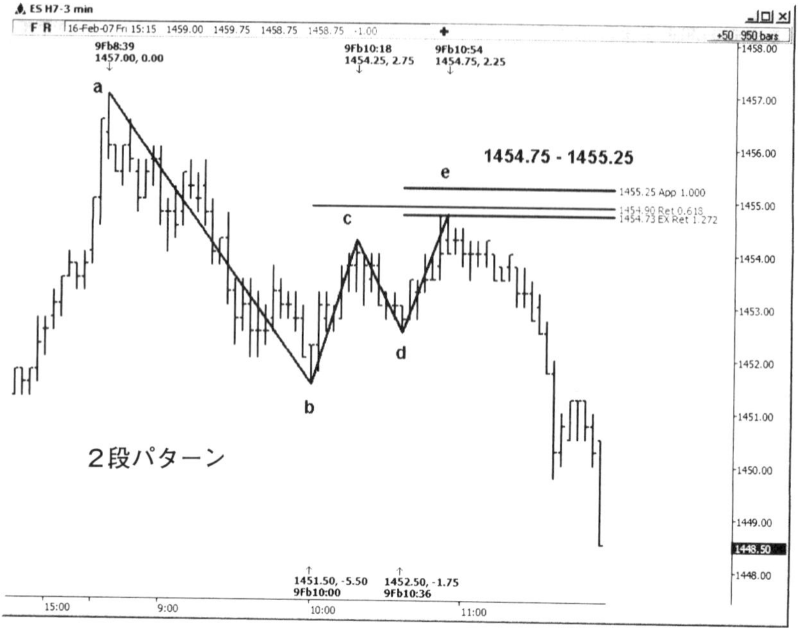

あなたが２段パターンのセットアップの概念について少しあいまいでも、例を見ていくうちに何を探したらよいかはっきりするはずです。まず弱気相場の２段パターンの例から始めることにしましょう。**図8.3**の例は、ＥミニS&Pの３分足チャート上で07年２月９日に実際に現れたものです。この２段パターンのクラスターを作っている価格関係は、点ａから点ｂの0.618倍リトレースメント、点ｃから点ｄの1.272倍エクステンション、点ｂから点ｃを点ｄから当てはめた1.0倍プロジェクションを含んでいました。

1457.00の高値から1451.50の安値（点ａから点ｂ）までの0.618倍リトレースメントは、1454.90

1454.25の高値から1452.50の安値（点ｃから点ｄ）までの1.272倍エクステンションは、1454.73

図8.4

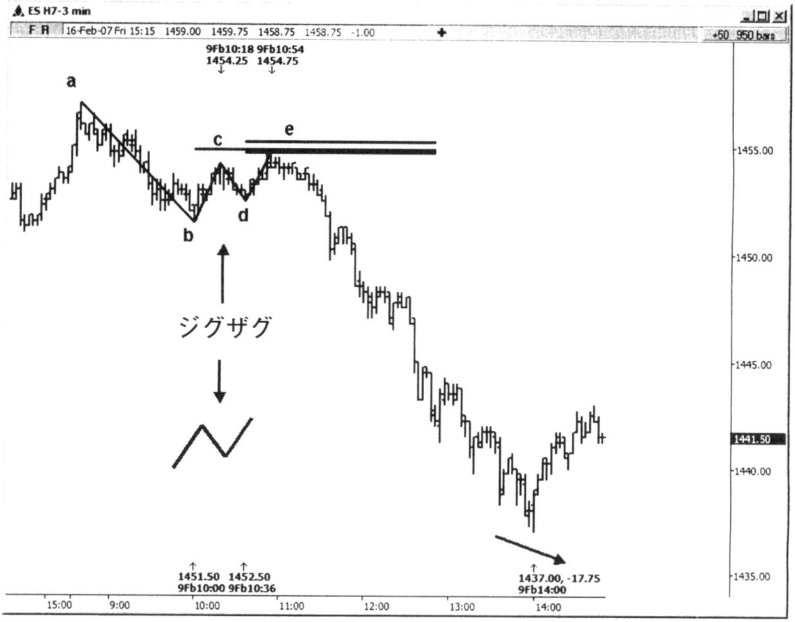

1451.50の安値から1454.25の高値までを1452.50の安値から当てはめ（点ｂから点ｃまでを点ｄから当てはめ）た1.0倍プロジェクションは、1455.25

わたしは、これらのプロジェクションの数字を一番近い先物価格に合わせて端数処理し、このクラスターに1454.75～1455.25と表示しました。実際は1454.75で高値を付け、それはクラスターの下端でした。最初の下値目標である点ｂから点ｅまでの値動きの1.272倍エクステンションは、1450.75の水準に来ました。この最初の下値目標は達成され、２番目と３番目の目標である1.618倍と2.618倍エクステンションの水準も達成されました。

図8.4は最初の例である２段パターンの高値ｅから、やがて17.75ポ

図8.5

イントの下落が見られたことを示しています。それはまた、わたしがジグザグパターンによって何を意味しているかも表しています。

図8.5はＥミニラッセル先物の45分足チャートで、強気相場の２段パターンの例です。クラスターには、点ａから点ｂの0.382倍リトレースメント、点ｃから点ｄの1.272倍エクステンション、点ｂから点ｃを点ｄから当てはめた1.0倍プロジェクションが含まれます。

795.80の安値から814.10の高値（点ａから点ｂ）までの0.382倍リトレースメントは、807.11

808.00の安値から813.20の高値（点ｃから点ｄ）までの1.272倍エクステンションは、806.59

814.10の高値から808.00の安値までを813.20の高値から当てはめ（点ｂから点ｃまでを点ｄから当てはめ）た1.0倍プロジェクシ

ョンは、807.10

今回も、プログラムが計算した数字を利用できる一番近い先物価格に合わせて端数処理すると、806.60～807.10の範囲にクラスター帯が出来上がりました。実際は806.90で安値を付けました。２段パターンの安値からの最初の上昇は14.10ポイント分続きました。また、この２段パターンの例は、市場で展開しているところを目にするかもしれないほかのいくらかの例ほど対称的ではないことにも注意しましょう。点ｂから点ｃのスイングと点ｄから点ｅまでのスイングは、点ｃから点ｄまでのスイングと比べると時間的に見てかなり短いのです。一般的に言えば、これらのスイングは時間面でのほうが少し似ています（しかし、ジグザグが見えていて価格関係が重なってクラスターを作っているかぎり、本書のセットアップではそれで十分なのです！）。

図8.6

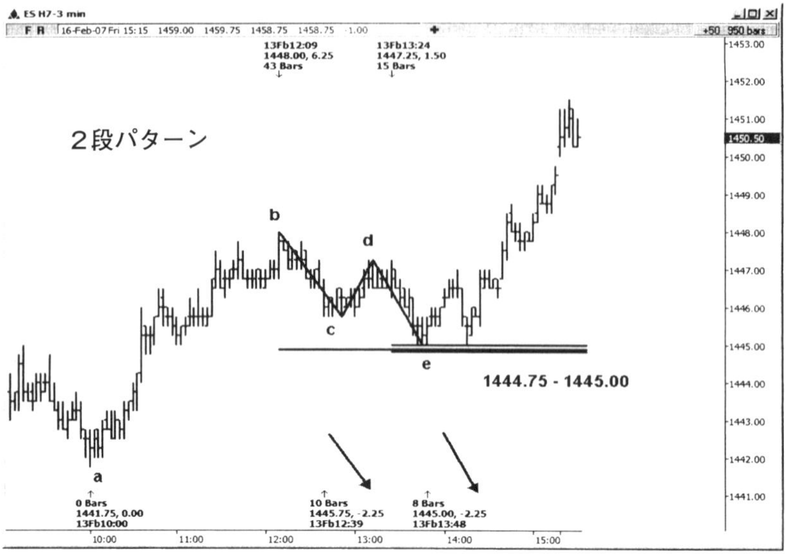

ＥミニS&P先物の2007年３月限の３分足チャート（図8.6）で展開した別の２段パターンの例です。チャート上にジグザグを示しています。この２段パターンのクラスターは、点ａから点ｂの0.50倍リトレースメント、点ｃから点ｄの1.618倍エクステンション、点ｂから点ｃを点ｄから当てはめた1.0倍プロジェクションから展開したものです。これらが1444.75～1445.00の範囲にクラスターを生み出しました。

1441.75の安値から1448.00の高値（点ａから点ｂ）の0.50倍リトレースメントは、1444.88

1445.75の安値から1447.25の高値（点ｃから点ｄ）の1.618倍エクステンションは、1444.82

1448.00の高値から1445.75の安値までを1447.25の高値から当てはめ（点ｂから点ｃを点ｄから当てはめ）た1.0倍プロジェクショ

図8.7

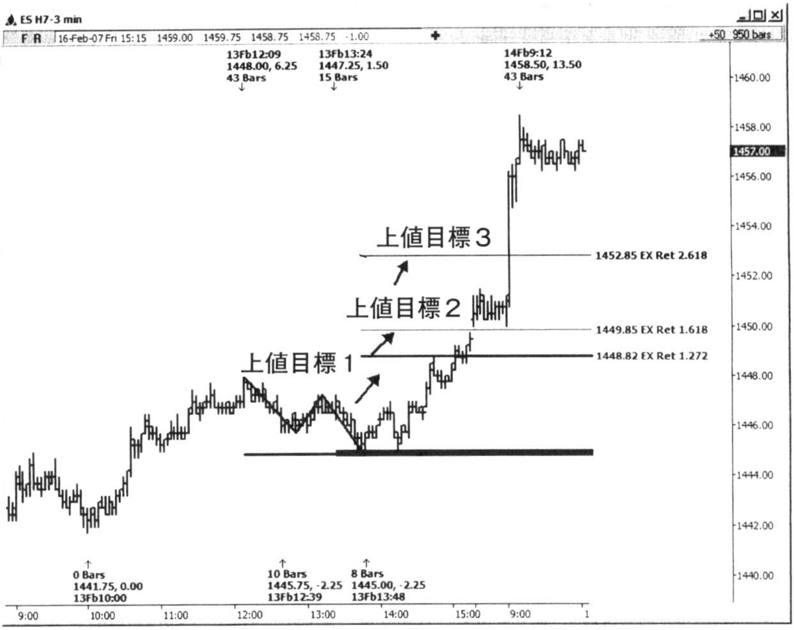

ンは、1445.00

点ｂから点ｃのスイングと点ｄから点ｅのスイングが等しいことに注目しましょう。これらのスイングは両方ともちょうど2.25ポイントでした。シンメトリーは理想的な２段パターンで大事な部分です。

実際は1445.00で安値を付けました（**図8.7**参照）。このセットアップは上昇目標の３つすべてを達成し、なお上昇しました。安値から短期間のうちに13.50ポイント上昇しました。相場がトレーディング目標をすべて超えることはよくあります。このために、少なくともポジションの一部にはトレイリングストップの使用を勧めています。そうすれば、非常に低リスクのセットアップで始まったこれらの大きな値動きのいくらかから、十分な利益を得られるでしょう。

図8.8

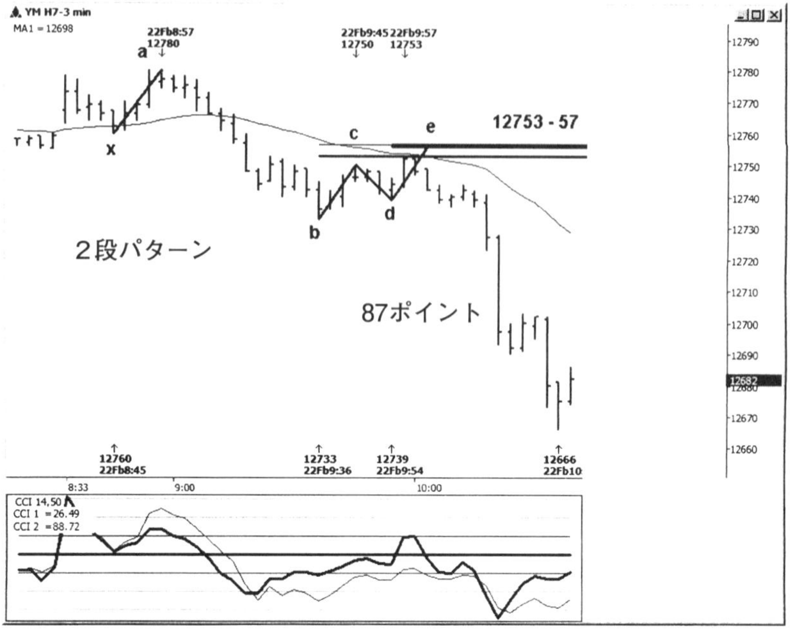

図8.8では、ミニダウ先物の３分足チャート上で２段パターンを見ています。クラスターは、１万2753～１万2757ドルの範囲にできました。

価格関係は次のとおりでした。

１万2780ドルの高値から１万2733ドルの安値（点ａから点ｂ）までの0.50倍リトレースメントは、１万2757ドル

１万2750ドルの高値から１万2739ドルの安値（点ｃから点ｄ）までの1.272倍エクステンションは、１万2753ドル

１万2750ドルの高値から１万2739ドルの安値（点ｃから点ｄ）までの1.618倍エクステンションは、１万2757ドル

１万2733ドルの安値から１万2750ドルの高値までを１万2739ドルの安値から当てはめ（点ｂから点ｃまでを点ｄから当てはめ）た1.0倍プロジェクションは、１万2756ドル

1万2760ドルの安値から1万2780ドルの高値までを1万2733ドルの安値から当てはめ（点xから点aまでを点bから当てはめ）た1.0倍プロジェクションは、1万2753ドル

この例では2段パターンで求める典型的な価格関係があっただけでなく、安値から高値への以前のスイングから別のシンメトリーのプロジェクションもありました。そしてそれは、偶然にもちょうどほかの関係と重なりました。また、点cから点dまでのスイングはわずか11ポイントでした。この11ポイントの値動きの1.272倍エクステンションと1.618倍エクステンションの差はごくわずかでしたから、点cから点dのエクステンションの1.272倍のほうも1.618倍のほうも結局ほかの価格関係と重なり合うことになりました。ほかの価格関係が2段パターンのセットアップとも重なる場合、そのセットアップの確度は実際に高まります。特にそれらがシンメトリーのプロジェクションならばなおさらです。この2段パターンのクラスター内の高値からは、87ポイントの下落が見られました。

図8.9は、ミニダウの3分足チャート上で現れた2段パターンです。1万2762～1万2764ドルの範囲に、クラスターが形成されました。

価格関係は、次のとおりでした。

1万2816ドルの高値から1万2732ドルの安値（点aから点b）までの0.382倍リトレースメントは、1万2764ドル

1万2757ドルの高値から1万2737ドルの安値（点cから点d）までの1.272倍エクステンションは、1万2762ドル

1万2732ドルの安値から1万2757ドルの高値までを1万2737ドルの安値から当てはめ（点bから点cまでを点dから当てはめ）た1.0倍プロジェクションは、1万2762ドル

実際は、クラスター帯からわずかに1ティック下の1万2761ドルで

図8.9

高値を付けました。その後、38ポイント急落しました。

次の２段パターン例（**図8.10**）はS&P100指数の日足チャート上にあります。ここでは点ａから点ｂの0.382倍リトレースメント、点ｃから点ｄの1.272倍エクステンション、点ｂから点ｃを点ｄから当てはめた1.0倍プロジェクションが同時に現れています。

542.77の安値から584.33の高値（点ａから点ｂ）の0.382倍リトレースメントは、568.45

571.96の安値から582.67の高値（点ｃから点ｄ）の1.272倍エクステンションは、569.05

584.33の高値から571.96の安値までを582.67の高値から当てはめ（点ｂから点ｃを点ｄから当てはめ）た1.0倍プロジェクションは、570.30

図8.10

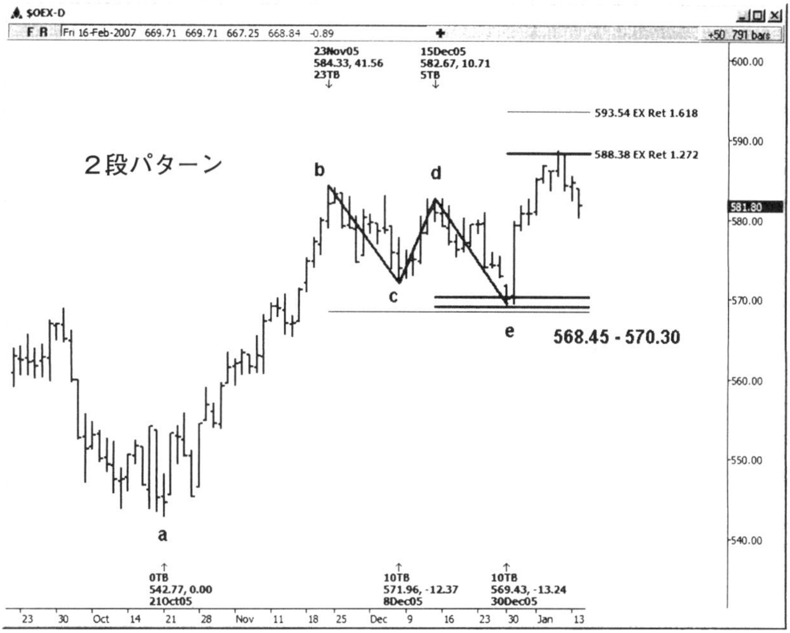

実際は569.43で安値を付けました。このあとに19ポイント以上の上昇が続き、最初の上値目標である1.272倍エクステンションの水準に達しました。

図8.11

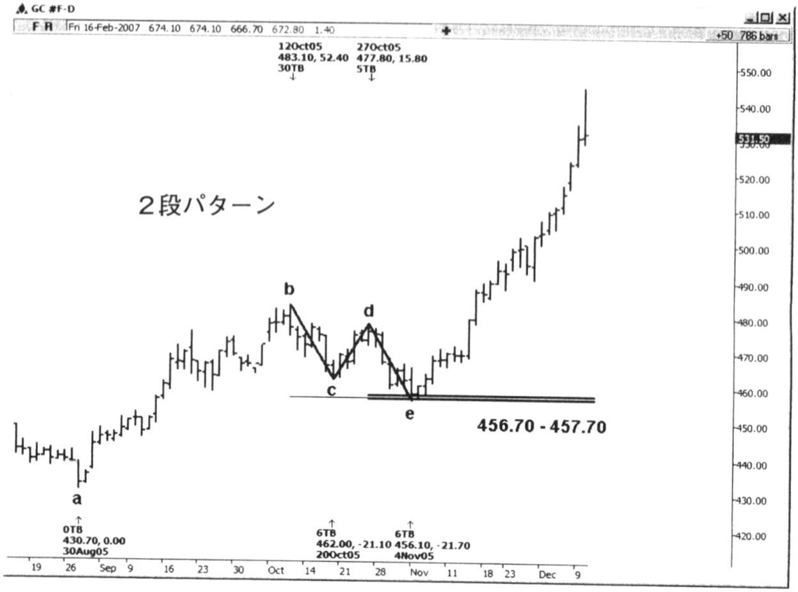

2段クラスターの次の例は、金市場のつなぎ足の日足チャート（**図8.11**）で見つけたものです。それには、点ａから点ｂの0.50倍リトレースメント、点ｃから点ｄの1.272倍エクステンション、点ｂから点ｃを点ｄから当てはめた1.0倍プロジェクションが含まれていました。クラスター帯は456.70～457.70ドルの範囲に現れました。

430.70ドルの安値から483.10ドルの高値（点ａから点ｂ）の0.50倍リトレースメントは、456.90ドル

462.00ドルの安値から477.80ドルの高値（点ｃから点ｄ）の1.272倍エクステンションは、457.70ドル

483.10ドルの高値から462.00ドルの安値までを477.80ドルの高値から当てはめ（点ｂから点ｃを点ｄから当てはめ）た1.0倍プロジェクションは、456.70ドル

図8.12

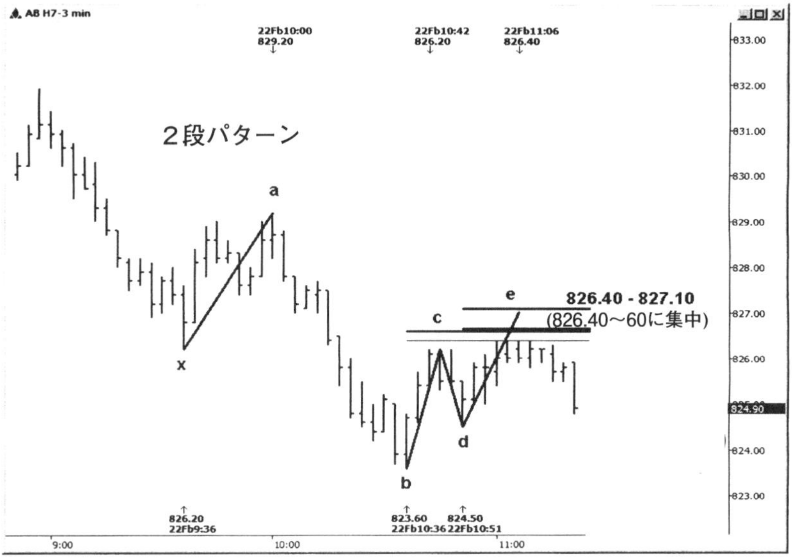

この場合、456.10ドルで安値を付けました。これはクラスターの下端である456.70ドルをわずかに下回りました（60セント）。この作業ではいつも完全を期待してはいけない、ということを忘れないようにしましょう。88ドルの上昇がこの安値に続きました。

すべての２段パターンが最後まで展開するとは限りません。実はそれらのパターンの多くは、まさに普通のクラスターのセットアップと同じように毎日ブレイクされているのです。そして部分的にしか展開しないパターンもあります。パターンが完全には展開しなかった例を見てみましょう。この例はＥミニラッセルの先物（**図8.12**）の３分足チャートで生じたものです。２段パターンのクラスター帯は826.40～827.10の範囲に来ましたが、特に826.40～826.60の範囲に集中しました（価格関係のうち３つがその狭い幅のなかに集中しました）。

図8.13

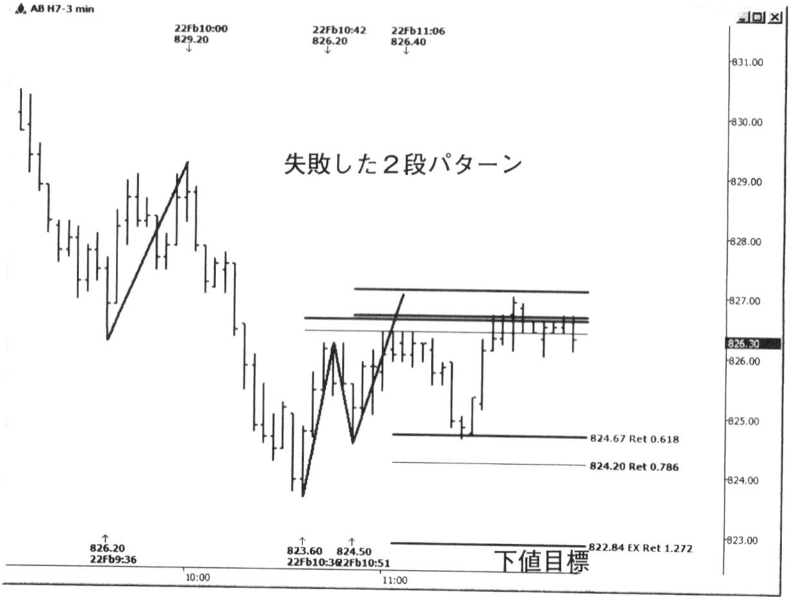

価格関係は次のとおりでした。

829.20の高値から823.60の安値（点ａから点ｂ）までの0.50倍リトレースメントは、826.40

826.20の高値から824.50の安値（点ｃから点ｄ）までの1.272倍エクステンションは、826.66

823.60の安値から826.20の高値までを824.50の安値から当てはめ（点ｂから点ｃまでを点ｄから当てはめ）た1.0倍プロジェクションは、827.10

826.20の安値から829.20の高値までを823.60の安値から当てはめ（点ｘから点ａまでを点ｂから当てはめ）た1.0倍プロジェクションは、826.60

この2段クラスターの下端で高値を付け、確かにちょっとした下落が見られ始めました。しかし**図8.13**が示すように、パターンは完全には展開しませんでした。0.618倍リトレースメントをわずかに超えるまで下落して823.60で安値を付けたあと、標準的な下値目標とされる、点bから点eの1.272倍エクステンション水準である822.84の辺りまで向かうこともなく、再び上昇を始めました（点bおよび点eは**図8.12**に示している）。

著者から一言

これらの2段パターンのセットアップが、少なくとも最初のトレーディング目標に当たるジグザグ全体の1.272倍の水準に到達するところまでは、教科書的な展開を見せることがときにあります。しかし、これが常に当てはまると信じて行き詰まらないようにしましょう。多くの2段パターンは最初の目標を達成し、さらにいくらか先までも進みますが、完全に展開し切れないパターンもたくさんあるのです。このためわたしは、万一の場合に備えてトレイリングストップを置いておくように勧めています。

図8.14

ダウ平均の15分足チャート（図8.14）の例を見ましょう。２段パターンとクラスターのセットアップが１万2384.20～１万2396.92ドルの範囲に現れています。それには４つの価格関係が含まれていました。

１万2510.81ドルの高値から１万2257.58ドルの安値までの0.50倍リトレースメントは、１万2384.20ドル

１万2470.52ドルの高値から１万2257.58ドルの安値までの0.618倍リトレースメントは、１万2389.18ドル

１万2355.23ドルの高値から１万2287.78ドルの安値までの1.618倍エクステンションは、１万2396.92ドル

１万2257.58ドルの安値から１万2355.23ドルの高値までを１万2287.78ドルの安値から当てはめた1.0倍プロジェクションは、１万2385.43ドル

図8.15

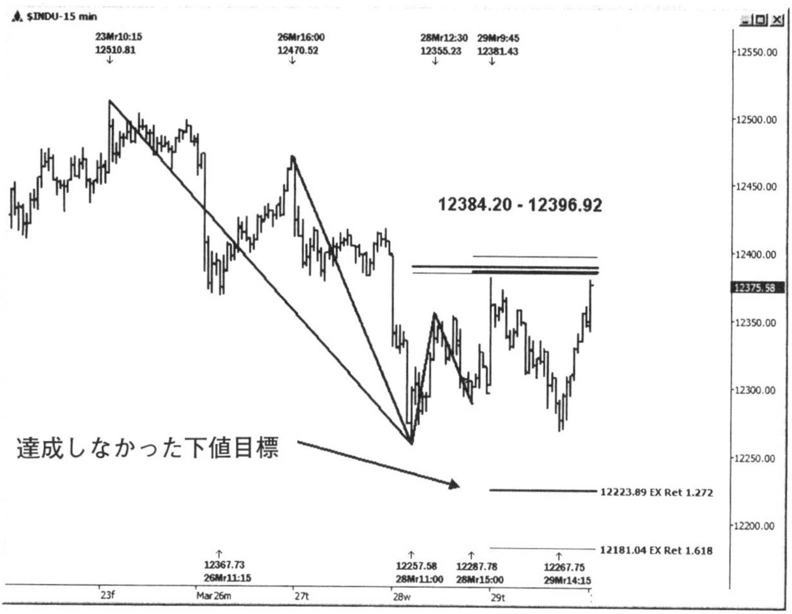

図8.15で示されているように、この２段クラスターからわずかに下の１万2381.43ドルの水準で高値を付けました。このパターンから確かにきれいな下落が始まりました。しかし、スイングの安値である１万2257.58ドル方向への0.786倍リトレースメントの水準よりもわずかに下で売買があったあとは、再び上昇が始まり下値目標である1.272倍エクステンションは一度も試しませんでした。それでもなお、この２段パターンは素晴らしいセットアップでした。ただ、わたしたちが典型的に求めるトレーディング目標までは与えてくれなかったというだけです。

著者から一言

分析しているチャート上でジグザグパターンが展開し始めるのを見たら、価格関係のツールを使ってクラスター効果が得られるかどうか確かめるようにしましょう。実際にこれらのセットアップが計画どおりに展開したら、それはかなりの利益をもたらしてくれる可能性があります。

本章では、時にガートレーパターンとも呼ばれる２段パターンのセットアップについて学びました。このセットアップもクラスターやシンメトリーのセットアップと同じように、リスクが十分に決められ、かなりの利益をもたらす可能性があるトレーディングの機会を提供してくれます。

あなたが本書の始めから第８章までを読み通していれば、セットアップの１、２、３のタイプをどうやって作ればいいのか、その基本はすでに分かっています（注意しておきますが、これらのセットアップがすべてトレードのできる反転をもたらしてくれるわけではありません）。これらのセットアップの多くは、うまくいかないか無効になるでしょう。トレードで成功する確率を上げるためには、すぐれたテクニカル指標や価格のトリガーで、これらのセットアップを選別する必要があります。また理想的にはトレンド方向にセットアップしたほうがいいです。トリガーやテクニカル指標については、わたしが自分のトレーディング計画で使うものを、ほかの少数のものとともにあとの章で検討することにします。

第9章

どのスイングを分析に選ぶか

Choosing the Swings for Analysis

わたしの生徒がいつもする質問は次のとおりです。分析ツールを使うために、あなたが選ぶ高値と安値、あるいはスイングはどれなのでしょうか。以降の例から学ぶことのほかにわたしがお願いしたいのは、少しばかり常識を使ってもらいたいということです。チャートを見ていて、どの高値と安値から価格関係のツールを当てはめたらよいかと考えているのなら、今使っている高値と安値から導き出される結果が現在の相場と直接関連しているかどうかを自分に問うてみてほしいと思います。

図9.1

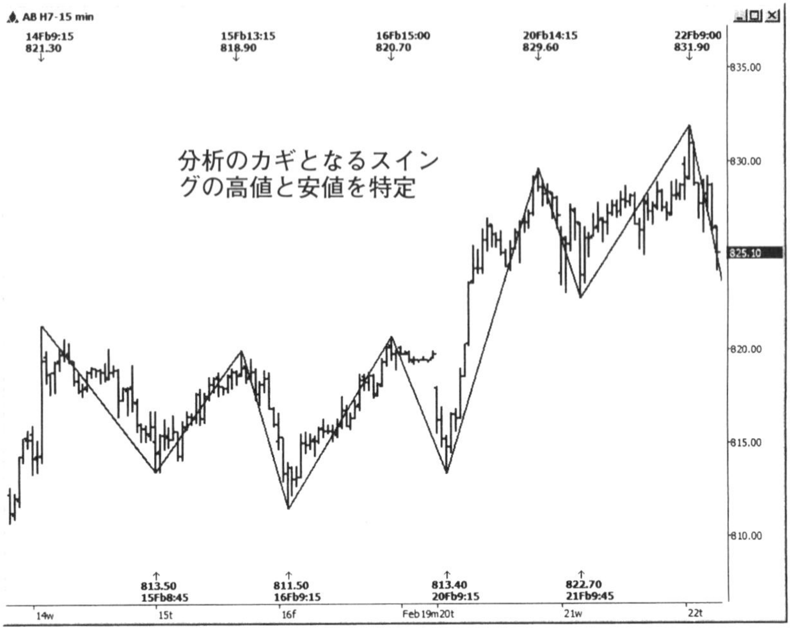

チャート例

この最初の例（**図9.1**）はEミニラッセルの15分足チャート上にあります。わたしが時間と価格の両方の分析で使う高値と安値をチャート上で示しています。わたしが選び出した点は、わたしのセットアップを見分けるのに役立つ明確なスイングの高値と安値です。わたしは想像のなかで、このチャート上で見極めた高値と安値を使って、リトレースメントやエクステンションやプロジェクションをそれぞれ複数当てはめる機会を頭に描くことができます。

図9.2

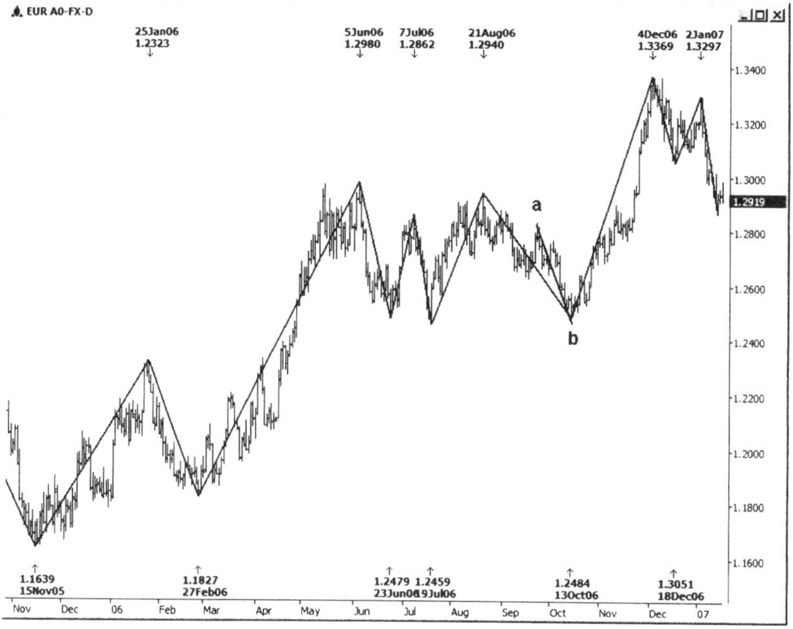

図9.2に示されるユーロの日足チャート（ユーロ・米ドル）では、わたしが自分の分析でよく使うスイングを示しています。この例では、点ａと点ｂ間のスイングも意味を持っているかぎりは使うでしょう。例えば、そのスイングを使って06年12月４日の高値からシンメトリーを当てはめることは、相場がそのスイングの100％を超えて下落しないうちは意味を持っています。しかしそこを超えた時点で、相場はそのスイングから当てはめていたシンメトリーによる支持線を突破してしまったことになります。

図9.3

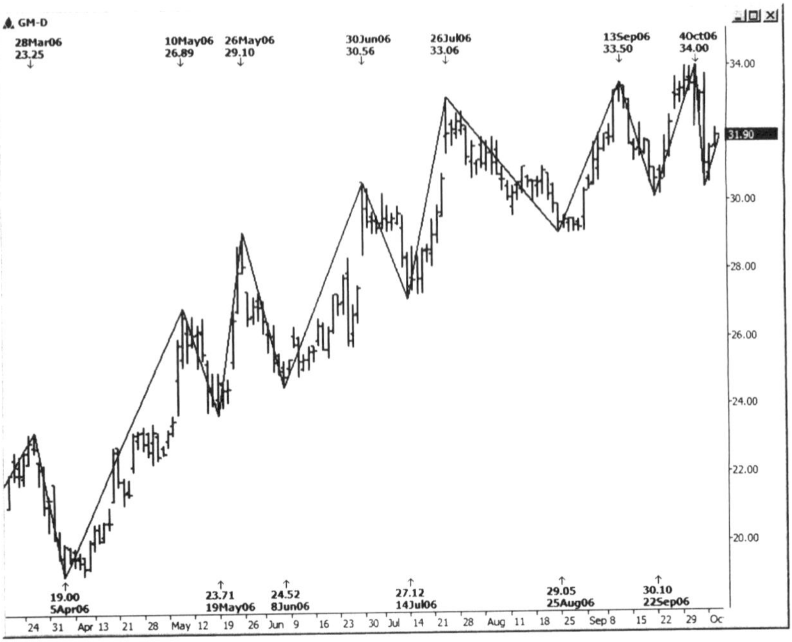

図9.3は、ゼネラルモーターズ（GM）の日足チャートの例です。この株で価格の分析にも時間の分析にもわたしが使うであろうスイングを示しておきました。

図9.4

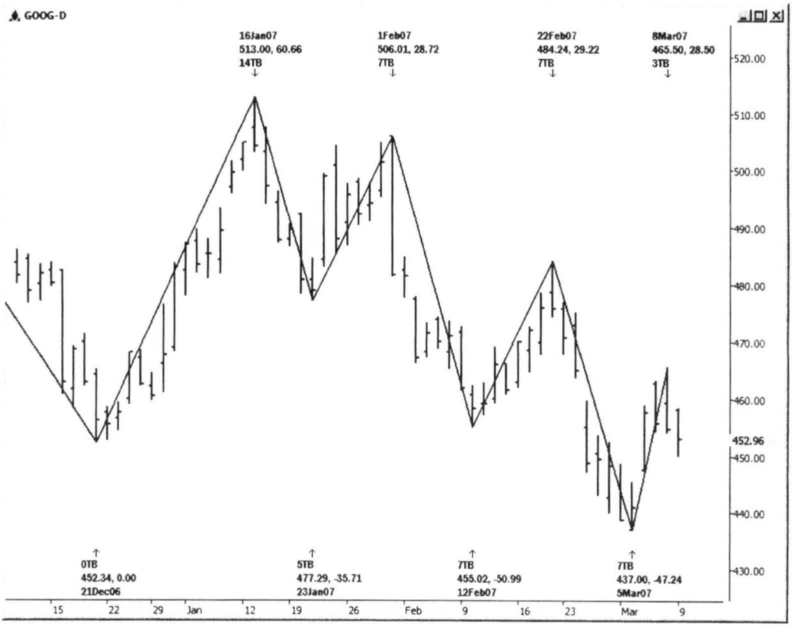

図9.4はグーグルの日足チャートです。分析をする意味があると思われるスイングを示しておきました。わたしにとっては、分析に使う高値と安値は明白です。

図9.5

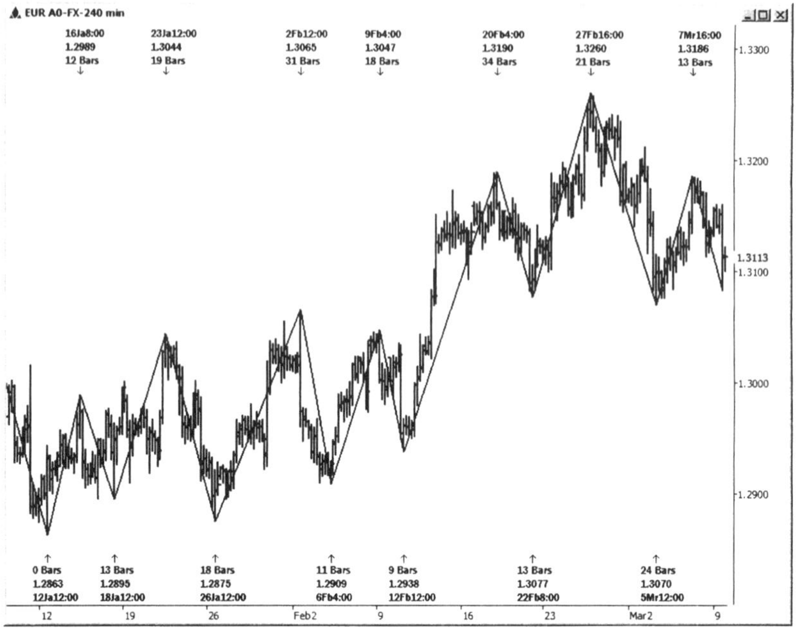

図9.5に示したユーロの240分足チャート（ユーロ・ドル）では、示したスイングはこのチャートの時間の分析にも価格の分析にも使えるほど際立っているものです。

図9.6

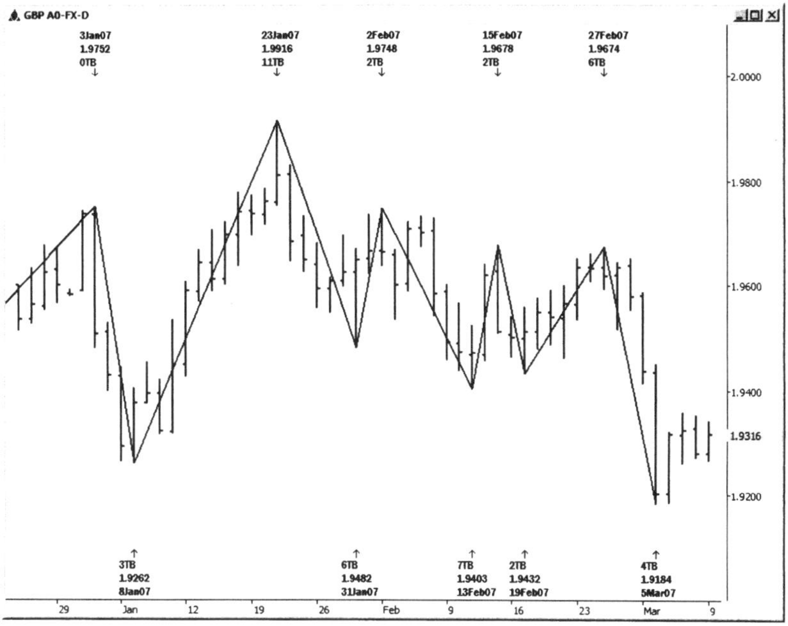

図9.6では、分析に使ったほうがよい「ケーブル」（ポンド・ドル）の日足チャート上にあるスイングを示しています。

図9.7

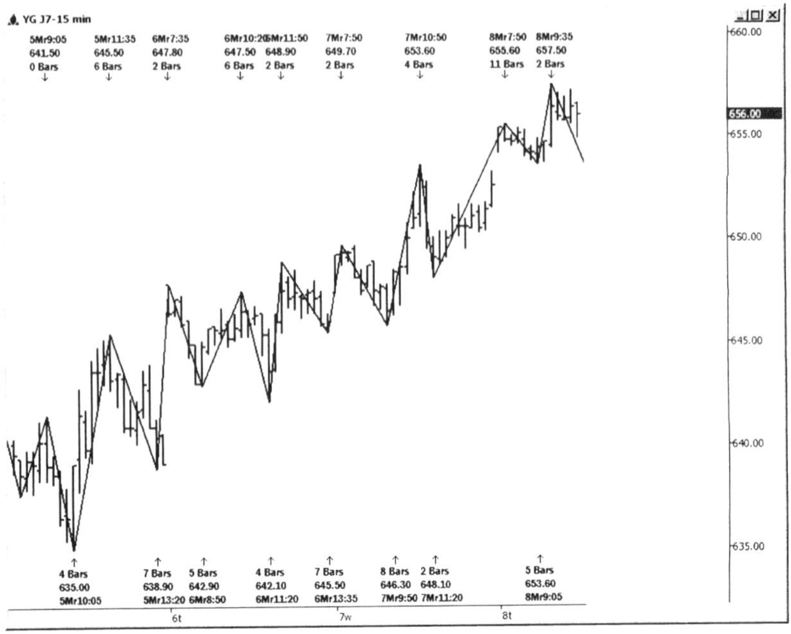

図9.7は2007年４月限のミニ金先物15分足のチャートを示しています。わたしの分析に使ったであろうスイングを示しておきました。

本章では、あなたが分析する際に選んだほうがよいスイング、つまり高値と安値のタイプに関して視覚的なガイドを提供することを意図しました。どこを基点にして価格関係のツールを使えばよいかがはっきり理解できて良い分析プログラムが手元にあれば、あとは比較的やさしいのです。

ところで、わたしが時間や時間の分析について触れたのを覚えているでしょうか。わたしたちは価格の分析を行うに当たって必要なすべての段階を踏んできたので、そろそろ時間に注目することにしましょう。まず市場の時間軸にフィボナッチ比率をどのように当てはめることができるのかを、見ていくことにします。これらを当てはめて、時間サイクルが価格の分析とうまく調和するようなら、セットアップがうまくいく確率は高まるでしょう。

第10章

フィボナッチ比率を市場の時間軸に当てはめる

Applying Fibonacci Ratios on the Time Axis of the Market

フィボナッチ比率を使った価格の分析やセットアップは、非常に強力なトレーディング計画の基礎として使うことができます。これらのセットアップをさらに再確認したり確度を上げるために、市場の価格軸上で使ったフィボナッチ比率を時間軸上にも当てはめることができます。そうすることで、あなたは本当に市場で売買のタイミングを計っているのです。タイミングを計っていると言いながら、実は価格に関するオシレーター系のテクニカル指標の反転を指しているにすぎないアナリストもいますが、これはそうではありません。わたしたちはこれらの時間サイクルを使って、相場が反転する可能性が高い時間窓を見分けるのです。また、時間と価格の変数が同時に１カ所に集まる場合、セットアップが予測どおりに動き出して展開していく見込みは劇的に高まります。

時間の分析を行う

わたしが市場で時間の分析を行う方法は、２通りあります。最初の方法は、ダイナミックトレーダー（DT）のなかのタイムサイクルプロジェクションというツールを使うやり方です。フィボナッチ比率でタイミングを計るこのツールは、多くのトレーダーが使っているテクニカル分析のソフトウエアでも利用できます。ニンジャトレーダーとジェネシスファイナンシャルも、最近このツールをオプションで使えるようにしています。

わたしが時間の分析を行う第２の方法は、DTのプログラムにある特別レポートオプションを利用する方法です。わたしが時間のプロジェクションを当てはめるために使いたいスイングの高値や安値を選ぶと、DTは自動的にわたしが価格を分析する際に使うのと同じ比率を取って、チャートの下にヒストグラム（度数分布図）を作成します。このヒストグラムは、トレンドが変化する可能性があるために注意を払ったほうがよい時間のプロジェクションに重なりがあれば、それを視覚的に示してくれるのです。

時間サイクルのプロジェクションを当てはめる

フィボナッチ比率を使った時間サイクルのプロジェクションでわたしたちが探しているのは、プロジェクションを当てはめた時点で、相場の値動きがどうであれ、そのトレンドが転換しそうなところです。例えば、市場が0.618倍の時間サイクルに向かって上昇しているのなら、このサイクル付近で最高値を付けてトレンドが転換していく可能性があるかどうかを確認します。つまりこの場合は、相場が下落に転じる可能性があるのかという意味になります。フィボナッチ比率の価格関係で行ったように、わたしたちは時間関係でも重なりやクラスターを求め、トレンドの変化が起こりそうな際立った時間枠を見分けようとします。ひとつのサイクルだけでも相場が反転する可能性があるのは疑いないのです。しかし時間サイクルのクラスターがあるときのほうが、常に反転する見込みは高いでしょう。これらの重なりを見つけるために、主なスイングの高値や安値の間の時間を計り、市場を価格軸で分析したときと同じ比率を使って、時間的に先に向かってプロジェクションを当てはめます。分析を始めるために、まずフィボナッチ比率でタイミングを計るツールを使って、チャート上の２点から当てはめ、これらの時間関係のいくつかを見分けてみましょう。

２点から当てはめが可能な時間関係は次のとおりです。

安値から安値
高値から高値
安値から高値
高値から安値

わたしが２点間でタイミングを計るプロジェクションのために主として使う比率は、0.382倍、0.50倍、0.618倍、0.786倍、1.0倍、1.272倍、1.618倍、2.618倍です。時によっては比率を確認するために0.236倍と4.236倍を使います。ここで言いたいのは、この２つの比率だけではあまり重要性を持ちませんが、これらの比率を使った時間プロジェクションがほかのものと重なり合った場合には、そのプロジェクションの重要性を確認するのに役立つという意味です。

図10.1は、DTのソフトウエアで、２点を使うタイムプロジェクションツールを設定する画面を示しています。

それでは、ここまで触れてきた時間サイクルのプロジェクションを、ひとつずつ検討していくことにしましょう。本章で検討する時間サイクル例のほとんどは、ミニ原油先物のつなぎ足の日足チャート上に描かれたものです（お気づきになると思いますが、わたしはミニ先物のチャートをかなり使っています。わたしのクライアントの多くが、これらの先物をネットでトレードしているためです）。

図10.1

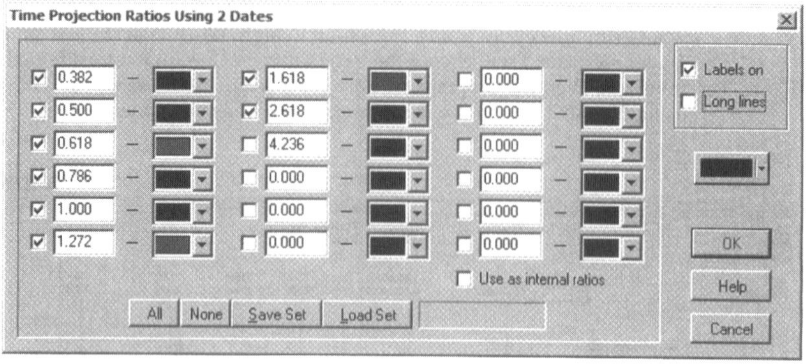

著者から一言

フィボナッチ比率の時間サイクルを当てはめる場合、わたしは暦日ではなく取引日を使います。しかし、あとで検討するダイナミックタイムレポートをわたしが使っていると、DTは自動的に暦日に変えてしまうのです。取引日を使った場合と暦日を使った場合では、1～2日の違いが出るのが普通です。個人的には、取引日を使ったプロジェクションのほうが正確な結果が出やすいと思っています。しかし、どちらのやり方を使ってプロジェクションを実行してもかまいません。結果にどういう違いが出るか、気づいていればいいのです。

図10.2

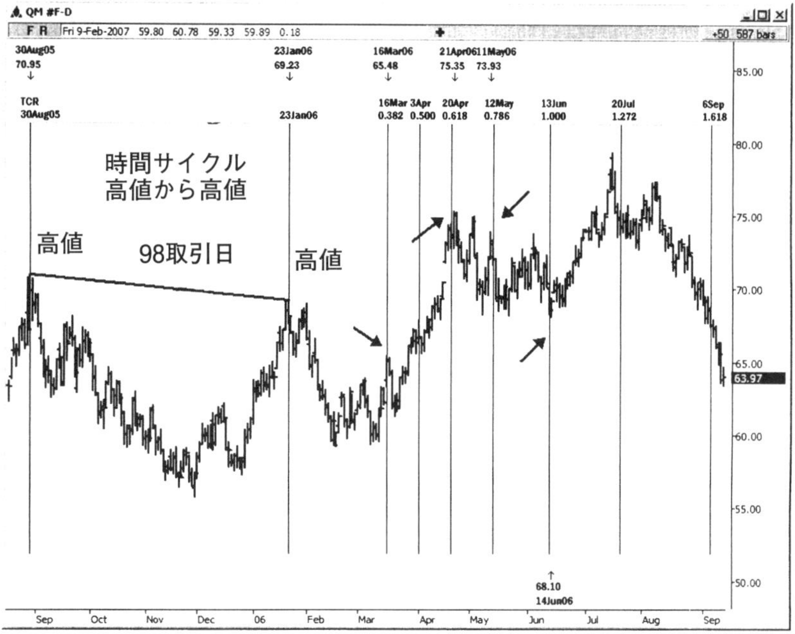

図10.2は、わたしたちがどのようにして以前の高値から高値へ時間サイクルを当てはめるか、その例を原油の日足チャート上で示しています。DTのソフトウエアを使う場合には、わたしが時間を計りたい２点を選ぶと、前にも触れたようにプログラムが価格の分析で使うのと同じ比率を使って、２番目の点から先のほうに当てはめてくれます。

この例では、わたしはチャート上の最初の基点として05年８月30日の高値を選び、次に２番目の点として06年１月23日の高値を選びました。するとプログラムが選んだ２点間の時間差を計るのです。この場合は98取引日でした。次にその98日に適切な比率を掛けて、時間的に先のほうへ当てはめてくれます。このチャートでは、当てはめた時間サイクルから普通は１取引日以内に転換点、つまりトレンドの変化を見ることができます。３月16日（0.382倍）、４月20日（0.618倍）、５月12日（0.786倍）、６月13日（1.0倍）のサイクルが、トレードできるトレンド変化を生み出しました。実際に高値や安値を付けた日付は、３月16日、４月21日、５月11日、６月14日でした。通常は、トレンドの変化が起こり得る日として当てはめられた時間サイクルから前後１日までを見守りたいと思います。このチャート上に描かれているほかのサイクルは、何ら意味のある変化を生み出さなかったことにも注意しておきましょう。

著者から一言

これらのプロジェクションは、トレンド変化が起こりそうなところを前もって示した単一の時間サイクルにすぎません。こうした時間サイクルが集中しているところが実際に見られる場合には、トレンドの変化や転換が起こる見込みは劇的に高まるのです。

図10.3

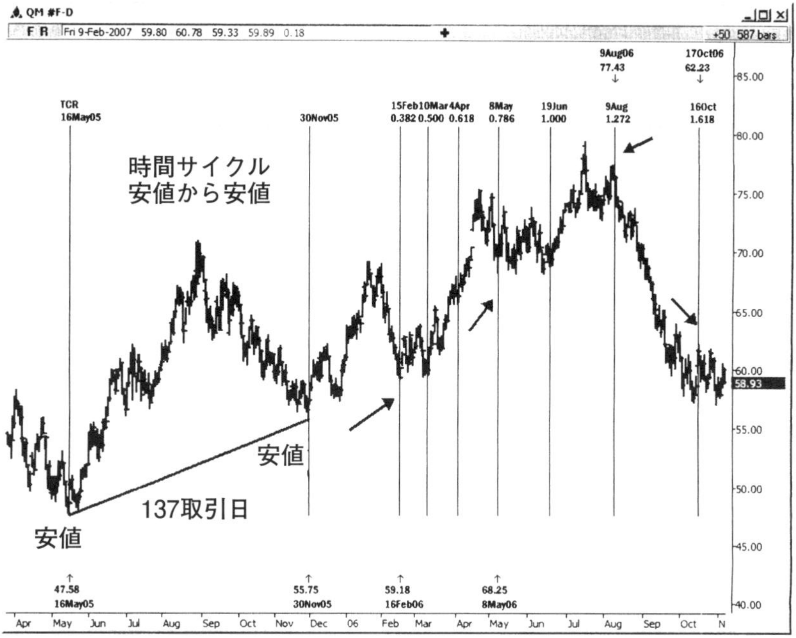

図10.3は、以前の安値から安値に当てはめられた時間サイクルを示しています。この例も、原油先物のつなぎ足の日足チャート上に描かれています。ここでは、05年５月16日の安値から05年11月30日の安値までの時間サイクルを計り、137取引日という数字が得られました。その数字に0.382倍から1.618倍までの比率を掛けて、時間サイクルを当てはめました。このチャート上では、以前の安値から安値の時間サイクルの0.382倍、0.786倍、1.272倍、1.618倍の時間か、その近くで反転が見られました。安値を付けた日は0.382倍時間サイクルの１日後で、もうひとつの安値は0.786倍時間サイクルとぴったり同じ日でした。高値は1.272倍サイクルとちょうど同じ日で、もうひとつの高値は1.618倍サイクルの１日後でした（さらに50％時間サイクル付近でも反転があったように思われますが、それは正確に当たったようには

図10.4

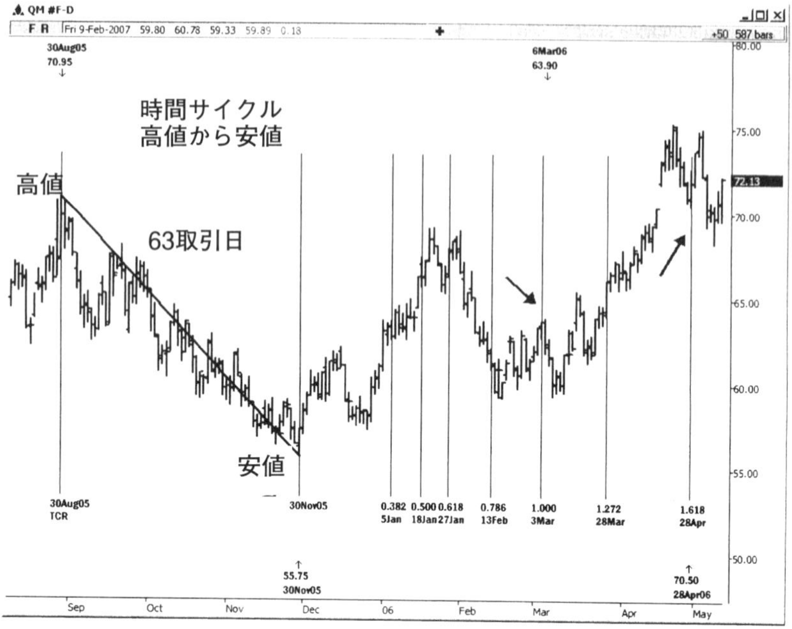

見えません。わたしは完全主義者の傾向があるので、当てはめた時間サイクルから前後１日までなら当たりと考えます)。

次の原油先物の例では、05年８月30日の高値から05年11月30日の安値まで63取引日続いたスイングから当てはめた結果を示しています（**図10.4**)。このスイングから前と同じ比率のサイクルをすべて当てはめました。このチャートでは、1.0倍の時間サイクルから１日以内に反転が見られます。その時間サイクルは金曜日に相当していますが、実際に高値を付けたのは月曜日でした。また1.618倍の時間サイクルとぴったり同じ日には、トレードができる反転がもうひとつ見られました。

図10.5

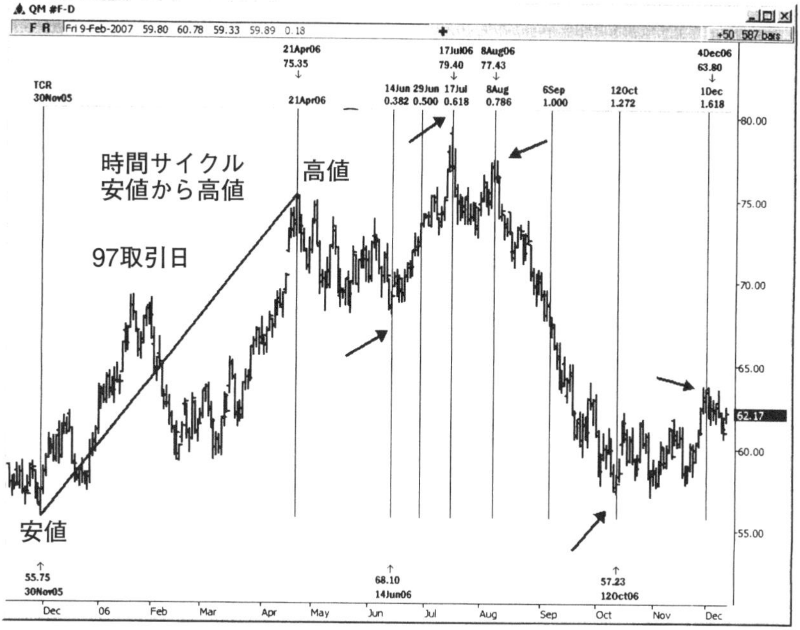

図10.5は前の例と同じフィボナッチ比率を使って、05年11月30日の安値から06年４月21日の高値までのスイングを当てはめたものを示しています。ここでは時間サイクルに相当するところで、かなり多くの相場の反転が起こるのを目にしました。まず、0.382倍の時間サイクルで安値を付けるのが見られました。0.618倍の時間サイクルでは高値を付けました。また0.786倍の時間サイクルでは別の高値を付けました。さらに1.272倍の時間サイクルで安値を付け、最後にこれも見のがせないのですが、ちょっとした反転がちょうど1.618倍の時間サイクル付近で見られたのです！

わたしたちは、２点を基にタイミングを計るツールを使って可能な時間サイクルをすべて当てはめたうえで、さらにチャート上の３点を使うフィボナッチ比率の時間のツールも使い、時間的に見て同じ向きのスイング同士を比べることにします。この３点を使った方法は、つながりがないほかのスイング同士を比べるためにも使うことができます。つながりがないスイングの一例を挙げると、以前の高値から高値までの時間を計り、この２つの高値の間にあるスイングの安値から時間サイクルを先のほうに当てはめることができます。

３点を使って当てはめる時間関係のうちで、わたしが最も多く使うものは次のとおりです。

●安値から高値までの時間をほかの安値から当てはめる（同じ向きのスイングを比較）
●高値から安値までの時間をほかの高値から当てはめる（同じ向きのスイングを比較）
●高値から高値までの時間をその間のスイングの安値から当てはめる
●安値から安値までの時間をその間のスイングの高値から当てはめる

これらの３点を使う時間のプロジェクションでわたしが主に使う比率は、1.0倍、1.272倍、1.618倍です。確認のための比率としては、ここでは0.618倍を時に応じて使います。

1.0倍のプロジェクションを使って同じ向きのスイングを比べれば、時間のシンメトリーがどこにあるかが分かるでしょう。わたしは以前の調整のスイングを使って100％の時間のプロジェクションを行い、トレーダーがトレンド方向に仕掛けるのに役立つようにするのが特に好きです。市場の価格軸で当てはめられたシンメトリーの場合と同じように、以前の調整的な値動きに対して時間的にシンメトリーになるところで、調整的な値動きが終了するのをわたしたちはよく目にすることになるでしょう。

図10.6

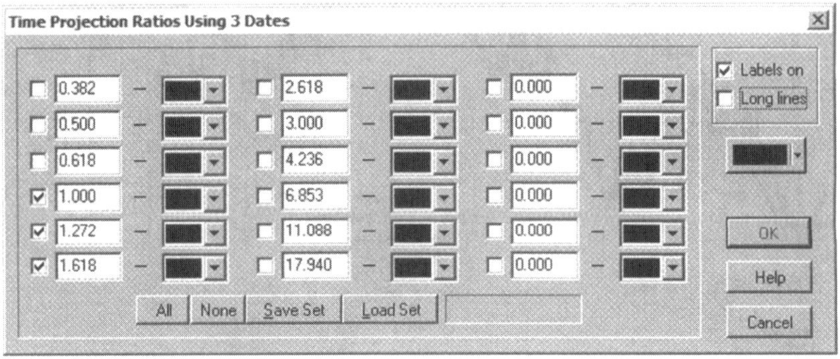

図10.6は、DTというソフトウエアでの3点を使うタイムプロジェクションツールの設定画面です。

図10.7

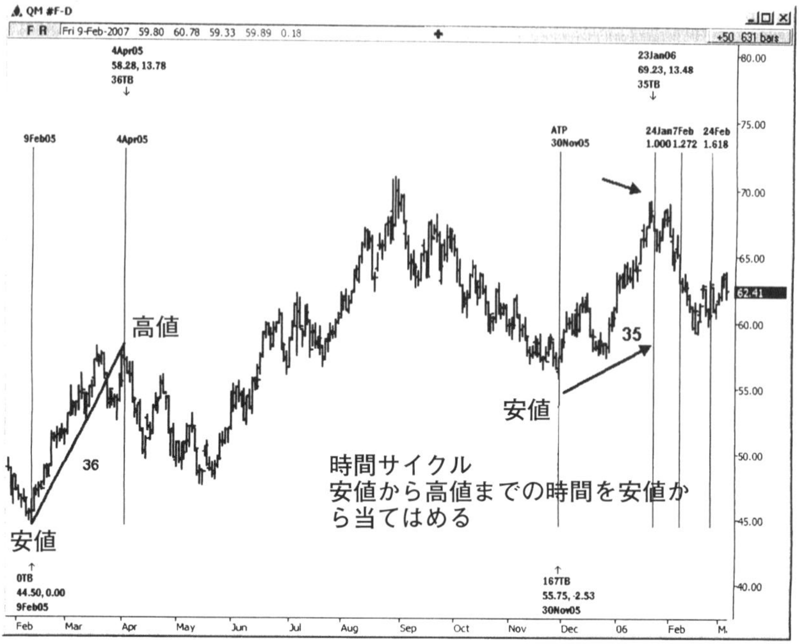

図10.7の例では、時間的に同じ向きのスイングをチャート上の3基点を使うタイムプロジェクションツールを使って比べています。わたしの指導者であるロバート・マイナー氏は、このツールをオールタネイトタイムプロジェクションと呼んでいます。このチャート上でわたしが最初に選んだ2つの基点は、05年2月9日の安値と05年4月4日の高値です。これらの2つの基点間で36取引日にわたる上昇スイングが記録されました。このチャート上の3番目の基点は05年11月30日の安値です。ここから、わたしたちは時間サイクルを当てはめ始めました。わたしたちが3点を使うツールで当てはめるサイクルは、1.0倍、1.272倍、1.618倍です。

最初のサイクル（1.0倍）では、トレンドに明らかな変化が生まれました。1.0倍サイクルは06年1月24日に相当します。実際の高値は、

図10.8

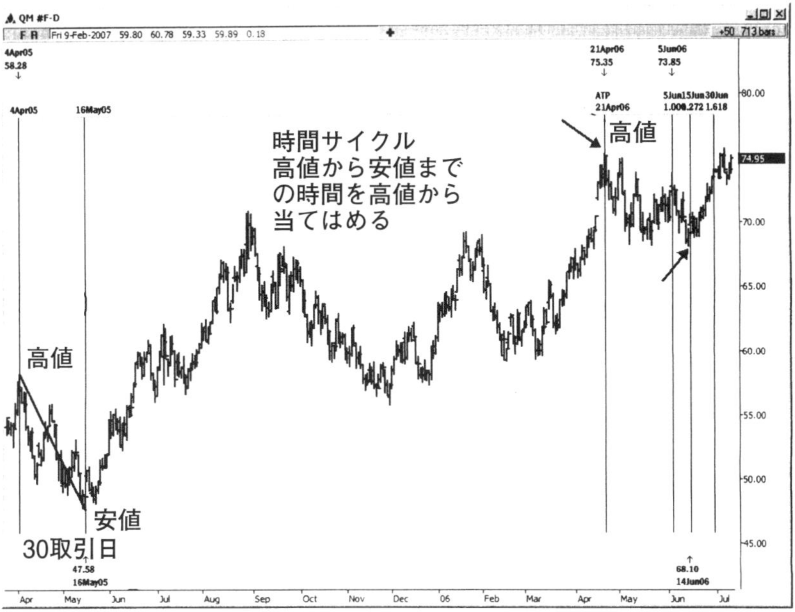

そのサイクルのちょうど１日前の06年１月23日に付けました。これは時間シンメトリーの良い例です。最初の36取引日続いたスイングが、11月後半に始まった35取引日のスイングに似ているからです。あなたが市場を自分自身で検討し始めれば、分析している市場で多くのスイングがほかのスイングと時間的に似ていることが分かるでしょう。

図10.8は、高値から安値のスイングをほかの高値から当てはめたものです。ここでも３点を基にタイミングを計るツールを使って、同じ向きのスイングを比べています。このスイングは05年４月４日の高値から05年５月16日の安値までのもので、30取引日でした。次に06年４月21日の高値から、フィボナッチ比率で当てはめると、06年６月15日に相当する1.272倍の時間サイクルから１日以内に反転が起こりました。実際に安値を付けた日は06年６月14日でした。

図10.9

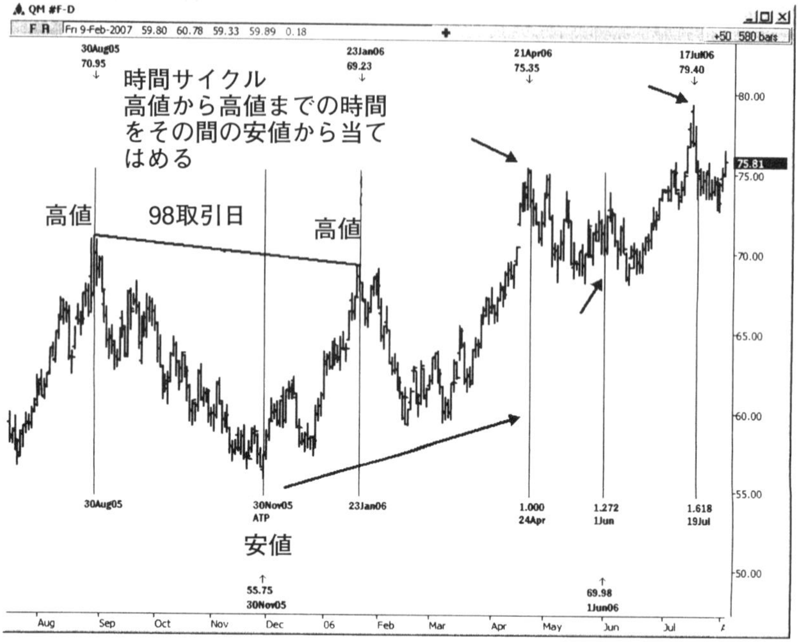

図10.9では、高値から高値までのサイクルを計り、次にその２つの高値の間で付けた最安値からそのサイクルをフィボナッチ比率で当てはめています。この例の最初の２つの基点は05年８月30日の高値と06年１月23日の高値で、その間は98日でした。次に1.0倍、1.272倍、1.618倍の比率を使って、そのサイクルを05年11月30日の安値から当てはめました。トレード可能な高値を05年４月21日に付けました。それは1.0倍サイクルである05年４月24日の１日前で、1.272倍サイクルに当たる06年６月１日には、目先底を付けました。1.618倍サイクルから２取引日以内に、トレード可能な高値を再度付けました（わたしは通常それを、「当たり」だとはみなしません。しかし、もしかするとそうしたサイクルがもう少しあとで実際に当たり出す場合もあるので、そういうサイクルには気づいているだけの値打ちはあります）。

図10.10

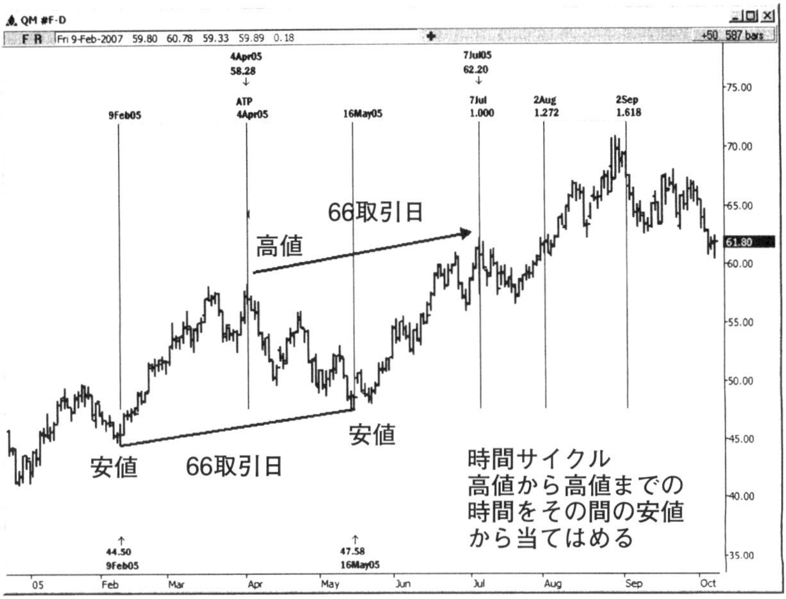

図10.10では、安値から安値のサイクルをその間に付けた高値から当てはめた比率を示しています。安値から安値のサイクルは05年２月９日から05年５月16日までで、66取引日続きました。わたしたちがサイクルを当てはめたその間の高値は05年４月４日に付けました。今回も1.0倍、1.272倍、1.618倍の比率を使って、05年４月４日から先のほうに当てはめました。この場合では、何らかの価値があるサイクルは1.0倍のものだけでした。トレードできる高値は、サイクルに当たる日とぴったり同じ日に付けました。05年２月９日の安値から05年５月16日の安値までのスイングが、05年４月４日の高値から05年７月７日の高値までのスイングとぴったり同じ長さ（66取引日）だったことに注目しておきましょう。

図10.11

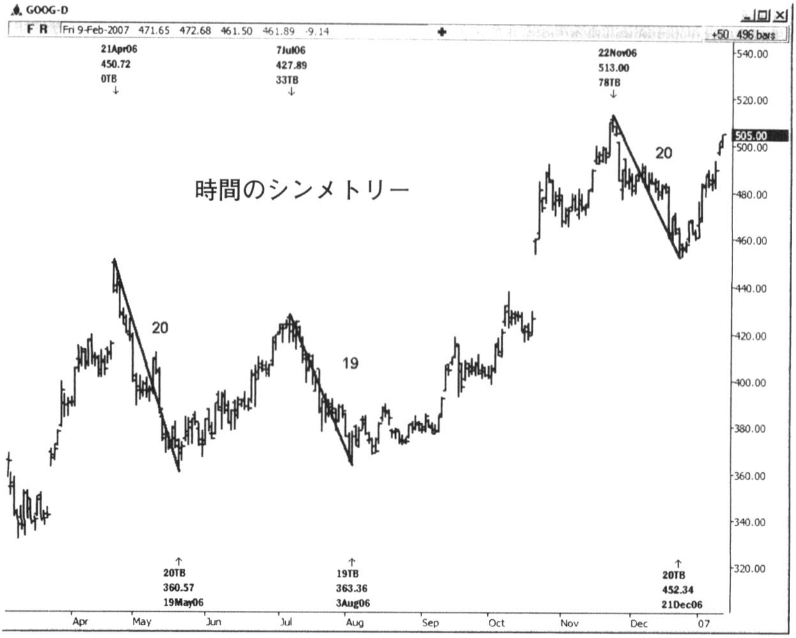

時間のシンメトリー

価格のシンメトリーと同様に、時間のシンメトリーも極めて単純であるにもかかわらず、強力なトレーディングツールです。次のグーグル株の例は、まさにわたしたちが市場で探すべきものです。**図10.11**では、時間的にいずれも似ているか等しい３つの調整のスイングを示しておきました。まず、06年４月21日の高値から06年５月19日の安値までのスイングがあり、それが続いた長さは20取引日でした。次に、06年７月７日の高値から06年８月３日の安値までのスイングがあり、それは19取引日のスイングでした。最後のスイングは、06年11月22日の高値から06年12月21日の安値までの20取引日のスイングでした。

図10.12

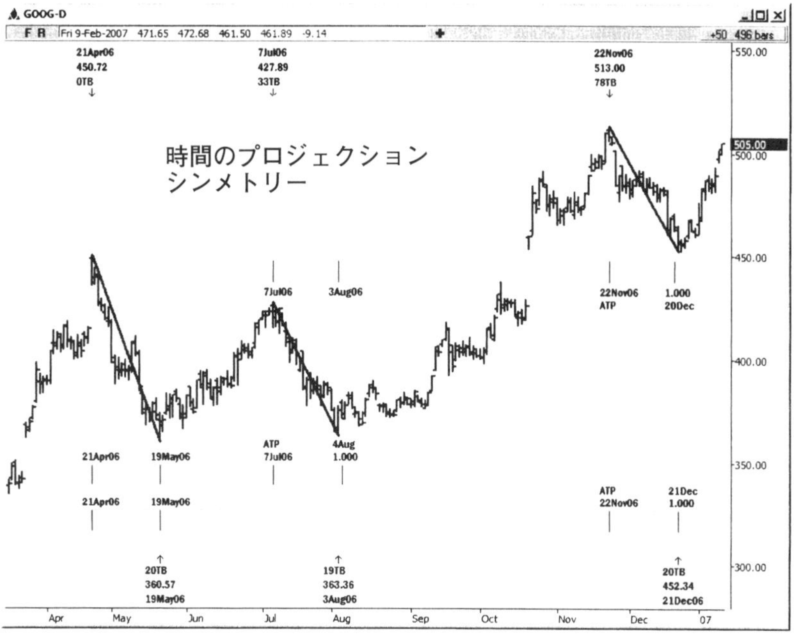

次のグーグル株の日足チャート（**図10.12**）では、以前の使えるスイングがある場合に、シンメトリーのプロジェクションをどうやって実行できたかを見ていくことにしましょう。この株が06年５月19日の安値から上昇したあと、新たに付けた高値から大きく下落し始めたときには、いつでも時間サイクルを当てはめることができたでしょう。そうしたサイクルのひとつに、以前の下落の100％プロジェクションがありました。ここの場合なら、以前の20取引日の下落を06年７月７日に新たに付けた高値から当てはめていたでしょう。当てはめて得られた日付は06年８月４日で、実際の安値はこのサイクルからわずか１取引日前の06年８月３日に付けました。８月３日に安値を付けたあと、大幅な上昇が続いたところを見てほしいのです！　次に06年11月22日に付けた新高値から、それよりも前の下落を両方とも当てはめていた

でしょう。その２つの当てはめから、06年12月20日と06年12月21日という２つの日付が得られます。あなたはその日に安値を付けないか見守っていたでしょう。この場合には、06年12月21日にトレードができる安値を付けました。

これらのサイクルは、相場の反転が見られ始めたところで付けたどの高値からでも当てはめることはできました。例えばこれらの時間サイクルを、11月22日の高値以前に付けた高値から当てはめていても、当てはめたところから反転するかどうかを見守るプロジェクションとして、その時点では適切だったでしょう。しかし、当てはめた地点の高値を超える新高値をいったん付ければ、そのプロジェクションは有効性を失ったことになります。

著者から一言

このフィボナッチ比率を使った作業に関して一言。新たにスイングの高値や安値を付けるたびに、価格関係や時間関係も新たに計測することになるのです。

このグーグルの例をさらに見ておくことにしましょう。時間サイクルだけでも、相場のトレンド変化を見いだすことはできます。しかし、時間や価格の変数がともに集まって現れる場合のほうが、確度の高いセットアップになります。グーグルが安値を付ける可能性がある２つの時間のプロジェクションの12月20～21日に近づいているときに、価格支持線になるクラスターが447.01～452.02ドルの範囲に出来上がっていました。安値を付ける可能性がある時機に価格支持線もあるとい

図10.13

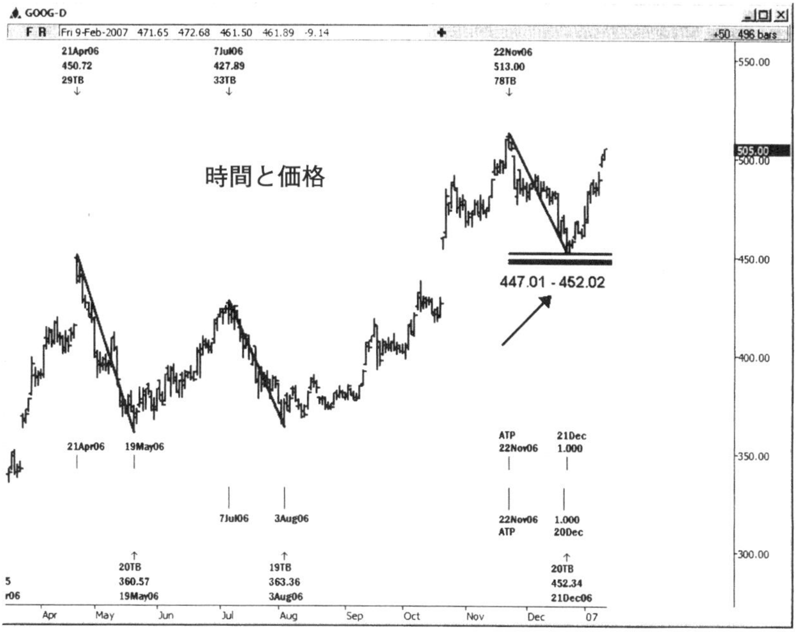

うことを前もって知っていたら、カギとなる時間の変数に加えて価格支持線も持ちこたえたことが明らかになった時点で、あなたはおそらく買いを仕掛けていたことでしょう。

このグーグルのチャート（**図10.13**）は、時間関係と価格関係が同時に現れた完ぺきな例です。時間と価格の変数が１カ所にそろう場合、そこで相場が反転する見込みは通常よりはるかに大きいのです。

本章では、どうやって市場の時間軸上にフィボナッチ比率を当てはめるかを、例で示してきました。時間サイクルそれだけでもトレンドの変化を見いだせます。しかし、フィボナッチ比率の価格のクラスターで見たのと似ていて、本物の魔法が威力を発揮し始めるのは時間サイクルが重なり合っているのを見つけたときなのです。次章では、フィボナッチ比率の時間のクラスターに焦点を当てることにします。

第11章

フィボナッチ比率の時間のクラスター

Fibonacci Time Clusters

あなたはもう自分の分析で使える基本的な時間のプロジェクションを知っているのですから、次は比較的狭い時間の範囲内にそれらの時間関係が少なくとも３つ、同時に発生しているか重なっているところを探したほうがいいでしょう。これは基本的に時間のクラスターの定義です。これらのサイクルがあれば、トレンドが転換しそうな時間枠を見分けることができるでしょう。もしも相場が実際にそのサイクルに向かっているならばですが……。例えば、相場がある時間サイクルへ向かって上昇しているのなら、高値を付けて下落に転じそうなところを探すでしょう。というのは、その時期にはそうした下落が生じる見込みが高まるからです。逆に相場がある時間サイクルへ向かって下落しているのなら、安値を付けて上昇に転じそうなところを探すでしょう。ここで、「比較的狭い時間幅」や「時間枠」について、考えておかなければならないことについて話し、それらの定義をしておきましょう。

クラスターと言える時間の幅について述べておくと、日足チャートでは、普通わたしは互いに１～３取引日内にある日付を求めるようにしています。日中足チャートでは、使っている時間枠で１～３本足ということにします。それよりずっと広く幅を取ったクラスターはどれも、予測力という点から見るかぎりそれほど役に立たないかもしれません。わたしが「役に立たないかもしれない」と言うのは、ルールには常に何らかの例外があるからです。しかし普通は、時間の幅は狭ければ狭いほどいいのです。

時間枠が意味していることは、わたしに関するかぎり、時間のクラスターの前後にそれぞれ足を1つずつ加えたものです。こうしてできた時間枠で、あなたはトレンドの変化が起こりそうかどうかを探すことになります。だから例えば今わたしたちが見ているものが、日足チャート上で、6月2日と6月3日の間に来る時間サイクルのクラスターだとしましょう。トレンドの変化が起こりそうなところとして、わたしたちが求める時間窓は、6月1日から6月4日まで広げられるということになります。

時間のクラスター例

いくつか時間のクラスター例を見ていくことにします。

図11.1はキャタピラーの日足チャートです。ここでは、06年10月16日から06年10月20日の間にできた時間関係がきれいに重なりました。なかでも、10月17日から10月19日の間の時間サイクルが中心になっています。

06年9月6日の高値から06年9月22日の安値までの1.618倍は、06年10月19日

06年8月4日の高値から06年9月22日の安値までの0.50倍は、06年10月17日

06年8月4日の高値から06年9月6日の高値までの1.272倍は、06年10月16日

06年7月21日の安値から06年8月24日の安値までの1.618倍は、06年10月19日

06年6月8日の安値から06年7月3日の高値までを06年9月22日

図11.1

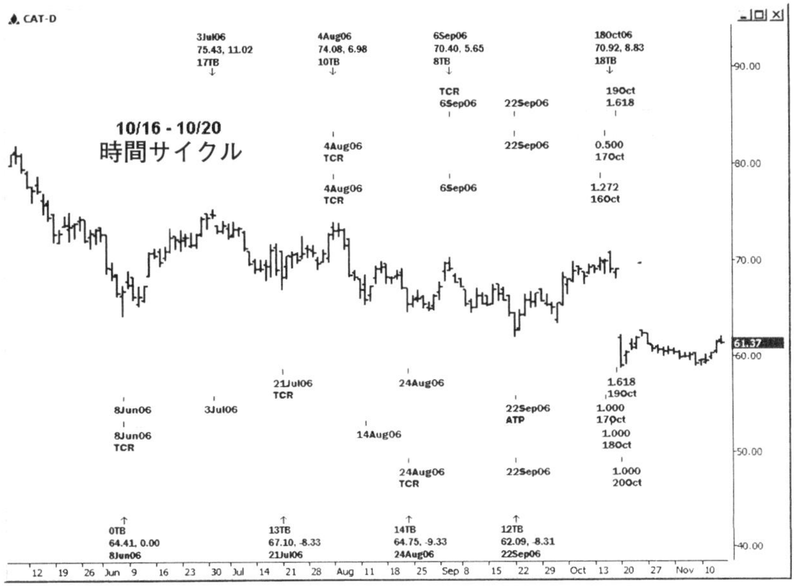

の安値から当てはめた1.0倍プロジェクションは、06年10月17日

06年6月8日の安値から06年8月14日の安値までの1.0倍プロジェクションは、06年10月18日

06年8月24日の安値から06年9月22日の安値までの1.0倍プロジェクションは、06年10月20日

キャタピラーは、時間サイクルのこのクラスターへ向かって上昇していたので、わたしたちは高値を付けてその後に下落しそうかどうかを見守りたいと考えました。この場合、実際の高値は06年10月18日に付け、きれいな下落がその後に続きました。わたしがこの株を買い持ちしていたら、その時点で上昇に対して時間関係の抵抗があるかどうか知りたいと必ず思うでしょう！

図11.2

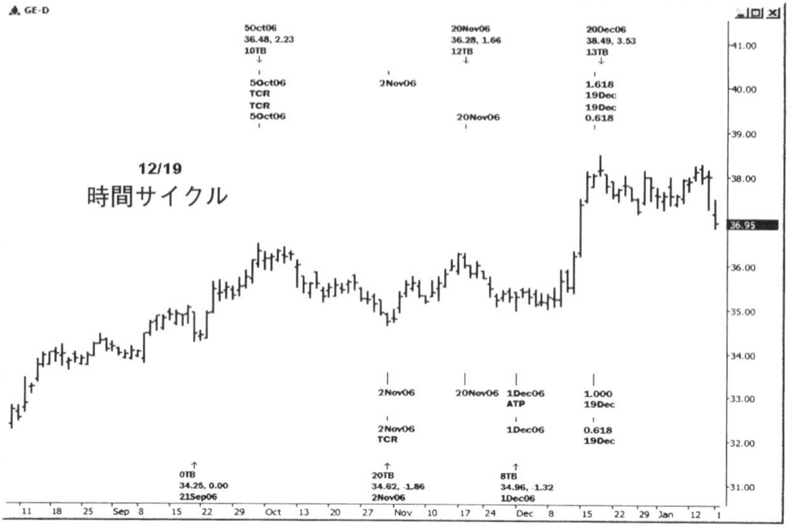

次の時間サイクルのクラスター例（**図11.2**）は、ゼネラル・エレクトリック（GE）の日足チャート上に描かれています。チャートの一番上の表示から下に向かって、同時に現れているサイクルは次のとおりでした。

06年10月５日の高値から06年11月２日の安値までの1.618倍は、06年12月19日

06年10月５日の高値から06年11月20日の高値までの0.618倍は、06年12月19日

06年11月２日の安値から06年11月20日の高値までを06年12月１日の安値から当てはめた1.0倍プロジェクションは、06年12月19日

06年11月２日の安値から06年12月１日の安値までの0.618倍は、

図11.3

06年12月19日

GEはこの時間サイクルの集まりに向かって上昇していたので、わたしたちはそこで高値を付けそうかどうか見ていました。実際に高値を付けた日は06年12月20日でした。どの市場であれトレンドの変化が起こり得るような時間サイクルに近づいている場合、反転のテクニカル指標やシグナルが何か出ていないかどうか必ず警戒しておくべきです。

最近の金市場は、魅力的なトレーディングの場になりました。**図11.3**は07年２月27日から07年３月１日の間に当てはまる時間のクラスターを示しています。その当時にあなたが金を買い持ちしていたら、このことには気づいていたかったでしょう。時間サイクルは次のとお

図11.4

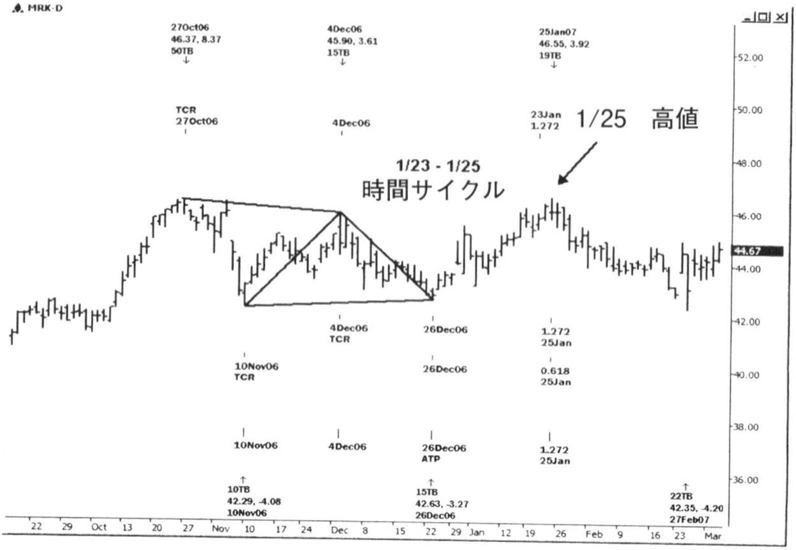

りでした。

06年９月５日の高値から06年12月１日の高値までの1.0倍プロジェクションは、07年３月１日

06年７月17日の高値から06年12月１日の高値までの0.618倍は、07年２月28日

06年12月１日の高値から07年１月５日の高値までの1.618倍は、07年２月28日

06年10月４日の安値から07年１月５日の安値までの0.618倍は、07年３月２日

06年６月14日の安値から06年10月４日の安値までの1.272倍は、07年２月27日

07年２月27日に上昇トレンド中の高値を付けました。そこから、わずか１週間あまりで58.00ドル下落しました。

メルク株では、07年１月23日から07年１月25日の間に時間サイクルの重なりが見られました（**図11.4**）。メルクはこの時間枠へ向かって上昇していました。そのため、わたしたちはこの時間枠で高値を付けそうかどうか見守っていました。時間サイクルは次のとおりでした。

06年10月27日の高値から06年12月４日の高値までの1.272倍は、07年１月23日

06年12月４日の高値から06年12月26日の安値までの1.272倍は、07年１月25日

06年11月10日の安値から06年12月26日の安値までの0.618倍は、07年１月25日

06年11月10日の安値から06年12月４日の高値までを、06年12月26日の安値から当てはめた1.272倍プロジェクションは、07年１月25日

実際に高値を付けた日は07年１月25日で、それは時間サイクルのちょうど真上に当たりました。その時間サイクルからきれいな下落が見られ、少なくともそれが22取引日の間続きました。これらのサイクルは、ほとんどがこのチャート上のわずか４点から当てはめたものであることに注目してください。時間サイクルのきれいな重なりを見つけるのに、それしか必要としないことがしばしばあるのです。時間サイクルを求める作業を始めるのなら、主要な高値と安値のうち直近のものを見るところから検討してみましょう。

図11.5のプロクター・アンド・ギャンブル（P&G）はどうでしょうか。この株も、06年11月６日から06年11月９日の間に、高値を付ける可能性がある時間枠へ向かって上昇していました。同時に現れた時間サイクルは、高値を付けそうだから待ち構えるようにと、わたした

図11.5

ちに指示を出していたのです。

06年10月５日の高値から06年10月16日の安値までの2.618倍は、06年11月９日（確認に役立つ時間サイクル）

06年９月８日の高値から06年10月５日の高値までの1.272倍は、06年11月８日

06年９月14日の安値から06年10月16日の安値までの0.786倍は、06年11月８日

06年９月14日の安値から06年10月５日の高値までを、06年10月16日の安値から当てはめた1.0倍プロジェクションは、06年11月６日

06年11月７日に上昇トレンド中の高値を付けたあと、トレードので

図11.6

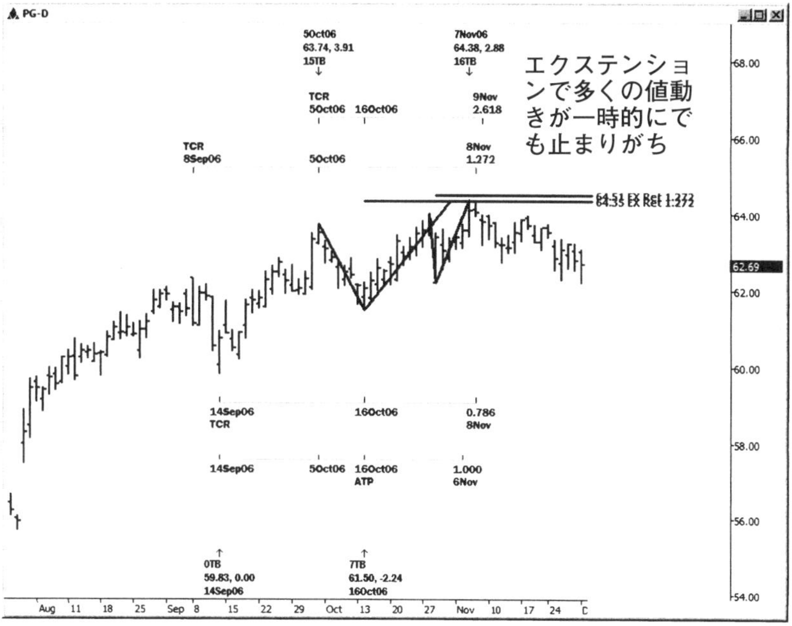

きる下落が続きました。チャートの一番下の06年11月６日に当てはめている時間サイクルに注意してください。これが前の上昇を安値から当てはめたオールタネイトタイムプロジェクションでした（これは、わたしの指導者ロバート・マイナーの作った用語です）。この種のプロジェクションを当てはめている場合、タイミングに関するかぎりは同じ向き同士のスイングを比べています。

この場合わたしは、15取引日続いた前の上昇スイングを、06年10月16日の安値で始まった上昇と比べていました。そちらのほうは結局、16取引日続くことになりました。時間サイクルを見るときに、このような100％時間プロジェクションはかなり有効だとわたしは思っています。基本的にそれは、市場の時間軸上に当てはめたシンメトリー（似ているか等しいもの）です。

図11.7

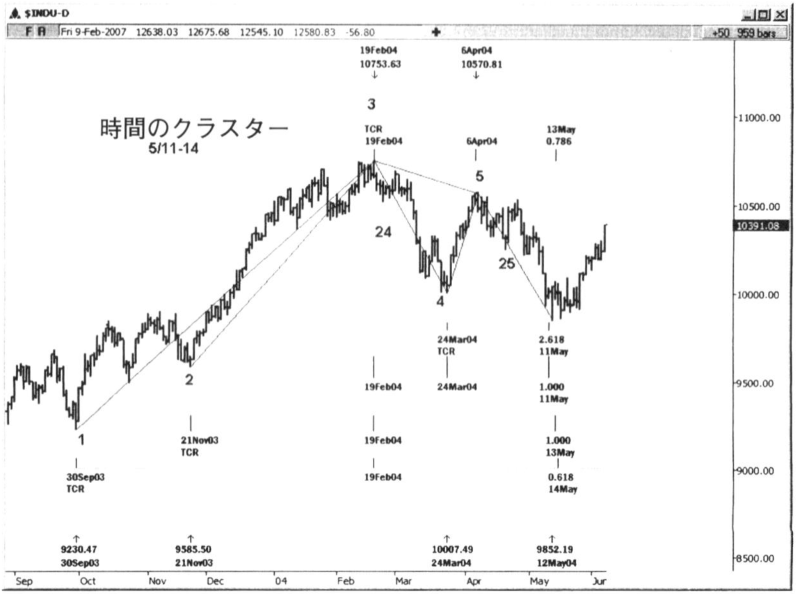

図11.5に描かれた時間サイクルに加えて、**図11.6**のほうのP&Gのチャートでは、フィボナッチ比率の価格関係もその時点で高値を付けそうな水準を示唆していました。これは前の２つのスイングのエクステンションが重なっているためです。価格関係の章でわたしが触れたように、1.272倍エクステンションをはじめとして以前のスイングのエクステンションの水準で値動きが止まる可能性があるので、注意しておくべきです。時間関係も価格関係も11月上旬に集中していると分かっていれば、買っていたP&G株の含み益をそのころに確保しておいたほうがいいということも理解していたでしょう。

図11.7のダウ平均のチャートでは、きれいな時間のクラスターが示されていますが、そこには、04年５月11日から04年５月14日の間に、５つのフィボナッチ比率の時間関係が同時に現れています。それらの

図11.8

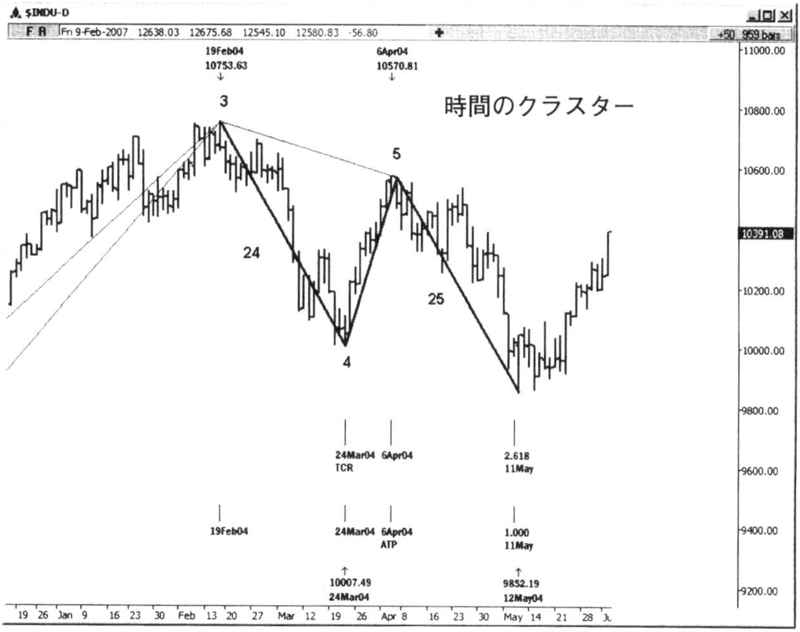

サイクルは、チャートの下の表示から順に、次のとおりでした。

03年９月30日の安値から04年２月19日の高値までの0.618倍（点１から点３まで）は、04年５月14日

03年11月21日の安値から04年２月19日の高値までの1.0倍（点２から点３まで）は、04年５月13日

04年２月19日の高値から04年３月24日の安値までを04年４月６日の高値から当てはめた1.0倍プロジェクション（点３から点４までを点５から当てはめ）は、04年５月11日

04年３月24日の安値から04年４月６日の高値までの2.618倍（点４から点５まで）は、04年５月11日

04年２月19日の高値から04年４月６日の高値までの0.786倍（点３から点５まで）は、04年５月13日

図11.9

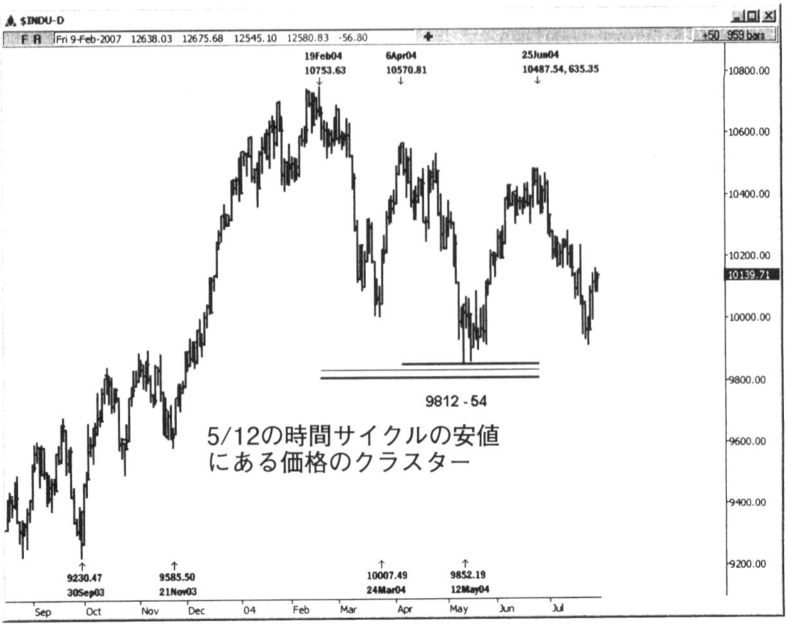

前のチャートでは、列挙したサイクルのうち2つはきちんと示すのが難しかったので、前のチャートを拡大した**図11.8**にその2つの時間サイクルをはっきりと示しておきましょう。ひとつは04年3月24日の安値から04年4月6日の高値までの期間の2.618倍サイクル。もうひとつは3点を使った時間のプロジェクションで、04年2月19日の高値から04年3月24日の安値までの期間を04年4月6日から当てはめたサイクルです。ここで時間のシンメトリーに気づいてほしいのです。点3から点4までの動きは24取引日の下落であり、04年4月6日の高値である点5から実際に安値を付けた日の5月12日までは25取引日でした。

図11.9はダウ平均のこの最後の時間サイクルときれいにつり合っ

図11.10

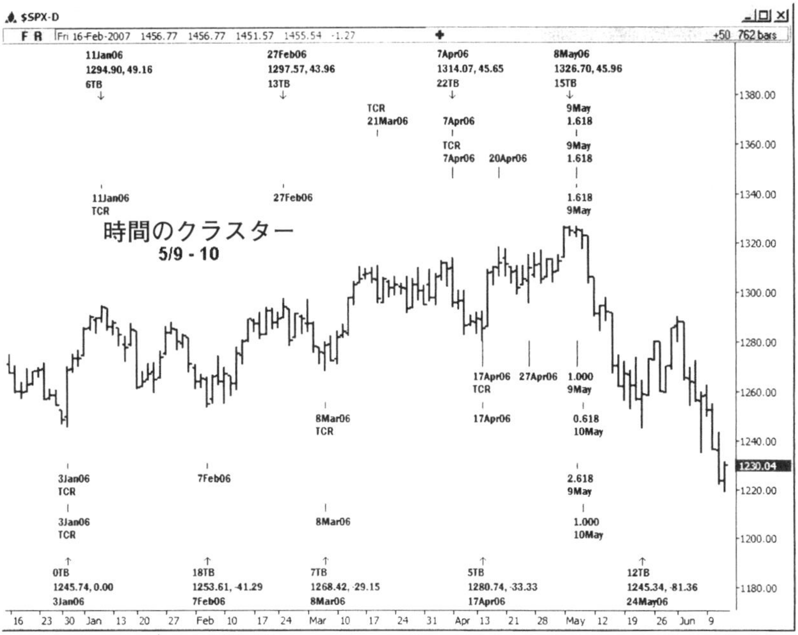

たフィボナッチ関係の価格のクラスターを示しています。時間サイクルの変数が安値を付ける可能性があると注意を促しているのと同じときに、相場はカギとなる価格支持線に向かって下落していたので、あなたは反転のシグナルが上向きになるのをきっと見たかったでしょう。結局は時間サイクルでも価格のクラスターでも安値である04年５月12日から、きわめて明確な上昇が見られました。

別の時間のクラスター例（**図11.10**）を見ることにします。これは、S&P500現物指数の日足チャート上に描かれているもので、そこでは06年５月９日と06年５月10日に時間サイクルがきれいに重なっているのが見られました。相場はその時間サイクルへ向かって上昇していたので、わたしたちは上昇トレンド中の高値を付けそうかどうか見守りたいと考えました。

このクラスター中のサイクルは、次のとおりでした。

06年３月21日の高値から06年４月７日の高値までの1.618倍は、06年５月９日

06年４月７日の高値から06年４月20日の高値までの1.618倍は、06年５月９日（確認に役立つ時間サイクル）

06年１月11日の高値から06年２月27日の高値までの1.618倍は、06年５月９日

06年４月17日の安値から06年４月27日の安値までの1.0倍は、06年５月９日（確認に役立つ時間サイクル）

06年３月８日の安値から06年４月17日の安値までの0.618倍は、06年５月10日

06年１月３日の安値から06年２月７日の安値までの2.618倍は、06年５月９日（確認に役立つ時間サイクル）

06年１月３日の安値から06年３月８日の安値までの1.0倍は、06年５月10日

この場合には、実際には06年５月８日に高値を付けました。その日付は、時間サイクルの１取引日前でした。これは高値に対する時間窓に入っていると考えられます。時間サイクルが集中したこの水準から、かなり劇的な下落が見られました。

わたしは、確認に役立つ時間サイクルとしていくつかのサイクルを取り上げています。これらのサイクルはいくつかの理由があって、単独ではほかのサイクルほど重要ではありません。2.618倍サイクルは、いつも確認に役立つ時間サイクルだとわたしは考えています。取り上げたほかのサイクルはもっと短いサイクルから当てはめられています。長いサイクルから当てはめられたものと比べると、それらの重要性は劣ることが多いでしょう。

著者から一言

価格関係の分析をするだけでも、市場で値動きが止まりそうな時期について、「気をつけろ」という警告を確かに得ることができます。しかし価格関係の組み合わせに時間の分析を加えれば、反転しそうな時期の確度は劇的に高まります。価格軸も時間軸も両方とも使えるのに、なぜ市場の一面しか利用しないのでしょうか。

図11.11

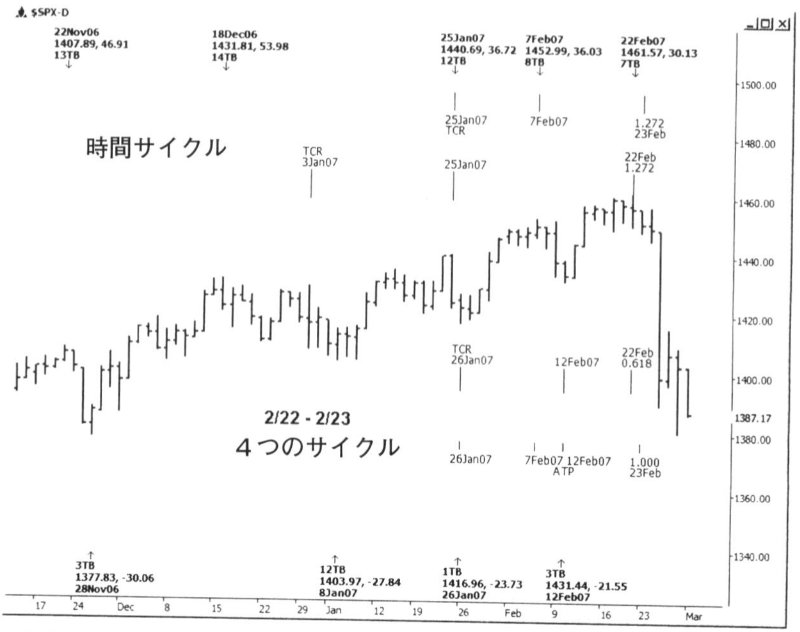

次の例でわたしたちが見ているのは、S&P500現物指数の別の日足チャート（**図11.11**）です。このタイミングに関する情報は、実際に高値を付ける前にわたしのクライアントが利用できたものです。わたしたちは07年２月22日と07年２月23日に、少なくとも４つのサイクルが集まっているのを見ていました。これらのサイクルを以下に列挙します。

07年１月25日の高値から07年２月７日の高値までの1.272倍は、07年２月23日

07年１月３日の高値から07年１月25日の高値までの1.272倍は、07年２月22日

07年１月26日の安値から07年２月12日の安値までの0.618倍は、07年２月22日

図11.12

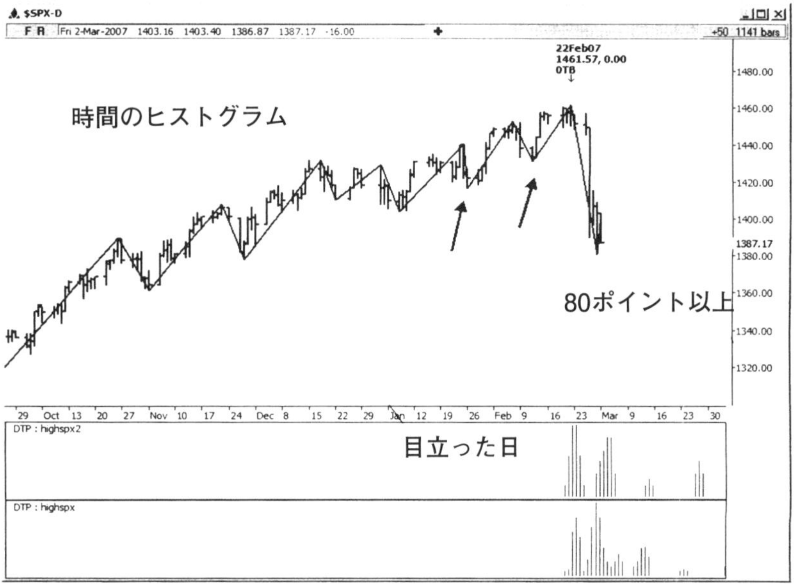

07年１月26日の安値から07年２月７日の高値までを07年２月12日から当てはめた1.0倍プロジェクションは、07年２月23日

主要な高値は07年２月22日の1461.57でした。この高値は、07年２月７日の高値から２月12日の安値までの値動きの1.272倍価格エクステンションを、わずかに超えた水準でした。価格の変数と時間の変数にはさまれていたので、わたしたちはその時点で上昇が終わり、上昇トレンド中の高値を付けるかもしれないと警戒していました。あなたがそのころに買い持ちしていたら、これこそ確かに気づいていたい情報でしょう！

図11.12では、ダイナミックトレーダー（DT）のタイミングツールを使うと、どうやってこれらの時間サイクルが当てはめられるか、

図11.13

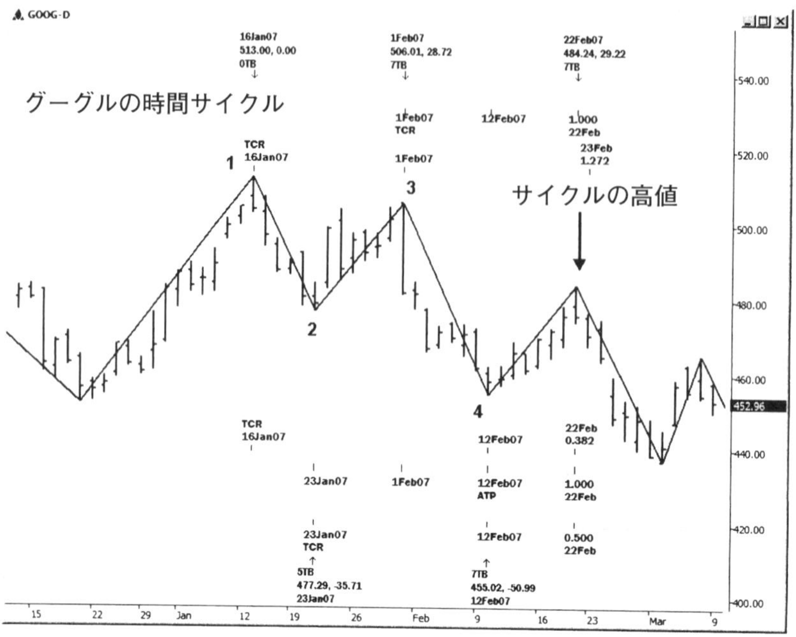

ひとつだけ見ておきましょう（このテクニックは次章で取り上げます）。わたしは、最後の分析で使ったのと同じS&Pの日足チャート上で、ダイナミックタイムプロジェクションというプログラムを、前の２つの安値から当てはめてみました。この時間のプロジェクションは両方とも、ちょうど２月22日と２月23日付近で時間のクラスターを示しました。時には、チャートの真下に時間サイクルのクラスターについて視覚情報があれば好都合です。最後の例でも示されていたように、２月22日に高値を付けました。また、わたしたちがこのチャートのスナップ写真を撮った時点では、S&Pはすでに80ポイントをちょうど超えるところまで下落していました。

グーグルはいつでも分析をするのが楽しい株です（**図11.13**）。わたしたちが見ているこの株の日足チャートでは、07年２月22日と07年

図11.14

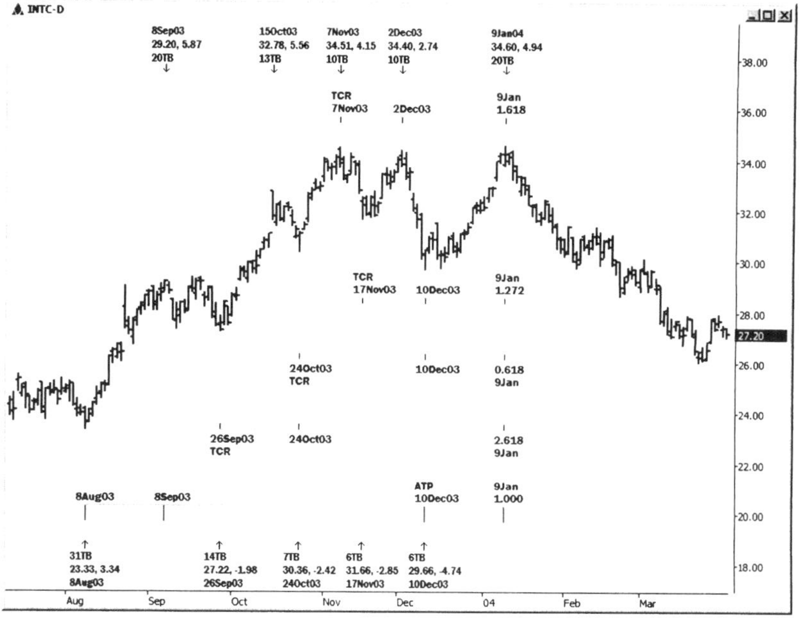

２月23日に来るフィボナッチ比率の時間関係が５つ重なっていました。この例では説明に多少なりともついていきやすいように、高値と安値に番号を振っておきました。主要な高値と安値はすべて表示しています。

07年２月１日の高値から07年２月12日の安値まで（点３から点４）の1.0倍は、07年２月22日

07年１月16日の高値から07年２月１日の高値まで（点１から点３）の1.272倍は、07年２月23日

07年１月16日の高値から07年２月12日の安値まで（点１から点４）の0.382倍は、07年２月22日

07年１月23日の安値から07年２月１日の高値までを07年２月12日の安値から当てはめた1.0倍プロジェクション（点２から点３ま

でを点４から当てはめ）は、07年２月22日

07年１月23日の安値から07年２月12日の安値まで（点２から点４）の0.50倍は、07年２月22日（確認に役立つ時間サイクル）

わたしは、普通、50％の時間サイクル単独では強力であるとは考えていません。しかし確認に役立つサイクルとしては、わたしの好みです。高値は直接この時間窓に入る07年２月22日に付けました。

図11.14のインテル株の日足チャートにおいては、すべてが2004年１月９日に集まるきれいな時間サイクルのクラスターが見られました。チャートの上から順に、サイクルは次のとおりでした。

03年11月７日の高値から03年12月２日の高値までの1.618倍は、04年１月９日

03年11月17日の安値から03年12月10日の安値までの1.272倍は、04年１月９日

03年10月24日の安値から03年12月10日の安値までの0.618倍は、04年１月９日

03年９月26日の安値から03年10月24日の安値までの2.618倍は、04年１月９日（確認に役立つ時間サイクル）

03年８月８日の安値から03年９月８日の高値までを03年12月10日の安値から当てはめた1.0倍プロジェクションは、04年１月９日

この場合の実際の高値は04年１月９日に付けました。比較的きれいな下げがこの高値に続きました。あなたが１月９日に向かってインテルを買い持ちしていたら、これは確かに知っておきたかった情報でしょう。

フィボナッチ比率の時間のクラスターは、トレーダーの道具箱に加えることができる非常に強力なトレーディングツールです。たとえフィボナッチの価格関係だけでもトレードで勝てる方法論として使えるとはいえ、フィボナッチ比率の時間サイクルを使えば、トレーダーとしてどのように市場での優位性をさらに高めることができるか、本章中の実例を見てきたあなたには分かったはずです。次章では、わたしが毎日のチャットルームで日中足チャート上に出す、フィボナッチ・タイム・ヒストグラムに焦点を当てることにします。

第12章

ダイナミックトレーダーのタイムプロジェクションレポートとヒストグラムを使う

Using Dynamic Trader Time Projection Reports and Histograms

わたしは、取引日には３分足の短い時間枠まで含めて約16のチャートを更新しているので、時間サイクルのツールを使って長い時間枠チャートから15分足チャートまで、ひとつひとつ時間サイクルを当てはめていく時間はありません。このため、わたしはダイナミックトレーダー（DT）のプログラムにあるタイミングレポートというツールを使っています。わたしが時間の分析で使いたいと考える主要なスイングの高値と安値を見分けるために、スイングファイルを作成したあと、チャート上の直近の高値や安値からタイミングレポートを実行し、次の安値や高値になりそうな時期を求めて時間関係を当てはめます。このプログラムはチャートの下にヒストグラムを描き出し、時間サイクルがどこに集中しているか視覚的に示してくれるのです。ヒストグラムのなかに目立ったところがあるときに、わたしが分析している相場がヒストグラムの示す時間サイクルへ向かっているならば、トレンドが転換する可能性に備えて準備をしなければならないということが分かるわけです。このときこそ、わたしがトレンドの転換を示すシグナルを探そうとするときです。何らかの転換のシグナルが見つかったら、現在のポジションを手仕舞うと同時に、場合によってはドテンしようかと考えるだけの理由がわたしには十分あることになります。

それでは、DTのダイナミック・タイムプロジェクション・レポートを使った例をいくつか見ることにしましょう。これらのレポートを実行するためには、DTプログラム内のツールを使ってスイングファイルを作り、主要なスイングの高値と安値をきちんと見極めておかなくてはなりません。それができていれば、あなたは先に向かって当てはめたいと考える安値か高値にプログラムのマーカーを置いて、レポートを実行すればいいのです。あなたが直近の安値から当てはめているのなら、ヒストグラム中の目立っている時間のクラスター付近で高値を付けそうかどうかを見守るでしょう。逆に直近の高値から当てはめているのなら、ヒストグラム中の目立っている時間のクラスター付近で安値を付けそうかどうかを見守るでしょう。

著者から一言

注意しておいてもらいたいのですが、これらの時間のクラスターの多くはトレンドの変化を生まないでしょう。それは、すべての価格のクラスター帯が持ちこたえたりトレンドの変化を生み出したりするとは限らないのとちょうど同じことです。しかし、ひとつ意識しておいてほしいのですが、相場のトレンドが時間クラスターへ向かっていて、それが価格関係の変数ともうまく合うのなら、時間関係だけしか見えていない場合よりも相場が反転する見込みは高いということです。

図12.1

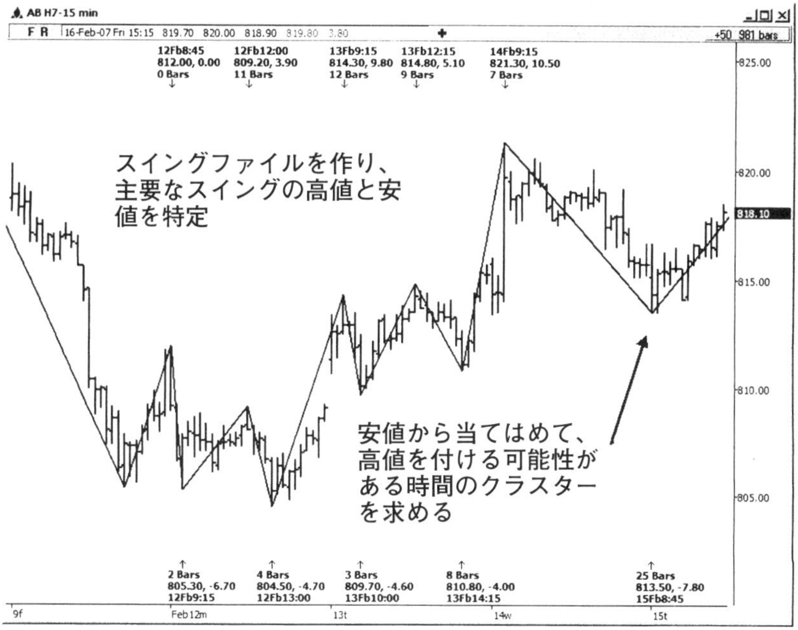

図12.1でわたしたちが見ているのはＥミニラッセル先物の15分足チャートです。わたしはDTソフトウエアのツールを使ってスイングファイルを作り、時間の分析で価値があると思われる主要な高値と安値を定めました。この例では、わたしは813.50で付けたこのチャート上の直近の安値から、時間サイクルを当てはめる準備をしています。

図12.2

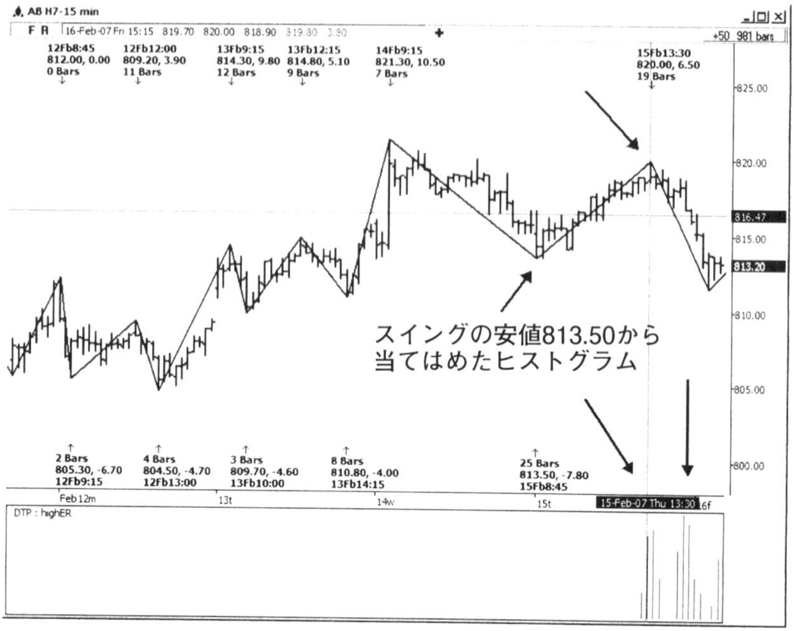

図12.2では、タイムプロジェクションレポートによって描かれたヒストグラムが見られます。高値を付ける可能性がある時間サイクルのクラスターのうちで、目立ったクラスターが別々に離れて２つ存在します。実際に高値を付けて反転が見られたのは、チャート下の最初に描かれているクラスターに入ったときでした。820.00で新しく付けた高値から相場が下落し始めると、この820.00の高値から新たにタイムプロジェクションレポートを実行し、安値を付けて上昇に転じる可能性が高い時期を確認しようとしたでしょう。相場が新たにスイングの高値や安値を付けたときには、相場が反転する可能性がある次の時間窓を見分けるのに役立てるために、プロジェクションも新しくやり直します。

図12.3

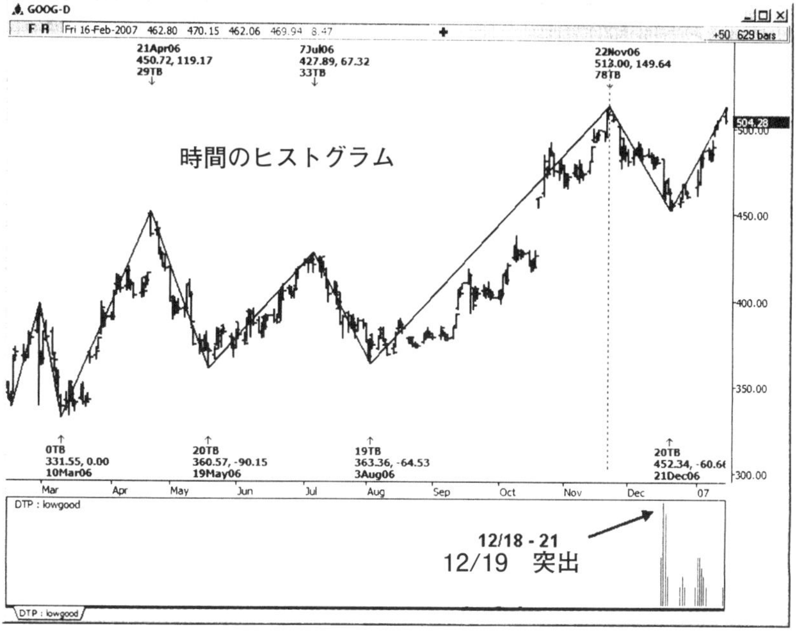

図12.3は、グーグルの日足チャート上でタイミングを計った例です。この株のトレンドは上向きでした。いったん逆行の下落を見ると、メジャートレンド方向で再び買うために、時間の変数も価格の変数も求めたいと思うでしょう。06年11月22日の高値から時間サイクルレポートを当てはめていれば、安値を付ける見込みの高い時間窓を指摘するのに役立っていたでしょう。06年12月18日から06年12月21日の日付がヒストグラムに現れています。そのなかで一番高い足は06年12月19日で、実際は06年12月21日の452.34ドルで安値を付けました。これを見て、あなたは以前に時間サイクルのツールを使って分析した例と同じものだと気づいたかもしれません。どちらの方法を使っても、安値を付けて反転しそうな時間窓を見分けるのに、時間関係のツールは大変役立ちました。この安値のあとにはきれいな上昇が続きました。

図12.4

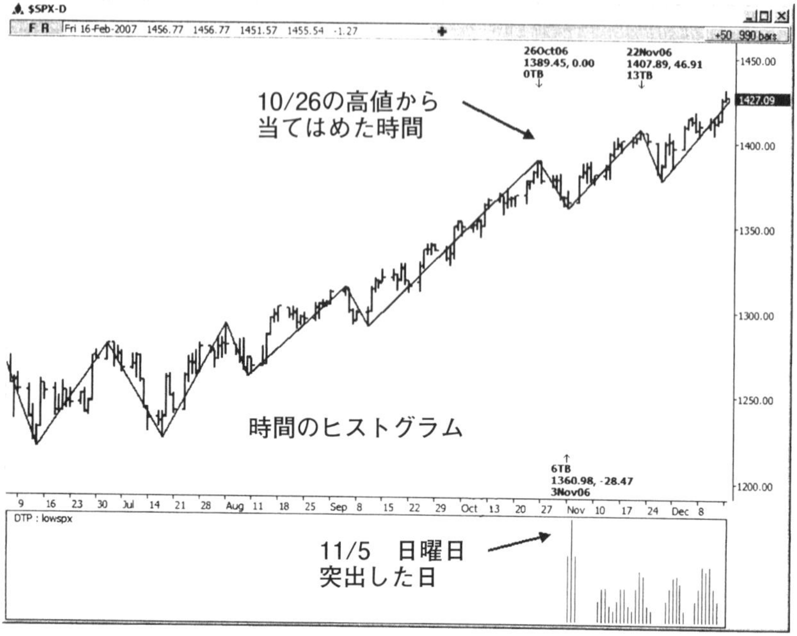

図12.4でわたしたちが見ているのは、S&Pの日足チャート上でタイムプロジェクションレポートを実行したところです。ここでは、安値を付けそうなところを探して06年10月26日の高値から当てはめました。チャート下のヒストグラムで分かるように06年11月５日に目立ったプロジェクションがありますが、そこは日曜日でした。実際に安値を付けた日は金曜日で、その目立った時間サイクルのほんの少し前でした。そのサイクルからの最初の上昇は46ポイントを確実に超えました。

タイムプロジェクションレポートは、自動的に取引日を暦日に変えて当てはめることを忘れないようにしましょう。このために、時間サイクルは週末や取引がない日に現れる場合があるのです。

図12.5

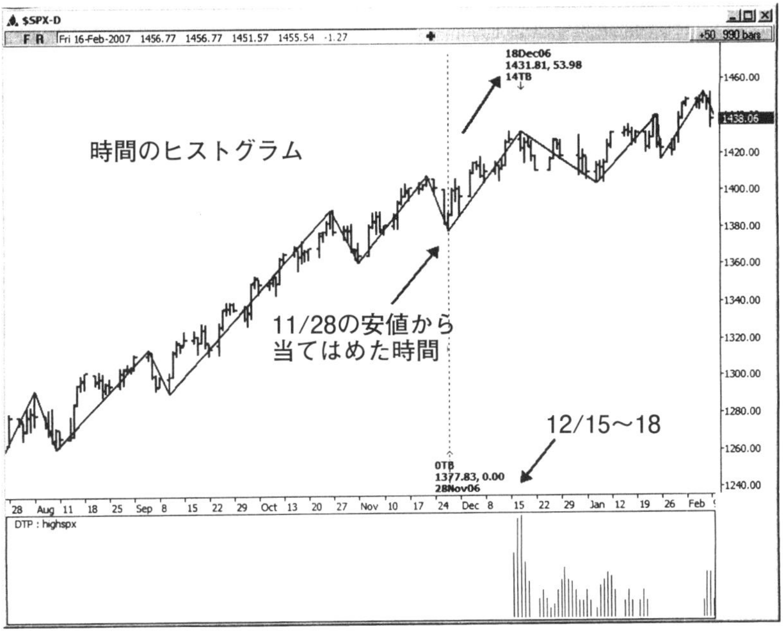

図12.5は同じS&P現物の日足チャートを使った例ですが、今回は06年11月28日の安値から当てはめて高値を付けそうな時期を求めました。時間ヒストグラムで目立った日付のひとつは、06年12月15日から06年12月18日の間に現れました。ここは、直近の安値である06年11月28日から始まった上昇が終わりそうなところとして求めた時間でした。06年12月18日に上昇トレンド中の高値を付けました。そこからトレード可能な調整の下落が続きました。

図12.6

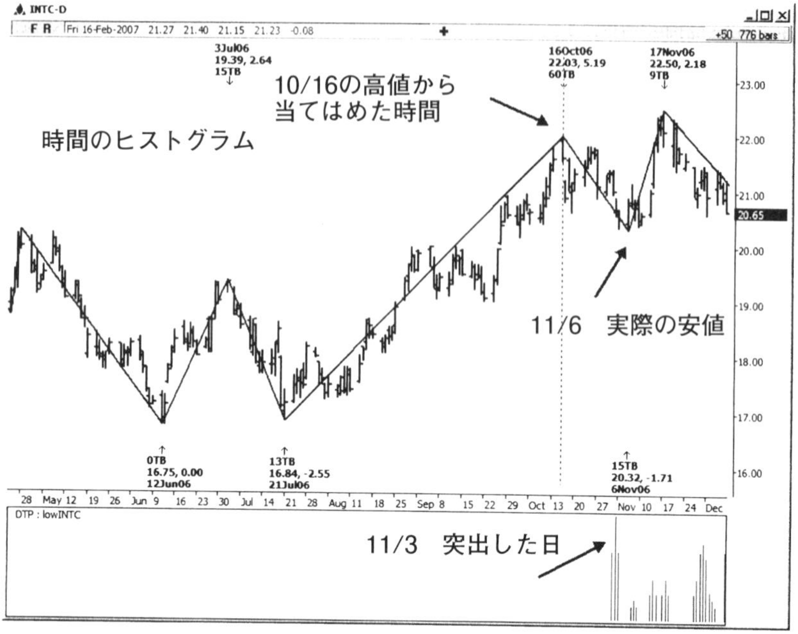

図12.6は、インテル株の日足チャートです。ここでわたしは安値を付けそうな時間を求めて、06年10月16日の高値から時間のプロジェクションを実行しました。06年11月３日の金曜日が安値を付けそうな日として、ヒストグラムで目立っていました。トレード可能な安値を11月６日の月曜日に付けました。それはヒストグラム上の目立った日付のちょうど１取引日後でした。この安値のあとに2.18ドルの上昇がありました。

図12.7

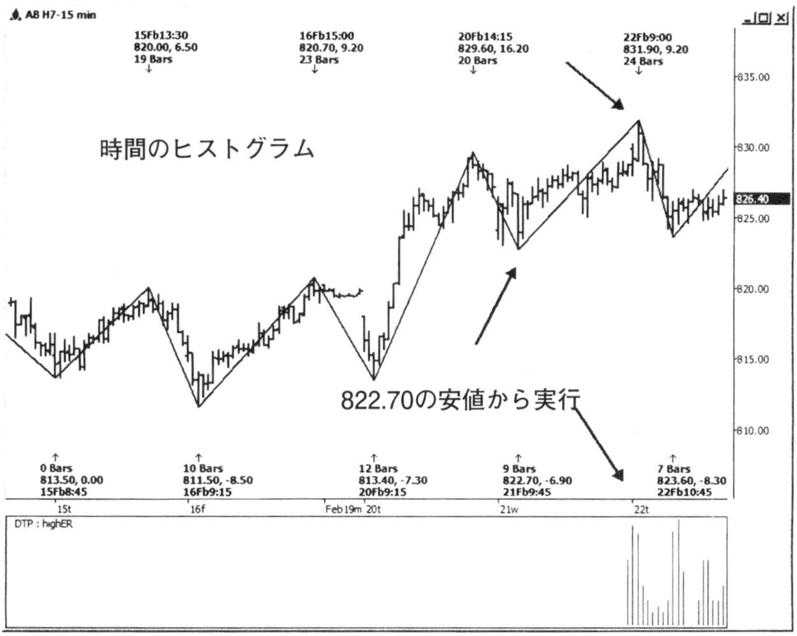

Ｅミニラッセルの15分足チャートの例を見てみましょう。**図12.7**では822.70で付けた安値からタイミングレポートを実行し、その安値から上昇したあとに高値を付けて下落に転じそうな時間軸での抵抗を探しました。チャート下のヒストグラムに目立つクラスターが２つあることに気づくでしょう。最初のクラスターが高値をかなりうまく捕らえました。そのクラスターで付けた高値のあとに8.30ドルの下落が続きました。

図12.8

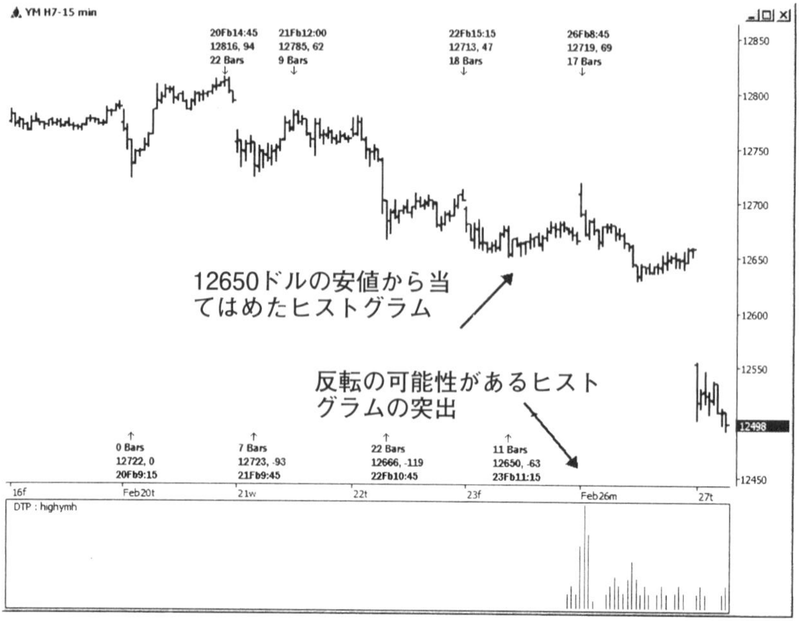

図12.8はミニダウ先物2007年３月限の15分足チャートを示しています。このチャート下のヒストグラムで目立ったところに注目しましょう。ヒストグラムでほかの時間サイクルと比べて異常に高く突き出た足を見ると、わたしは本当にその相場に注意を払いたくなります。この例ではこの15分足チャートのヒストグラムで、突き出たところから１足以内に重要な高値を付けました（あなたが07年２月23日の安値からの戻りで仕掛けていたら、突き出た足を見てこの戻りはすぐに終わるかもしれないという素晴らしい警告を受け取っていたでしょう！）。

著者から一言

長年にわたって、本書で説明しているトレーディングの方法論はどんな時間枠にでも当てはめることができると、わたしはトレーダーたちに言ってきました。例えば、わたしは１分足チャート上でもさらにはティックチャート上でさえも、完ぺきな形をした２段パターンやシンメトリーのセットアップをこれまでに見てきました。しかしタイミングに関するかぎり、時間関係の作業をしたいと思う最短の時間枠はどれでしょうか。わたし個人としては、「面白半分」でたまにやる場合を別にすれば、15分足チャートよりも短期のチャートは使いません。

図12.9

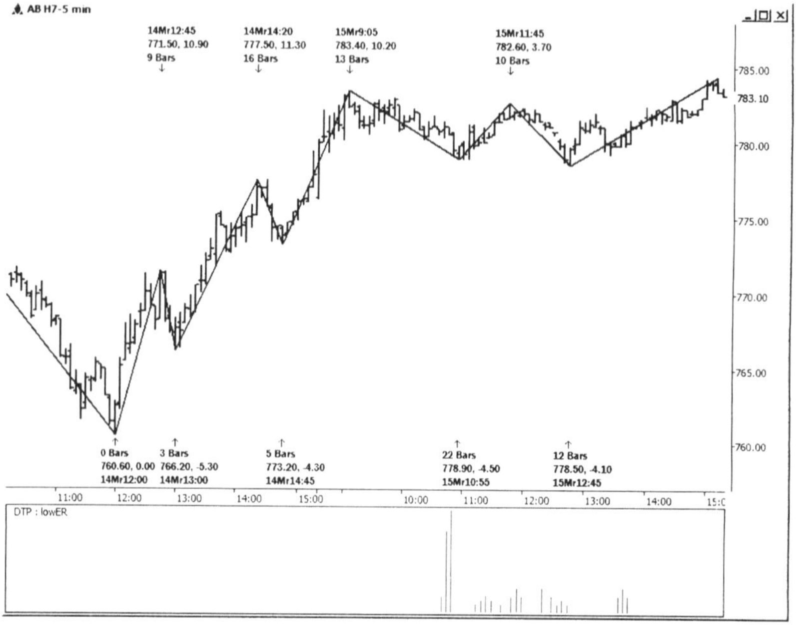

次は「面白半分」に、Eミニラッセル先物の5分足チャート上で分析した例です。**図12.9**はヒストグラムで目立ったところから、5分足1つ以内に安値を付けたことを示しています。取引時間中に2つか3つのチャートしか更新しない人なら、この時間枠でこうした時間サイクルを実行することができると思います。それよりチャ－ト数がずっと多くなると、追いかけていくのは難しいでしょう。

時間の分析の微妙な違い

時間のクラスターを求めるために、第11章で説明してきた時間サイクルプロジェクションを使うほうを選ぶにしろ、DTヒストグラムを使うほうを選ぶにせよ、時間の分析で出る微妙な違いを理解しておく必要があります。まず、時間サイクルのきれいなクラスターがあるというだけで、相場の反転が見られるだろうとは思い込まないことです。時間のクラスターは価格のクラスターと同じように破られるものなのです。反転の可能性がある時間窓へ向かっているのに、値動きが反転するというテクニカル指標がなければ、相場は単にトレンド方向に動き続けるだけのはずです。しかし反転を示すテクニカル指標が確かに出始めたら、タイミングに関するかぎり勝算はあなたの側にあることは分かっているのですから、相場に乗ってもいいのです。

相場が時間サイクルに向かって横ばいの動きをしている場合は、時間のクラスターの予測能力はかなり失われています。しかし時間のクラスターへ向かって横ばいの動きをしているときに、わたしが観察したことがひとつあります。それは時間サイクルやプロジェクションの「エネルギー」によって、相場が横ばいの動きから脱して再びトレンドに復帰することもあるということです。

もしもあなたの時間の分析が価格分析の示しているものと一致するのならば、そのタイミングを計ったところで、トレードを始められるようなトレンドの変化が生まれる見込みは高いのです。例えば、タイミングでは高値が必要とされるところで、価格のほうは前のスイングからエクステンションを当てはめた水準に来ているのなら、そこはトレンドが終わる傾向があるところですから、時間の分析の予測能力は高まります。時間の分析を支える価格の分析のもうひとつの例は、価格支持線または価格抵抗線のクラスターが時間サイクルと合致するところになるでしょう。

時間のプロジェクションを実行する高値や安値の点を選ぶ際に、考えなければならないことがひとつあります。それは、プロジェクションを実行する日と日の間に十分な時間が必要だということです。例えば、ある２つの高値同士で経過している時間が100取引日あるようなところで、高値から高値へ当てはめているのなら、以前に検討した時間プロジェクションのすべてが楽に実行できます。しかし高値から高値へのサイクルがわずか10取引日なら、これらのプロジェクションを実行してもたいした価値はないでしょう。なぜなら、おそらく時間サイクルがほとんど1日おきに現れてしまうからです。このようにスイング同士が時間的にあまり大きく離れていないところでは、できることが2つあります。ひとつは、より短い時間枠のチャートに移動することです。例えば、日足チャートが時間の分析に適していないように見える場合は、60分足チャートに移動すればいいのです。60分足チャートでならスイング間により多くの足が表示されるからです。もうひとつの選択肢としては、日足チャート上で分析し続けるのですが、最も重要なサイクルだけしか使わないようにするという方法です。わたしの場合そういうサイクルは、0.618倍、1.0倍および1.618倍でしょう。この作業には少しばかり常識を必要とします。サイクルを当てはめる作業を続けているうちに、どういうやり方に意味があるか学んでいくでしょう。

どんな時間枠チャート上でも、タイミングを計ることはできます。しかし、問題は何が実際的かということになります。わたしのチャットルームでは、通常は日足チャートで時間のプロジェクションを実行し、次に日中での仕掛けを微調整するのに役立てるために、45分足か15分足、あるいはその両方のチャートでタイミングを計っています。わたしは15分足の時間枠よりも短期のチャートでも、ある程度タイミングを計る作業をしてきていますが、一般的に言って15分足よりも短期の時間枠上でそういう作業をやり続けることは実際的ではありません。おそらくは、時間のプロジェクションを実行するのに忙しすぎてセットアップを見逃すことになるでしょう！

著者から一言

ティックチャートやボリュームチャートでは足のひとつひとつの時間が等しくならないので、正確にタイミングを計ることはできません。

日中足チャートでタイミングを計るつもりなら、可能であれば取引時間を等しく分割できるか等分にかなり近い時間枠チャートを選ぶようにすることです。例えば指数の１日の取引時間が、中部標準時で午前８時30分から午後３時15分までの405分あるとしましょう。取引日ごとのデータしか分析していないかぎりは、405分を３本足に分割して135分足チャートにすることができます。あるいは、９本足に分割して45分足チャートにしてもいいし、27本足に分割して15分足チャートにすることもできます。これらのチャートはすべて、405分の取引時間をまったく平等に分割しています。もしもあなたの使っている時間が取引時間をきちんと分割した時間になっていない場合、日中に計ったタイミングの結果は、その日の最後の足の食い違い分ぐらいは、正確さが損なわれている可能性があるのです。

この数章で、わたしはフィボナッチ比率の時間サイクルを使って、市場の時間軸上でフィボナッチ分析をする方法を説明してきました。フィボナッチ比率の時間サイクルは、DTのツールを使って当てはめることができる自動レポート以外にも、かなり多くの市場分析プログラムで見つけることができます。しかし、多くのソフトウエアは確かにこれらの時間サイクルを２点から当てはめることができますが、３点から時間のプロジェクションを実行できるソフトウエアは少ししか存在しません。わたしが本章で検討した自動的に時間のヒストグラムを作成する機能は、DTのプログラムでしか利用できないものです。

第13章

時間と価格の重なり

Time and Price Confluence

フィボナッチ比率の価格の分析を単独で使っても、勝てるトレーディング計画を作ることができます。しかし市場分析に時間の要素を加えれば、成功の見込みを確実に上げることができるのです。わたしの言葉をそのまま受けとるのではなく、少なくとも自分がいつも見ている日足チャートでタイミングを計る作業をして、市場にこのテクニックの値打ちを証明してもらうことを強く勧めます！　市場の時間軸という次元を加えることによって、時には最終結果に極めて大きな違いが生まれることがあります。時間サイクルは、現在のポジションを守る逆指値注文の位置を近くするように警告を発して、含み益を確保する手助けができます。さらに時間サイクルは、価格関係と一致する場合には仕掛ける絶好の機会を見分けるのに役立つでしょう。どんな時間枠であれ時間と価格が合致するのが見られたら、トレンドが変化するか転換する見込みははるかに高くなります。仕掛けのトリガーを使えば、さらに成功の見込みは上がるでしょう。それでは時間と価格が同時に集まる例をいくつか見ていき、その後にトリガーとテクニカル指標に移ることにしましょう。

図13.1

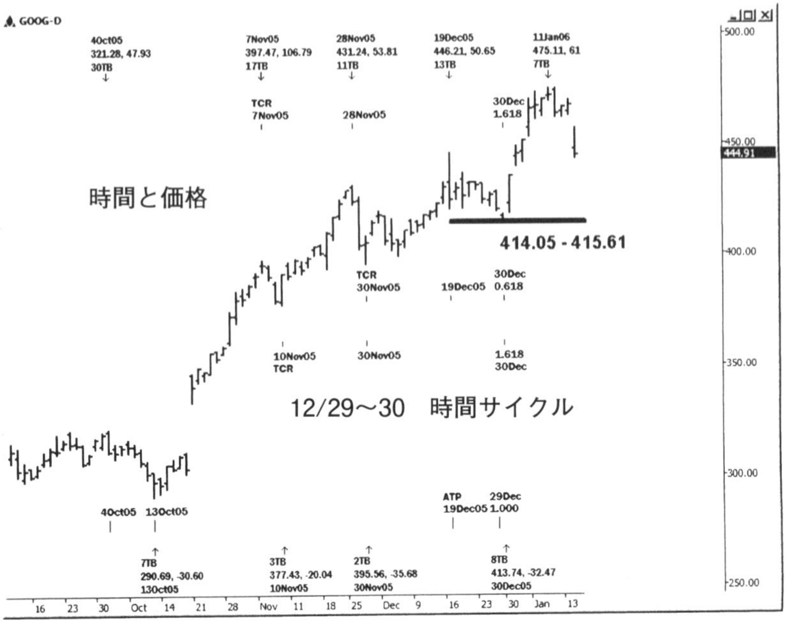

時間と価格が重なる例

時間関係と価格関係が合致するこの最初の例で、わたしたちが見ているのはグーグルの日足チャート（**図13.1**）です。ここでは414.05～415.61ドルの範囲にある、カギとなる価格支持線のクラスターが試されているときに、05年12月29～30日に時間サイクルの重なりがありました。時間関係と価格関係の両方の要素が集まっていたので、わたしたちはそのときに安値を付けて、その後に上昇が起こりそうかどうかを待ち構えたいと考えました。この場合、実際の安値を付けた水準はクラスター帯の下端からわずか下に外れた413.74ドルでした。この時間関係や価格関係の安値から、かなりの速さで少なくとも61.00ドルの上昇が見られました。

図13.2

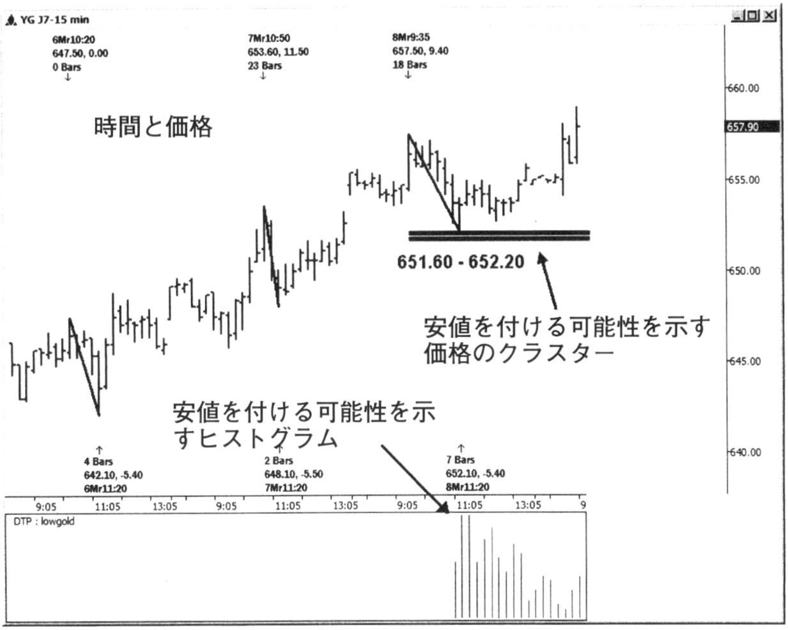

CBOT（シカゴ商品取引所）で取引されているミニサイズの金先物（**図13.2**）で、時間と価格が合致している例を見ましょう。ここで、わたしたちが見ているのは、15分足チャート上での例です。金が８月３日に付けた高値である657.50ドルから下落していたときに、目立つ足がいくつか、チャート下のタイミングヒストグラムに現れていたことに注目しましょう。これが起こったのと同じときに、651.60～652.20ドルの範囲で、カギとなる価格支持の判断水準が試されていました。安値を付けた652.10ドルは、これらのカギとなる時間や価格の変数のなかに入っていました。この安値のあとにトレード可能な上昇が続きました。

図13.3

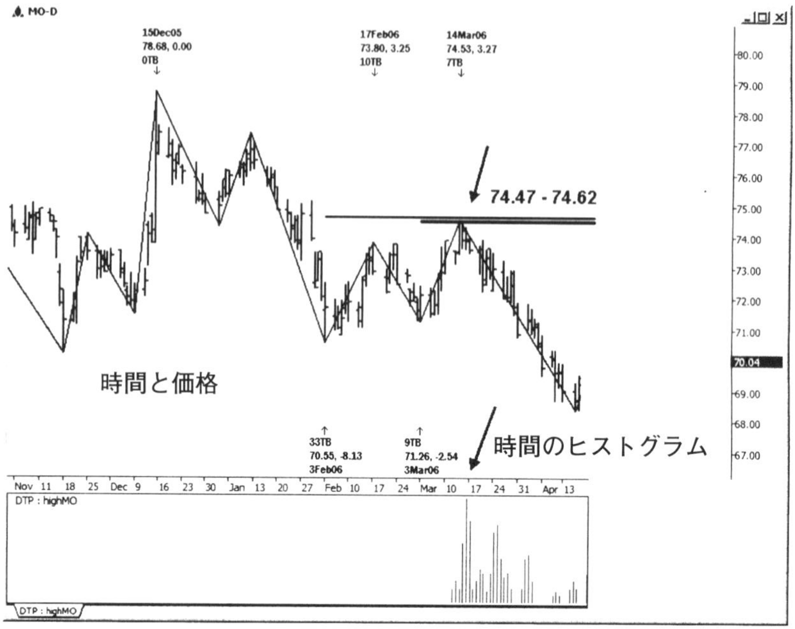

どんな市場であれ、分析をしているときの時間的な制約次第では、わたしは一般に時間が多くかかる時間サイクルそのものを実行する代わりに、時間のヒストグラムを使うかもしれません。時間と価格が合致する次の例では、わたしは両方とも行ってみました。アルトリア・グループの最初のチャート（**図13.3**）では、06年３月３日に付けた前の安値から時間のヒストグラムを実行しましたが、そこに目立つ足が１つ見えます。このヒストグラムは高値を付けそうなところに向けて当てはめています。というのは、相場が上昇しているときに直近の安値から当てはめているからです。ヒストグラム中の目立つ足が74.47～74.62ドルの範囲で、２段パターンおよび価格のクラスターといかに見事に一致したかお分かりいただけるでしょう。実際に付けた高値は74.53ドルでした。きれいな下げがこの十分に定義された時間

関係と価格関係の同時出現、あるいはわたし好みの表現ではシンクロニシティのあとに続きました。シンクロニシティの簡単な定義は「意味のある同時出現」です。

著者から一言

時間と価格の変数が意味のある同時出現をしているときには、わたしはトレンドが変化しそうかどうかを見守ります。

図13.4

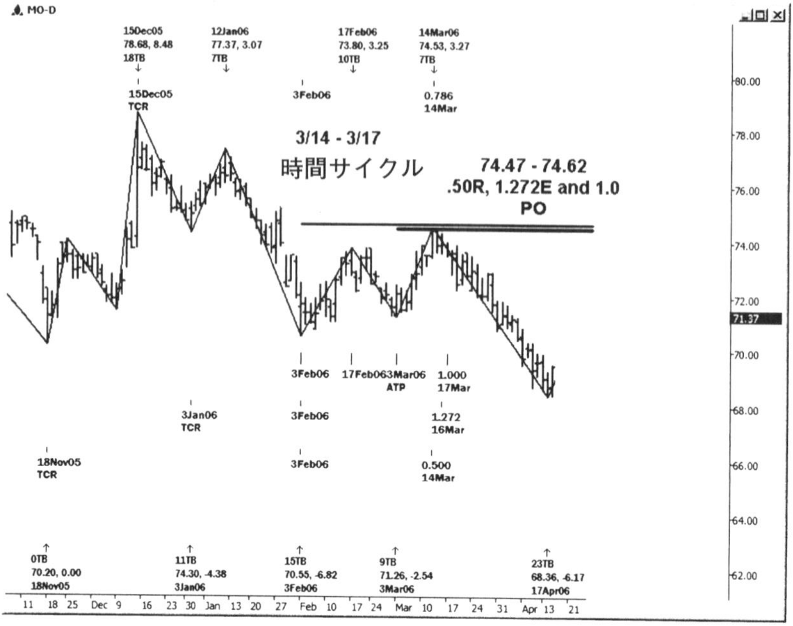

図13.4も同じセットアップを描いています。しかしこちらは、図13.3のチャート下のヒストグラムに現れている目立つ部分を、実際の時間サイクルで示しています。

図13.5

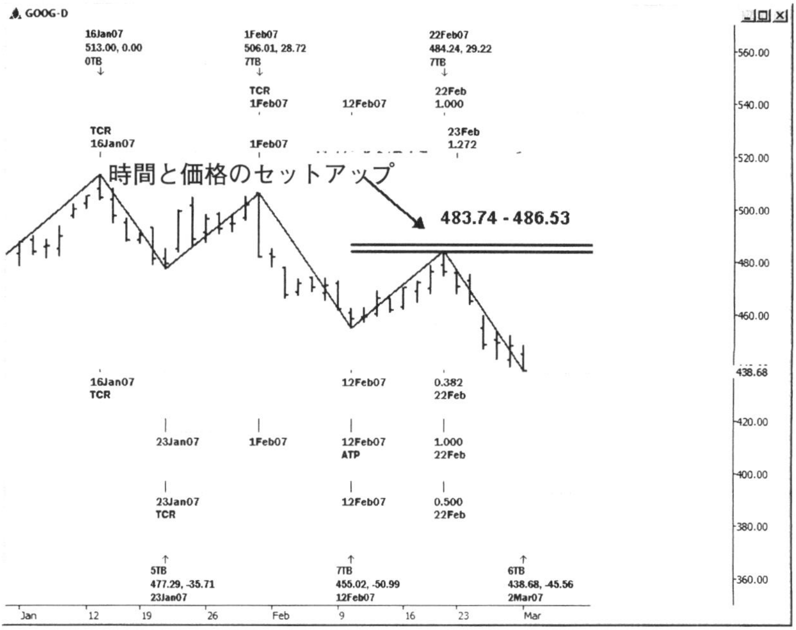

図13.5は第11章で説明したように、07年２月22～23日にグーグルが高値を付けそうな時機にあったことを示しているだけでなく、さらにきれいな価格のクラスターもあり、そちらのほうも同時に試されていたのだということを示しています。このクラスターは483.74～486.53ドルの水準に現れました。これは時間関係と価格関係が合致する素晴らしい一例であり、こういうところでは相場が反転する見込みが高まります。グーグルは484.24ドルで高値を付け、このチャートを準備していたときにはそこから45ドルも下落していました（時間と価格の変数がこの株のどの辺りにあったかを知っていたら、あなたはこの株で売りを仕掛ける準備を上手にしていたでしょう）。

図13.6

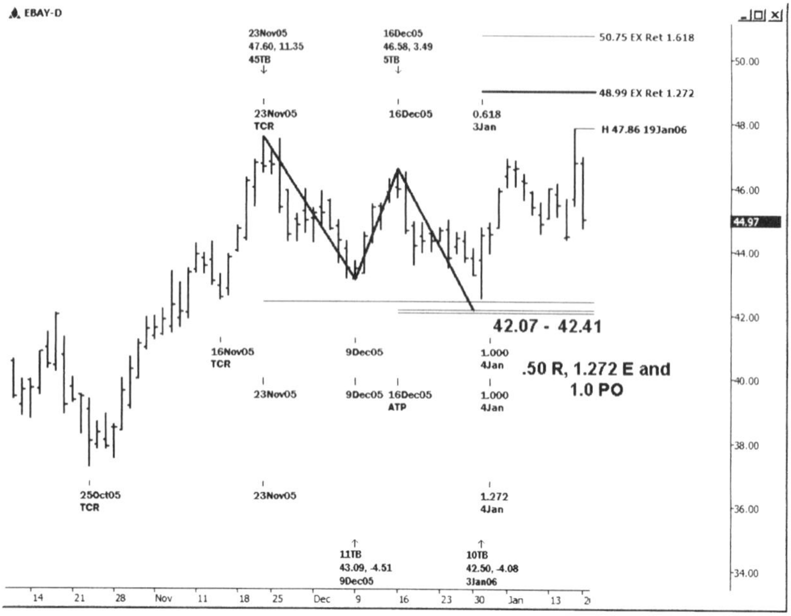

ｅベイは時間関係と価格関係が合致する良い例になっていて、２段パターンが時間サイクルのところに現れています（**図13.6**）。そのジグザグパターンは、42.07～42.41ドルの範囲で価格のクラスターを作り出しました。このクラスターに含まれているのは、05年10月25日の安値から05年11月23日の高値までの値動きの0.50倍リトレースメント、05年12月９日の安値から05年12月16日の高値までの値動きの1.272倍エクステンション、05年11月23日の高値から05年12月９日の安値までのスイングを05年12月16日の高値から当てはめた1.0倍プロジェクションでした。

時間に関しては、４つの時間サイクルが06年１月３日と06年１月４日に集まりました。

05年11月23日の高値から05年12月16日の高値までの0.618倍は、

06年１月３日
05年11月16日の安値から05年12月９日の安値までの1.0倍は、06年１月４日
05年11月23日の高値から05年12月９日の安値までを05年12月16日の高値から当てはめた1.0倍プロジェクションは、06年１月４日
05年10月25日の安値から05年11月23日の高値までの1.272倍は、06年１月４日

この場合、実際には06年１月３日に42.50ドルで安値を付けました。これは、カギとなる価格支持線のクラスターのわずか数セント上でした。最初の上値目標である48.99ドルの水準には達しませんでした。しかし、少なくともこの42.50ドルの安値から47.86ドルまでの上昇は見られました。

図13.7

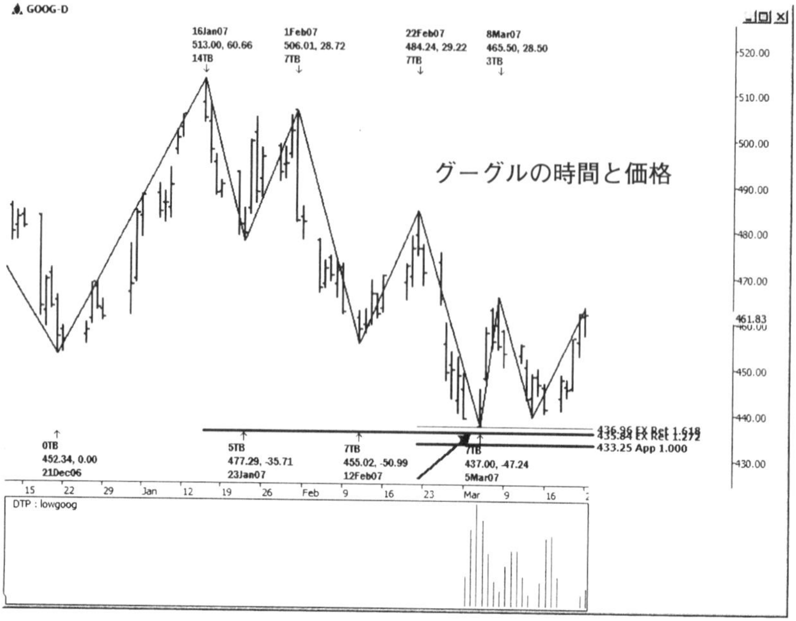

グーグルは、市場の幾何学をたいていは尊重するように見える株です。**図13.7**は07年３月５日に時間関係と価格関係が集まって、トレードができる安値を付けた例です。このグーグルの日足チャートでは、433.25～436.96ドルの範囲に３つの価格関係が同時に現れているのを見ることができます。ここに含まれているのは、07年２月12日の安値から07年２月22日の高値までの値動きの1.618倍エクステンション、06年12月21日の安値から07年１月16日の高値までの値動きの1.272倍エクステンション、07年２月１日の高値から07年２月12日の安値までのスイングを07年２月22日から当てはめた100％プロジェクションでした。チャート下の時間のヒストグラムは、このカギとなる価格支持線が試されているときに、時間サイクルの重なりが現れていることを示しています。安値は07年３月５日の437.00ドルの水準（価格支持線

図13.8

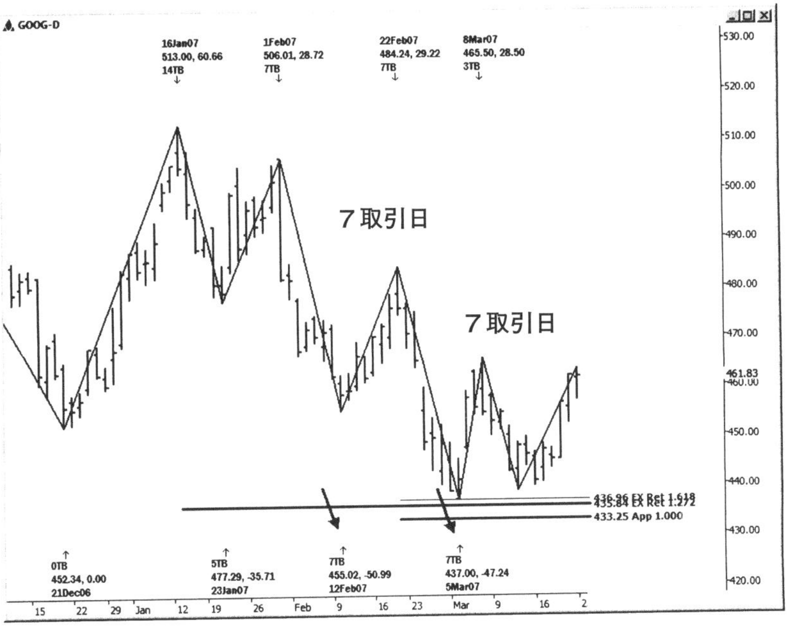

の上端からわずか４セント上）で、そこからすぐに28.50ドル分の上昇が続いて07年３月８日の高値となりました。さらに、07年３月５日に付けた安値の水準を再び試しにいったあと、また上昇が見られた点にも注目しておきましょう。

図13.8は、前のチャートの時間のヒストグラムに含まれていたであろう、最も重要な時間サイクルのひとつを示しています。それは、07年２月１日の高値から07年２月12日の安値までのスイングの100％の時間サイクルで、７取引日続いていました。このスイングを07年２月22日の高値から当てはめました。07年３月５日の安値は、07年２月22日の高値からちょうど７取引日だったことに注意してください。これは時間のシンメトリーのもうひとつの良い例です。

著者から一言

わたしたちが、時間と価格の合致について話す場合に、必ずしもそれは価格のクラスターのセットアップと時間のクラスターのセットアップである必要はありません。価格と時間のシンメトリーについて話している場合もあり得るのです。最も重要なことは次のとおりです。カギとなる価格の判断水準があって、その水準とカギとなる時間の判断水準が合致するかぎりは、それをわたしたちは時間と価格の集まりと呼ぶことができるのです。そしてこのときに、わたしたちは相場が反転する可能性があると考えて見守るのです。

図13.9

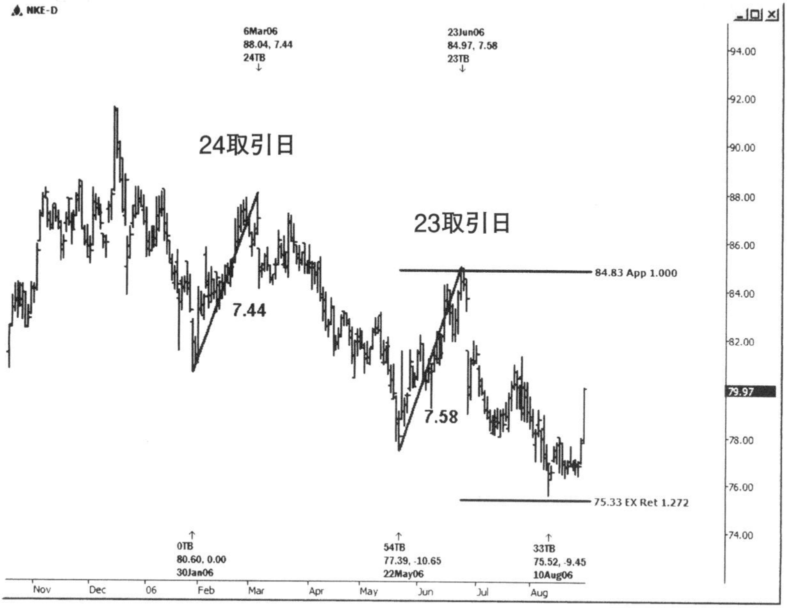

時間と価格のシンメトリーの良い例が、ナイキ株の次の例に描かれています（**図13.9**）。このころのナイキは全般的に下降トレンドだったので、売りのセットアップが現れて下降トレンド方向でこの株を仕掛けられないかどうかを見守りたいと考えました。ここでは、前の戻りである06年１月30日の安値から06年３月６日の高値までの7.44ドル分のスイングに対して、シンメトリーのプロジェクションを実行しました。この7.44ドルの値動きを06年５月22日に付けた安値から当てはめました。すると、84.83ドルの辺りが抵抗線となる可能性が示されました。これは完ぺきな当たりではありませんでした。実際は当てはめた水準から14セント上で高値を付けたからです。

ナイキが抵抗線に接近していたのと同じときに、かなり明白な時間のシンメトリーがありました。前の戻りのスイングは24取引日続いていました。この株がシンメトリーによる価格抵抗線の辺りに向かって戻ったとき、そのスイングの上昇は23取引日続きました。このように時間と価格が合致していた状況で、06年6月23日に84.97ドルでトレード可能な高値を付けるのが見られました。この時間関係と価格関係が集まる高値から、やがて9.45ドルの下落が見られました。

本章中の例では、どこの市場を分析していても、時間関係と価格関係の重なりがあれば、いかにして重要な判断ポイントをさらに押し進めて決められるかを説明しています。市場の時間と価格の両方の次元が合致するときには、成功するセットアップが展開する見込みは劇的に高まります。

第14章

トリガーとテクニカル指標

Triggers and Indicators

前のほうの章でわたしは、多くのセットアップはうまくいかないこともあると言いました。言い換えると、第６章から第８章で定義した買いのセットアップのときに相場がその価格水準よりも上で持ちこたえられないことがよくあるし、同じ章で定義した売りのセットアップのときに相場がその価格水準よりも下で持ちこたえられないこともよくあるのです。わたしたちは、これらのセットアップが判断を下す重要な場所であることを知っています。しかし、わたしたちは特定の価格水準が持ちこたえられるかどうかを前もって知ることはできません。これらのセットアップを使ってトレードが成功する確率を高めるために、理想としてはトレードのフィルターかトリガー、あるいはその両方を使いたいのです。

トリガーは通常はテクニカル指標か価格のパターン、あるいはその２つの組み合わせからなるものです。それは、あるセットアップを実行する、つまり仕掛けるようにと、わたしたちに求めるものです。

著者から一言

トリガーを使う良い点とは、あとでうまくいかないことになるような多くのセットアップでは、トリガーがトレードを促すシグナルを一度も出さないという点です。もちろん、わたしたちが見つけるセットアップのなかには、トレードを促すシグナルを出していながら、やがてうまくいかず、損失を生じさせるものもあります。しかしトリガーを使えば、そうしたセットアップのかなり多くのものを取り除くことができるでしょう。

トレードのトリガーとなり得るもの

いくつかの異なる方法がトリガーとして使えます。

前のスイングの高値や安値の更新

これは、比較的単純な仕掛けのトリガーです。前のスイングの高値や安値を更新したら、相場が反転して仕掛けることができるかもしれないということを示しています。前の足の高値や安値を抜いた場合もトリガーとして使うことはできますが、わたしとしてはスイングの高値や安値を更新するということほど強力であるとは思っていません。

移動平均線

移動平均線は、２通りの異なった使い方ができます。

トレーダーのなかには、価格が移動平均線を抜くか移動平均線の上や下に接近することを、仕掛けのトリガーとして使う人もいるでしょう。また複数の移動平均線を用いて、変化が速い短期の平均線が変化が遅い長期の平均線を上や下に抜いた場合を、仕掛けのシグナルに使う人もいるでしょう。

CCI

ウッディーズCCIクラブのウッディーが教えているように、CCI（コモディティチャネル指数）を使うトレーダーはかなりいます。このテクニカル指標で作られるパターンのうち、市場での仕掛けのシグナルと考えられるものがいくつかあります。わたしのチャットルームを利用しているトレーダーのなかには、チャットルームでのセットアップと共にこれらのシグナルを使って、成功している人がいます（詳細を知りたい人は、http://www.woodiescciclub.com/ で、このホームページを確認できます）。

http://www.tradethemarkets.com/ のジョン・カーターとヒューバート・センターズにも、生徒たちに教えている彼ら独自の仕掛け法があります。オースティンで彼らといっしょにしばらく過ごしているときに、わたしは彼らがトリガーやテクニカル指標を使うのを観察する機会に恵まれました。それは価格のクラスターやシンメトリーのセットアップを使って仕掛ける際のシグナルとして、非常にうまく機能し得るものです。実のところ、自分のセットアップと彼らのトリガーがあまりにもうまく補い合ったので、わたしは自分のチャットルームと彼らのチャットルームを統合することに決めたのです！　わたしたちは今では、わたしのフィボナッチセットアップに加えて、多くのさまざまな仕掛け法に焦点を当てた、かなり大きなチャットルームを持っています。これらの仕掛けのなかに、本書のフィボナッチの方法と非常にうまく調和するものがあります。このチャットルームを確かめてみたければ、http://www.fibonacciqueen.com/ に行ってください。

著者から一言

わたしがここまで伝えてきたセットアップといっしょに、使っていいと考えられるいくつかの異なる仕掛け法があります。大切なことは、仕掛けのトリガーをいったん決めたら、それはあなたの満足いくものなのか、また容易に認識できるものなのかということを確かめておくということです。そのトリガーが自分のトレーディングスタイルに合っているのか確かめておく必要があります。そして信頼性があるか試したあとは、一貫してそのトリガーで仕掛け続けることです。

図14.1

テクニカル指標とトリガーを使って、仕掛けを選別する

それではトリガーの例をいくつか調べてみましょう。最初にセットアップを見ることにします。セットアップをいったん見定めたらトリガーを探すときです。**図14.1**はＥミニラッセル先物の３分足でシンメトリーのセットアップを示しています。当てはめられたシンメトリーによる抵抗線が782.10のところに来ています。

図14.2

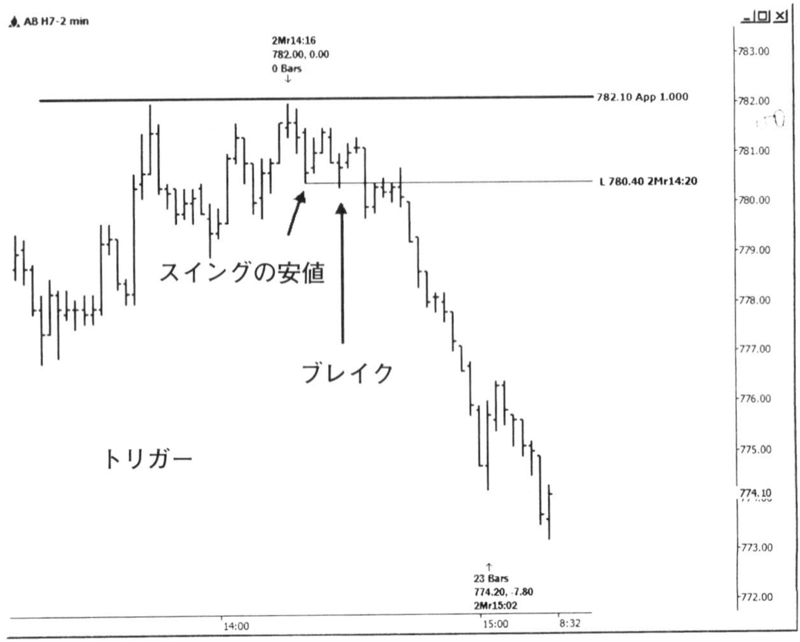

この782.10の抵抗線で仕掛けるために、売りのトリガーになりそうなものをひとつ見ましょう。ラッセルの２分足チャート（**図14.2**）上にその例を示してあります。こちらのほうが３分足チャートよりも、スイングの高値と安値がはっきり見えるかもしれません。また、トリガーを設定するためのスイングの安値や高値を見つけるために、ティックチャートやボリュームチャートを使ってもかまいません。個人的なことを言えば、これまで３分足チャート上でラッセルやミニダウのセットアップでトリガーを見る場合には、わたしは34～89ティックチャートを使ったことがあります。ほかの市場では、異なるティックチャートやボリュームチャートを使う必要があるかもしれません。

このセットアップで付けた高値は782.00で、シンメトリーのプロジェクションの水準からわずか１ティック下でした。この高値を付けたあと（この場合、実際には抵抗線を二度試しています）、相場が前のスイングの安値を割って、仕掛けのシグナルを出すかどうかを見守りたいと考えました。わたしがここで見極めたスイングの安値は780.40です。価格がこのスイングの安値よりも下落した場合、それが売りのシグナルになりました。この場合、トレーダーのなかにはこの下に抜けた780.30で仕掛けるために、逆指値注文を置く人もいるでしょう。最大リスクは、反転のシグナルが出る前に付けた高値よりも上です。ここの場合なら、損切り注文はスイングの高値である782.00から１ティックか２ティックだけ上に置くこともできるでしょう。このリスクは、多くの短期トレーダーにとっては高すぎるかもしれません。リスクを最小化するための選択肢は、ほかにもいくつかあります。

もとのセットアップのリスクを減らす場合に限って言うと、実際にできることは３つあります。

1. 単純に標準的な価格を基にした損切り注文を使う。例えば、仕掛けた価格よりも10～15ティック離れたところに損切り注文を置きます。トレードがうまくいけば、下落する前に理想としては大きな戻りは見られないでしょう。この場合は、780.30で売っていたら、10ティック離れたところに損切り注文を置くか、15ティック離れたところに置いていても、問題はありません。
2. この例では781.50に相当しますが、次の高値を更新しなかったスイングの高値に損切り注文を置きます。
3. スイングの安値をブレイクしたところで売るのではなく、前のスイングの安値をブレイクしたあとの戻りを待つ。この方法を使った場合の問題は、一度も戻りがないかもしれないということです。その場合には、トレーディングの機会を完全に逃すでしょう。トレーダーのなかにはそれでもかまわないように見受けられる人もいます。彼らは市場での優位性を保つほうを好んでいるのです。

図14.3

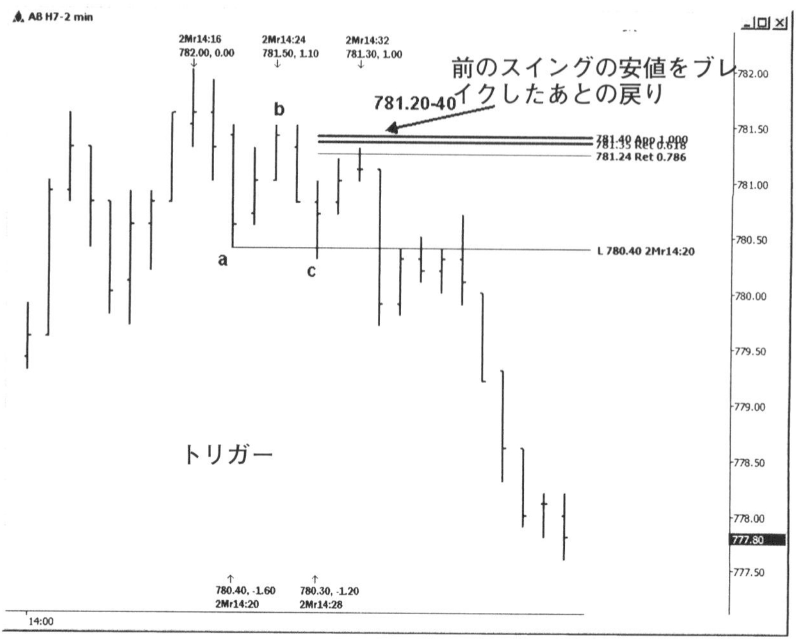

前のスイングの高値を抜いたあとの押し目や、安値を割ったあとの戻りで仕掛けを考える場合、わたしは通常、最後のスイングから0.50～0.786倍のリトレースメントを求めます。理想的に行けば、それらのリトレースメントのうちのひとつが前のスイングの100％プロジェクションと重なるでしょう。この例において戻りが止まったところは、最初の高値の0.618倍リトレースメントと前の小さなスイングの0.786倍リトレースメントがちょうど同時に現れている辺りでした。またそこでは、点ａから点ｂの値動きを点ｃから当てはめた100％プロジェクションも重なっていました（**図14.3**。781.20～781.40の範囲に近いところで売れば、780.30に逆指値注文を置いて売るよりも、リスクははるかに小さいでしょう）。

図14.4

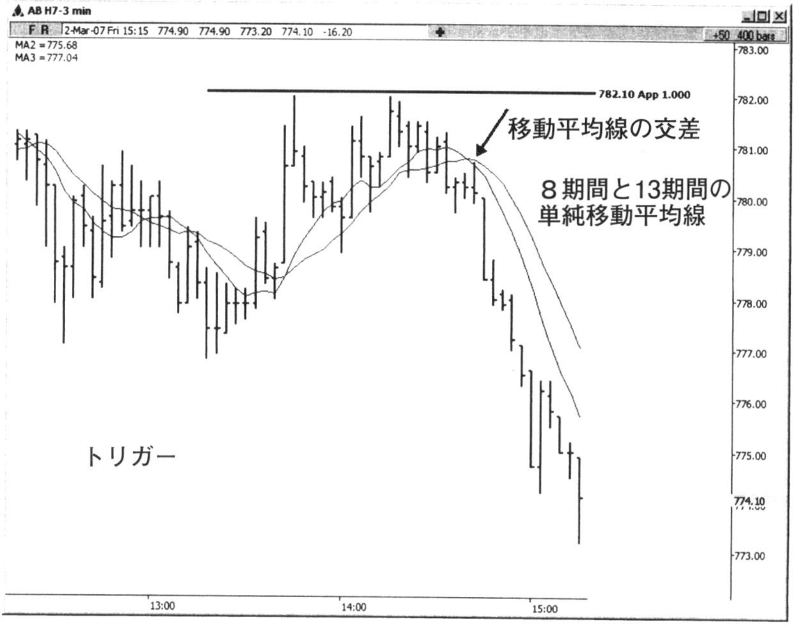

異なるタイプのトリガーを使って、**図14.4**で同じセットアップを見てみましょう。わたしたちは782.10の辺りにある同じ抵抗線をまだ見ています。しかしわたしたちが探しているのは、期間が長いほうの移動平均線よりも上にある短いほうの移動平均線が交差して売りのシグナルとなるところです。この例に関しては、わたしは８期間移動平均線と13期間移動平均線を使いました。８期間移動平均線が13期間移動平均線と交差したところにある足を矢印で示しておきました。人によっては、それが782.10の抵抗線に対して売りのトリガーになるでしょう。

図14.5

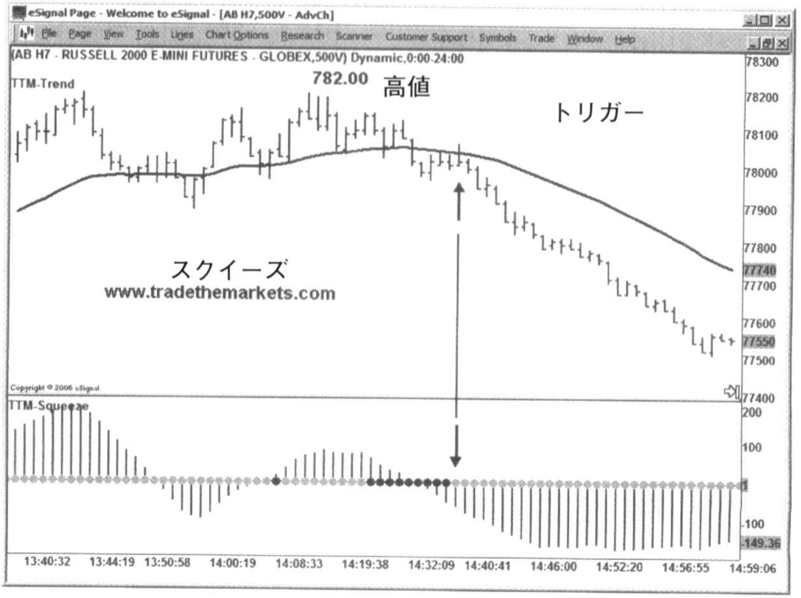

図14.5では、同じＥミニラッセルのシンメトリーのセットアップにおいて、782.10の抵抗線でトリガーがシグナルを出すかどうかを見ています。ここで使っているのは、TTM（http://tradethemarkets.com/）がスクイーズインディケーターと呼んでいる、TTMの仕掛け法のひとつです。わたしは、ここではスクイーズインディケーターを備えた500枚ボリュームチャートを使いました。わたしがチャートに矢印をつけた場所が、この指標が（彼らの表現では）発射する場所です。つまり、このチャートで見てここが売りを仕掛けていたであろう場所です。

この指標は、ボリュームチャート上でもティックチャート上でも分足チャート上でも使うことができます。どのチャートを使うかを決めるには、さまざまなチャートを試したうえで、どれがあなたの求めて

図14.6

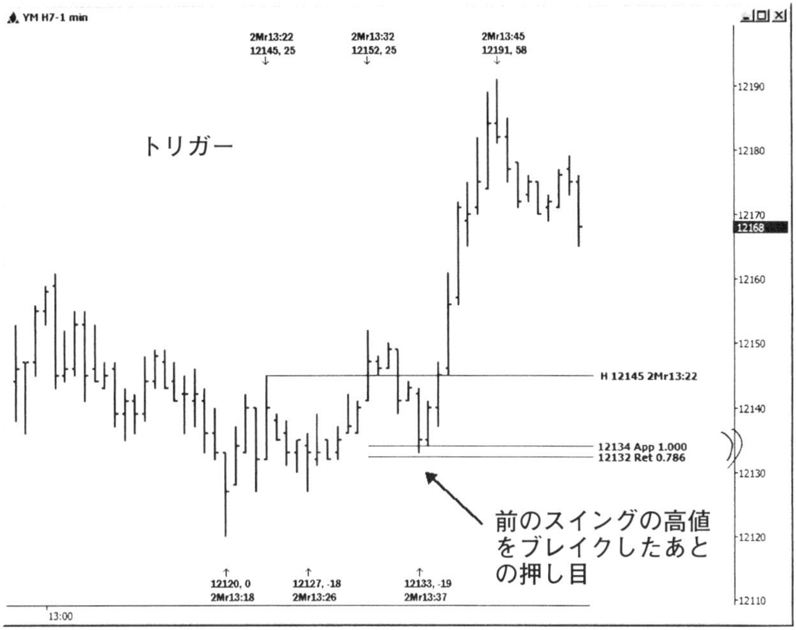

いるタイプの結果を与えてくれるかを確かめるべきです。

時には、仕掛けのシグナルになり得るものを複数のチャートで確認することが役に立ちます。また、わたしはスクイーズインディケーターと共にTTMトレンドインディケーターも好んで使います。トレンドが変わるにつれて足の色も変わるという視覚情報が気に入っているからです（本書のチャートはグレースケールで表示されているので、このチャート上のトレンド指標を実際には見ることはできません）。

前のスイングの安値と高値を使った仕掛けの例を、さらにいくつか見ましょう。セットアップをいったん見定めて、現在その価格判断の水準に来ているのなら、前のスイングの安値か高値が仕掛けのシグナルを出すか探し始めるときだということに注意しましょう。つまり、買いのセットアップを見ているのなら、スイングの高値を探すことになります。また売りのセットアップを見ているのなら、スイングの安値を探すことになります。このスイングの高値や安値を付けるのは、セットアップの水準が試される前かもしれませんし、そのあとかもしれません。いずれにしろ、それは有効なトリガーになるでしょう。

図14.6は、ミニダウの１分足チャート上で、前のスイングの高値を単に抜いただけで、買いのトリガーになっていることを示しています。仕掛けの第１の選択肢は、前のスイングの高値である１万2145ドルを抜いたところになるでしょう。１万2146ドルに買いの逆指値注文を置くという仕掛け法もできたでしょう。最初の損切り注文は、前のスイングの安値である１万2127ドルの水準よりも下に入れることもできました。これは、明らかにリスクが高い仕掛け法です。実際に約定した価格によっては、約20ポイントのリスクになるからです。

仕掛けの第２の選択肢は、前のスイングの高値である１万2145ドルがブレイクされたあとの最初の押し目の水準になるでしょう。ここでは、このダウ先物は前の安値の方向への0.786倍リトレースメントと前の下降スイングの100％プロジェクションが同時に現れた辺りの１万2132～１万2134ドルの範囲まで押しながら持ちこたえました。仕掛けを探す場所としては、リトレースメントの0.50～0.786倍の範囲なら、どこでもいいということになるでしょう。この場合の最初の損切り注文は、スイングの安値である１万2127ドルのすぐ下に置くことができます。例えば、前の安値の方向への0.618倍リトレースメントである１万2137ドルの水準であなたが仕掛けて、損切り注文は１万2126ドルに置くとしましょう。最初のリスクは約11ポイントで、最初の仕掛けのときよりもおよそ半分のリスクです。注意しておきますが、損切りの逆指値注文は必ずしも指定した価格で約定するとはかぎりません。したがってその場合のリスクは、実際にはもう少し高くなる可能性があります。

図14.7

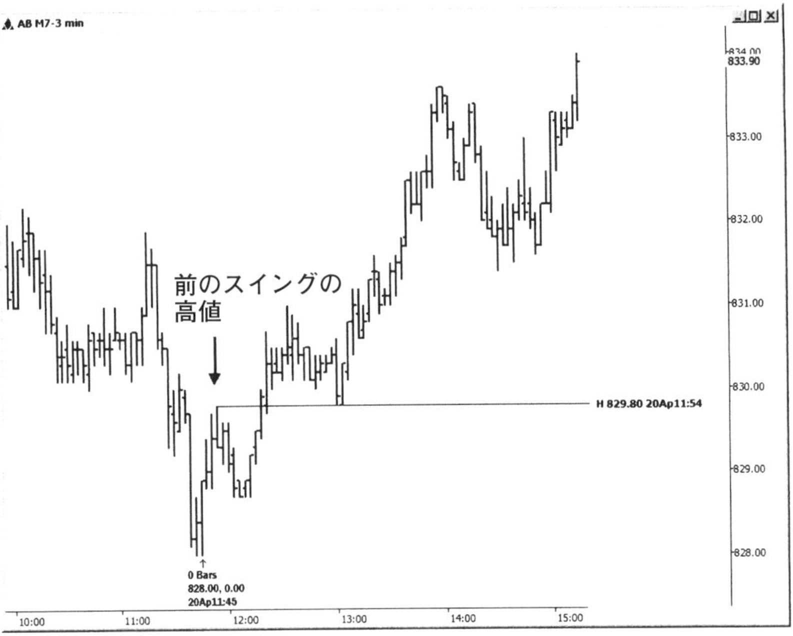

図14.7は、Ｅミニラッセル先物の３分足チャート上で、仕掛けのトリガーのためにスイングの高値を利用した例を示しています。ここでは、スイングの高値である829.80よりも上で売買されていたことが、買いのトリガーになっていたといえます。

図14.8

前のＥミニラッセルでのほかの仕掛け法は、押し目での仕掛けになるでしょう（**図14.8**）。スイングの高値である829.80を抜いたあとで押し目を付け始めたら、前のスイングの50％から0.786倍リトレースメントまでのどこでもいいのですが、この押し目で仕掛けられるかどうかを確認したいと思うでしょう。さらに、前のスイングの100％のシンメトリープロジェクションがこれらのリトレースメントのうちのひとつと重なるかどうかも確かめておくといいでしょう（個人的なことを言えば、わたしはシンメトリーと重なるリトレースメントならどちらにでも引き寄せられます）。この場合、前の安値から高値へのスイングの0.50倍リトレースメントは、829.85の水準でした。これは、前の下降スイングの1.0倍プロジェクションに当たる829.90ともう少しで重なるところでした。チャート上でこのシンメトリーを見るこ

図14.9

とができます。最初の下降スイングは1.10ポイントで、２番目の下降スイングは1.20ポイントと表示しています。このスイング間には、例の美しいシンメトリー、つまり類似性があります。この押し目は結局829.80で終わり、その後は再び上昇を始めました。

図14.9もミニダウ先物の３分足チャート上に描かれたスイングの高値を使ったトリガーの例です。この場合、スイングの高値である１万2830ドルを超えた上昇が、仕掛けのトリガーになるでしょう。

図14.10

代わりに押し目を待ちたかったのならば、前の安値から高値へのスイングのリトレースメントを当てはめ、さらにいずれかのシンメトリーのプロジェクションを探すこともできたでしょう（**図14.10**）。この場合は、前のスイング（15ポイント）を１万2847ドルの高値から当てはめた100％のシンメトリープロジェクションは、１万2832ドルになりました。このシンメトリーが、前の安値から高値へのスイングの0.50倍リトレースメントの結果である１万2831ドルとうまく重なりました。押し目はちょうど１万2832ドルで止まりました。

これまでのところ、これらのトリガー例のほとんどは、非常に短期の時間枠チャート上で示してきました。これは、わたしが通常はデイトレーダーたちと１日中仕事をしているからであり、彼らは１回ごとのセットアップで多額のお金を失うような危険を冒したがらないからです。しかしこれらの同じトリガーは、もっと長期の時間枠チャート上でも使うことができます。例えば、日足チャート上に価格のクラスターのセットアップがあれば、その日足での作業に対する仕掛けのトリガーには、15分足チャートを使ったほうがいいです。また45分足チャート上のセットアップを見ているのであれば、仕掛けのためには5分足チャートを使ったほうがいいのです。

著者から一言

これらのトリガーは単独で使わないほうがいいということを忘れないでください。常にセットアップから始めたほうがいいのです。フィボナッチ比率に基づいていない仕掛けの方法論を用いても、一般的には勝率の高いセットアップにはなりません。

図14.11

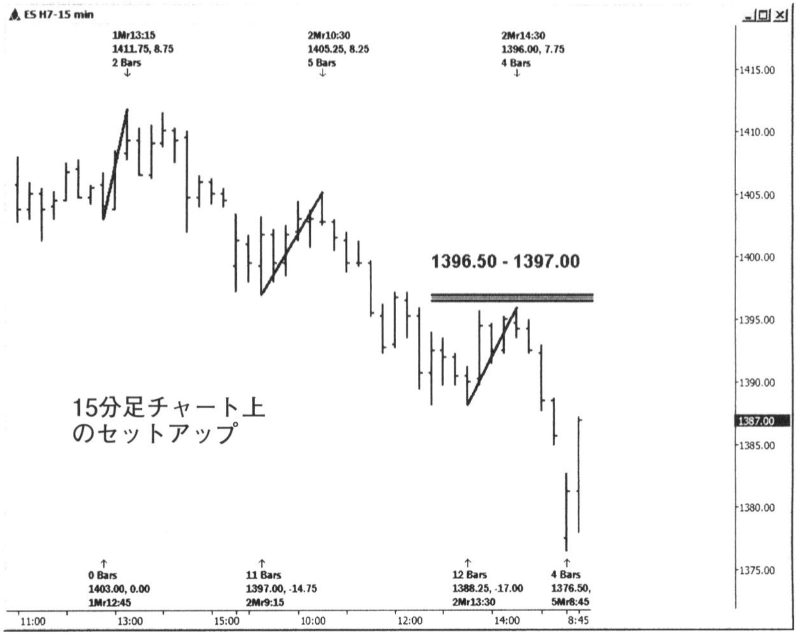

次の例（**図14.11**）は、ＥミニS&Pの15分足チャート上にある価格のクラスターのセットアップから始めています。価格判断の水準が、1396.50～1397.00の範囲に現れました。これはまた完全ではない例です。実際に付けた高値はこの場合1396.00で、価格のクラスター帯から２ティック下でした。あなたがまったくの完全主義者でないかぎり、仕掛けのトリガーには十分な近さです。

図14.12

図14.12では、**図14.11**の15分足チャートを３分足チャートにして、売りの仕掛けを探しています。トリガーを探すのに、わたしたちがより短い時間枠を使いたいと考えるのは、そうすることでトレードしているときの実際の価格水準に比較的近い仕掛け値が見つけられるからです。またこうすることで、通常は仕掛けに対するリスクは下がります。ここにはスイングの安値が２つあり、それらがブレイクされたときには仕掛けに使うことができたでしょう。注意したいのは、今回は代わりの仕掛け法で使えるような、意味のある戻りが見られなかったという点です。２つのスイングの安値のうちのどちらかがブレイクしたときに仕掛けていなかったら、戻りを待っているうちにこのトレードを逃していたでしょう（とは言っても、ほかのセットアップはまたいつでもあります！）。

図14.13

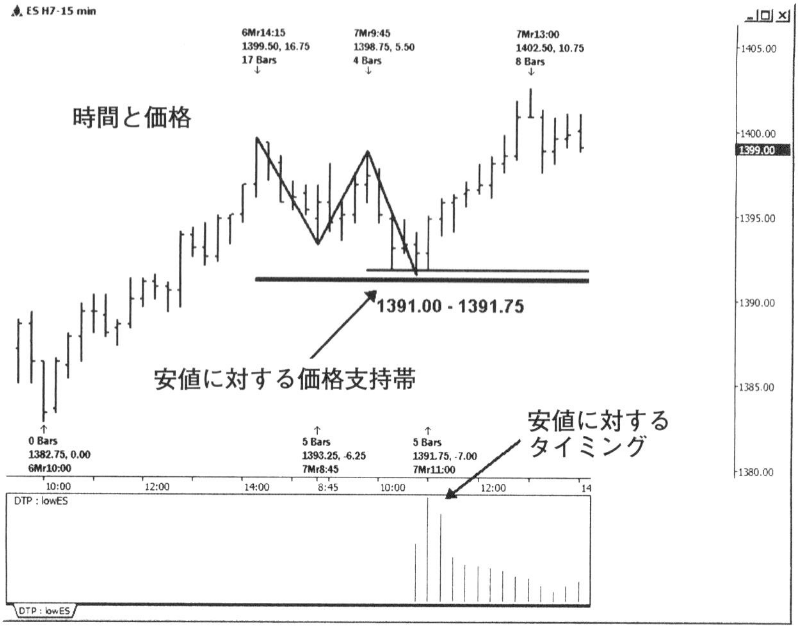

次の例（**図14.13**）では、ＥミニS&P先物の15分足チャート上で、別の価格のクラスターのセットアップを見てみましょう。ここでは、1391.00～1391.75の範囲に重要な支持線がありました。それに加えて、この重要な支持線が試されているときに時間のヒストグラムが上昇に転換する可能性があるので、それを探すようにとわたしたちに示唆していました。時間関係と価格関係がともに現れる場合に反転する見込みは、時間の変数か価格の変数の一方だけしか見ていない場合よりも高いのです。この場合にわたしたちが使うことが可能だったトリガーになりそうなものを見ていくことにしましょう。

図14.14

図14.14でわたしたちが見ているのは３分足チャートで、スイングを利用したトリガーで仕掛けることができるかどうかを見守っていました。３分足チャートでなら、価格のクラスターによる支持線に比較的近いところで仕掛けられるかもしれません。ここでは、ＥミニS&P先物が1394.25でトレードされるとすぐに仕掛けることもできたでしょう。そこはチャート上で確認できる前のスイングの高値から１ティック上に当たります。

図14.15

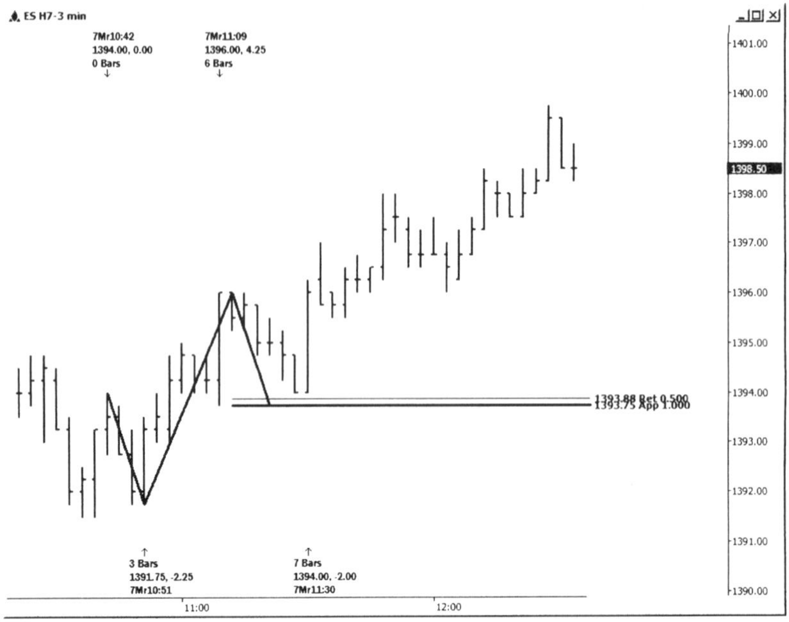

前のスイングの高値がブレイクされたあと、あなたが押し目で買うつもりで見ていたのなら、**図14.15**の1394.00水準の辺りにそのチャンスがありました。ここは100％のプロジェクションが前のスイングの0.50倍リトレースメントと重なったところです。押し目での仕掛けでは、ぴったり正確である必要はありません。もしもこの場合に、ぴったり支持線のところまで下がるのを待とうとすれば、仕掛け損なったかもしれません（決断するときには常識を働かせましょう）。

図14.16

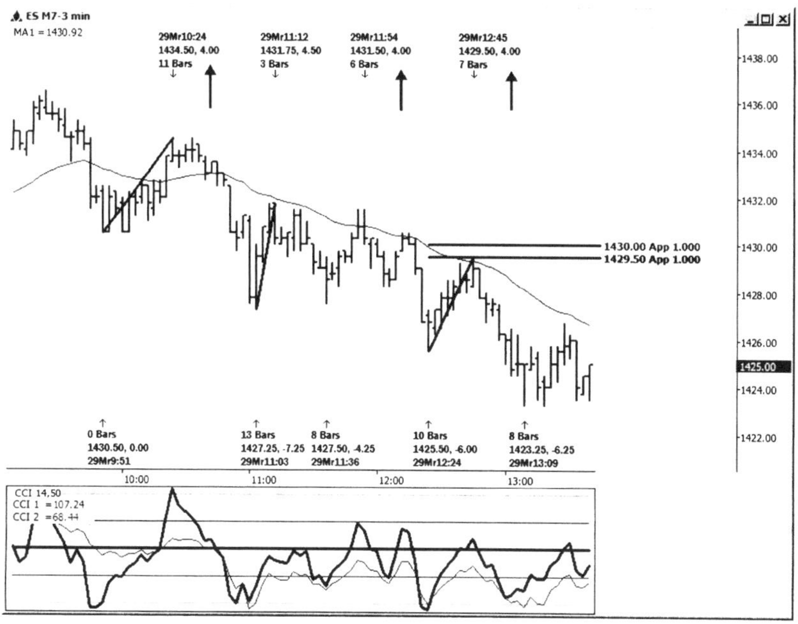

次のＥミニS&P（**図14.16**）の３分足チャートでは、わたしはシンメトリーを使った売りのセットアップを見ていました。このチャート上で前にある２つの戻りを測り、その時点で付けた新安値（07年３月29日12時24分のスイングの安値1425.50）からその２つのスイングを当てはめるだけで、1429.50～1430.00の範囲に売りのセットアップを見つけられました。

図14.17

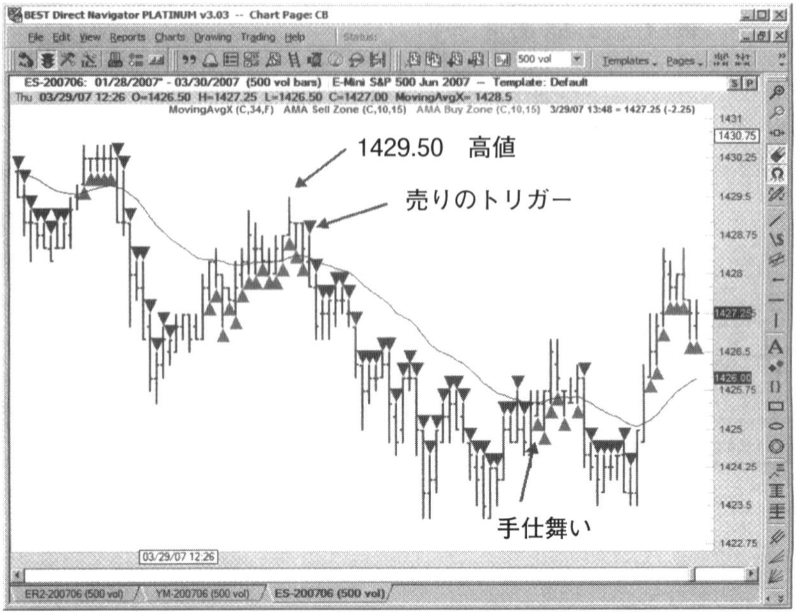

ここでわたしたちが必要とするものは、トレードを仕掛けるようにと指示してくれるトリガーだけです。トリガーの最初の例（**図14.17**）では、http://www.genesisft.com/ のプログラムであるトレードナビゲーターのゴールド版とプラチナ版に組み込まれているテクニカル指標を使っています（このテクニカル指標を見る場合、わたしは通常、カラー表示の足を見ます。しかし本書では色の違いが出ないので、カラー表示の足の代わりにマーカーを使ってシグナルを表示するようにプログラムを変更しています）。セットアップに対して売りのトリガーになった足は、セットアップの水準の1429.50で高値を付けたあとに、マーカーの三角形が下向きに変わったところの足でした。あなたの売りに対する最初の損切り注文は、高値である1429.50から1ティックだけ上になるでしょう。その後はトレイリングストッ

図14.18

プを使うか、セットアップであなたにトレードを指示したのと同じタイプのトリガーを使って、手仕舞うことができるでしょう。三角形がいつ上向きに戻ったのかに注意してください。これが起こったのは、1.272倍エクステンションの水準が下から抜かれたあとでした。チャート上の手仕舞いのトリガーになった足には、表示をしておきました。

１分足チャート上で、スイングの安値をトリガーに使ったらどうなるかを見てみましょう。本章の初めに検討したので分かっていると思いますが、わたしは前のスイングの安値や高値を仕掛けのトリガーとして好んで使います（**図14.18**）。ここでは、1428.00のスイングの安値を割って1427.75まで下げるとすぐに、仕掛けのトリガーになっています。最初の損切り注文を、スイングの高値である1429.50よりも上に逆指値注文を置いてもいいですし、一定の価格だけ離して置く損

図14.19

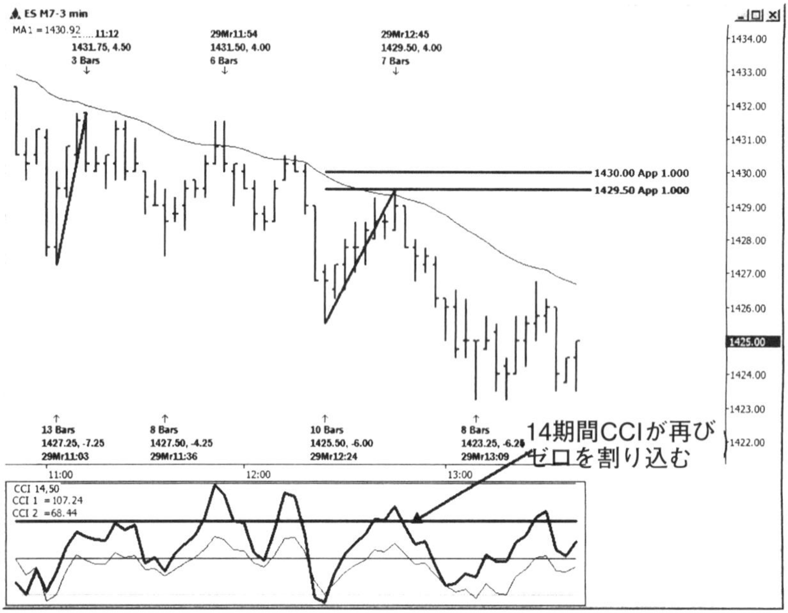

切り注文のほうを選んでもかまいません。前の高値よりも上に逆指値注文を置くほうがうまくいく可能性が高いでしょう。手仕舞いに関しては、わたしはあらかじめ決めた価格で手仕舞いするよりもトレイリングストップを使うほうを好みます。相場がいい方向に向かっていれば、最初に決めた目標よりもはるかに多くの利益を相場が与えてくれるということがよくあります。トレードがあなたを少しばかり上に押し上げてくれるときに、うまくいっているトレードを続けることでお金が余分に手に入れば、あなたの口座資金が痛手を受けることがあっても、それを大いに和らげてくれることでしょう。

わたしのチャットルームに集まるトレーダーの間で、CCIを使った売りのトリガーとして今まで使われてきて人気があるもののひとつは、14期間CCIが再び基準線のゼロを割り込み、すでに基準線の下にあっ

図14.20

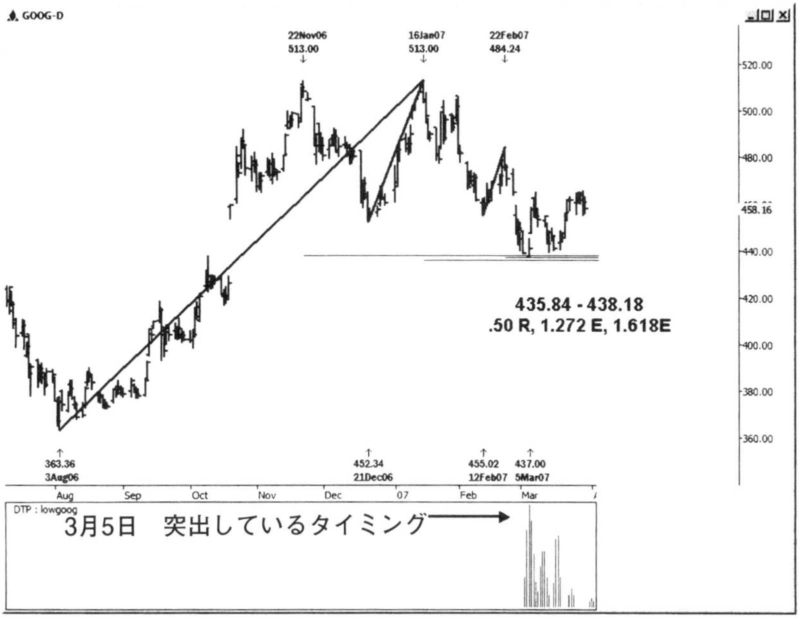

た50期間CCIに加わったところをトリガーとするものです。セットアップが展開した同じチャート上で、このトリガーを実際に見ることができます（**図14.19**）。14期間CCI（濃い黒線）が基準線のゼロを再び割り込んだのがどこかを確かめてください。ここが売りを仕掛けるときのあなたへの合図でした。繰り返しになりますが、理想的には最初の損切り注文はスイングの高値である1429.50よりも少し上に置くでしょう。また手仕舞いにはトレイリングストップが使えます。

価格のクラスターのセットアップをもうひとつ、今度はグーグル株で見ることにしましょう。実はわたしたちは第13章でこの例を検討しています。しかし今回は、わたしたちが使うことができた仕掛けのトリガーを見ることにします（**図14.20**）。435.84～438.18ドルの間に３つのカギとなる価格関係が同時に現れて、クラスターが出来上がりました。

06年８月３日の安値から07年１月16日の高値までの0.50倍リトレースメントは、438.18ドル

06年12月21日の安値から07年１月16日の高値までの1.272倍エクステンションは、435.84ドル

07年２月12日の安値から07年２月22日の高値までの1.618倍エクステンションは、436.96ドル

このクラスターは、07年３月５日に突出している時間のヒストグラムと偶然にもきれいに調和し、そこで安値を付ける可能性がありました。時間関係と価格関係が同時に現れたら、次にあなたが探さなければならないものは仕掛けのためのトリガーです。

図14.21

今回も、セットアップのトリガーとなる異なった方法がいくつかあります。**図14.21**は単なるグーグルの15分足チャートです。時間関係と価格関係が２つとも現れる07年３月５日に安値を付けたあと、このチャート上で前のスイングの高値を抜いて上昇するところが最初の仕掛けのトリガーでした。前のスイングを抜いたところでは買いたくないというのならば、もうひとつの選択肢は抜いたあとの押し目で買うというものでした。これらの仕掛けのどちらに対しても、最初の損切り注文は07年３月５日に付けた安値の437.00ドルよりも少し下に置くことになるでしょう。この時間関係と価格関係が重なったところから、26.00ドル以上の上昇が見られました。

図14.22

次のセットアップは、ミニダウ先物の10分足チャート（**図14.22**）上のものです。この先物は劇的な上昇を見せたあと、横ばいから下落の動きを見せ始めました。ひょっとしたらトレンドが再開する前に一息ついているのかもしれません。時にはチャート上で測定に必要なデータ地点があまりないことがあります。この例では、単純に点１から点５までを使ってエクステンションや100％のプロジェクションを当てはめてみると、価格のクラスター帯が現れました。ひとつは１万2492～１万2494ドルの範囲に３つの価格関係が集まりました。もうひとつは１万2479～１万2485ドルの範囲に３つの価格関係が現れました。わたしたちはこれらの支持線を見守って、このどちらかで安値を付けたあとに上昇を始めそうかを確認したいと考えたのです。

図14.23

安値は１万2496ドルでした。ここは最初のクラスターによる支持線（**図14.23**）から２ティック上でした。これは買いのトリガーと言っていいほど当たりに近いものでした。簡単なトリガーによる仕掛けとは、この先物が前のスイングの高値の１万2519ドル水準を抜いた時点でしょう。例えばトレーダーは、その高値よりも上の１万2520ドルで買いの逆指値注文を置いておくこともできるでしょう。この場合にとれる最大リスクは、スイングの安値である１万2496ドルよりも下になります。

デイトレーダーのなかには、そのリスクは少し高いと思う人もいるかもしれません。その場合、価格による損切り注文を使うほうを選ぶこともできます。11～20ティック下に最初の損切り注文を入れてもいいでしょう。どこに逆指値を置くかはすべてトレーダー次第であり、トレーダー自身の安心感によります。おそらく11ティックよりはきつくはしないほうがいいでしょう。そうでないと、逆行する余地がほとんどありません。１万2496ドルのスイングの安値からの最初の上昇は66ティックの値動きでした。もっとも、やがて元の安値からはさらに高くまで上がったのですが。

本章でわたしが説明してきたトリガーの例は、フィボナッチ比率を使った時間と価格の分析で仕掛ける場合に、何を使うことができるかの見本にすぎません。わたしにとって、それらはトレードの仕掛け法の単なる一部にすぎないのです。仕掛ける前に、ほかにも見ておく必要のあるものが、わたしにはいくつかあります。スイングを使ったトリガーが現れると同時に、適切な場所になければならないフィルターがわたしには２つあります。わたしが使うフィルターは、34期間指数移動平均線および14期間と50期間のCCIです。わたしは３分足チャート上でこれらのフィルターを見守ります。買いの場合ならば、相場が買いシグナルを出し、２つのCCIの値もゼロを超えているときに、価格が34期間指数移動平均線よりも上にある必要があります。売りの場合ならば、相場が売りシグナルを出し、２つのCCIの値もゼロを下回っているときに、価格が34期間指数移動平均線よりも下にある必要があります。

ここが、理想的なセットアップが現れるところです。あなたがデイトレーダーで、３分足の次に長い時間枠のチャートで見てこれらの理想的なセットアップだけを使えば、市場で一貫して現金を手にすることができるはずです。つまり、あなたが良いトリガーと無理のない損切り注文を使っていて、さらに資金管理の手腕にたけているかぎりは、こうしたことができるのです。この点については第17章でさらに検討し、トレーディング計画を使うことについてもそこで説明します。というわけで、理想的なセットアップとはどういうものでしょうか。この勝率が高いセットアップの説明には次の章すべてが必要です。

第15章

理想的なセットアップ

The Ideal Trade Setup

わたしがあなたと分かちあえる最も勝率が高いデイトレード用セットアップのひとつで、チャットルームでわたしが毎日準備しようとしているものが、理想的なセットアップとわたしが呼んでいるものです。ほとんどの日において、わたしが分析している各市場の各取引時間中に、これらに出合う機会が少なくとも何度かあります。

このセットアップを定義することにしましょう。

理想的なセットアップとは、３分足あるいは５分足チャートのどちらかに生じる基本的なシンメトリーのセットアップです。それを「理想的な」セットアップにするものは、あるテクニカル指標を加えることと関係しています。このセットアップを構成する要素で、一貫性を必要とするものが原則として４つあります。それらは、パターン、シンメトリー、34期間指数移動平均線、そしてCCI（コモディティチャネル指数）です。このセットアップには、タイミングを計る変数は含まれていません。わたしは15分足かそれより長期のチャート上でしか時間の分析を行わないからです。

●最初に、３分足や５分足チャートを見て、パターンを見分ける　高値も安値も切り上げているパターンならば、わたしたちは買いのセットアップを探しているでしょう。逆に高値も安値も切り下げているパターンならば、売りのセットアップを探しているでしょう。横ばいの場合には、傍観するでしょう。

●**第2に、トレンド方向にポジションをとるために、トレンドとは逆向きのシンメトリーのプロジェクションを探して、押し目に対する支持線か戻りに対する抵抗線を確認する**　わたしたちは同じ向きのスイング同士を比べています。この場合、それらはトレンド内での調整のスイングになるでしょう。わたしたちは1.0倍プロジェクションのツールを使って、スイング同士が似ているか等しいものを探しています。高値も安値も切り上げている強気パターンが見られるなら、わたしたちは上昇トレンド内にできた押し目を取り上げて、新たに付けた高値のいずれかからそれを当てはめ、買いの仕掛けになり得るシンメトリーのプロジェクションを作ろうとします。逆に、高値も安値も切り下げている弱気パターンが見られるのなら、わたしたちは下降トレンド内にできた戻りを取り上げて、新たに付けた安値のいずれかからそれを当てはめ、売りの仕掛けになり得るシンメトリーのプロジェクションを作ろうとします。

著者から一言

新しく付けた高値や安値からこれらのプロジェクションを実行したあとに、その高値が抜かれたり安値を割り込んだりしたら、またプロジェクションをやり直して、相場の展開に応じて絶えずそれらを更新し続けなければならないでしょう。このことが、チャットルームでわたしにそうした作業をさせるのをトレーダーが選ぶ理由のひとつです。そういう作業は退屈になるし、また彼らは１日中、分析ツールを当てはめることよりも、トレードに集中したいと考えているからです！

●**第3に、シンメトリーのプロジェクションの価格は、34期間指数移動平均線の適切な側にあってほしい**　わたしたちが買いを準備しているのなら、価格は34期間指数移動平均線よりも上にあったほうがいいです。逆に売りを準備しているのなら、価格は34期間指数移動平均線よりも下にあったほうがいいです。

●**第4に、わたしたちは基準線の適切な側にCCIの値があるのを見たい**　このセットアップのために、わたしたちは14期間CCIと50期間CCIを見ています。理想的な買いのセットアップのためには、わたしは14期間CCIも50期間CCIも基準線のゼロより上にあるところを見たいのです。また理想的な売りのセットアップのためには、14期間CCIも50期間CCIも基準線のゼロより下にあるところを見たいのです。

これらの4つの要素が短期のチャートに同時に現れるのが見えたら、あなたは比較的勝率が高いセットアップを目にしていることになります。勝率がいっそう上がるかどうかは、そのセットアップが15分足チャート上のパターンと一致しているかどうかによります。一致しているという意味は、15分足チャート上の価格のパターンが3分足チャート上で見ているパターンと一致しているということです。例えば、3分足チャートが高値も安値も切り上げているパターンを示しているのなら、15分足チャート上でも同じく高値も安値も切り上げているパターンを見たいのです。

2つの時間枠がパターンという点で一致しているときには、それよりも長期の時間枠のトレンドについて異論はないでしょう。これによって、このセットアップがうまく展開する見込みが高まります。しかもそれは、わたしたちが通常期待している最低限の目標を達成する見込みだけではありません。このセットアップがより長期の時間枠のトレンドと一致している場合には、トレンドが何日にもわたって続くのが見られるときであり、そのセットアップで定めた最低限の目標を通常は超えるものです。この一般法則に対する例外は、15分足チャートで見たときに、すでに相場が前のスイングのカギとなるエクステンションの水準まで来ている場合です。ここは値動きが終わりそうなところです。この場合、たとえパターン全体としてはまだ強気であっても、これらのエクステンションの水準まで来ている以上、あなたはより長期の時間枠チャート上で値動きが止まる傾向に逆らっていることになります。このことは、15分足チャート上の最初の目標にまだ達していない場合には問題になりません。

この時間枠での一致が、以降の例で起こっているのをあなたは目にするでしょう。15分足チャートが３分足チャート上のセットアップと一致していない場合には、より長期の時間枠はあなたに不利に働き、勝率を下げることになります。これは、３分足でのセットアップがうまくいかないという意味ではありません。時間枠での一致が見られる場合よりも、勝率が下がるということを意味しているにすぎません。

たとえこれまで説明したセットアップが現れていても、わたしは仕掛けのトリガーを使うことを勧めます。トリガーは、34ティックチャート上で前のスイングの高値か安値を抜くというぐらい単純にすることもできます。わたしのチャットルームに集まるトレーダーのなかには、ボリュームチャートを代わりに使う人もいます。またトレーダーによっては１分足チャートを使っています。わたしたちは、このセットアップの「優位性」を放棄しないために、トリガーを比較的速く示してくれて、シンメトリーによる支持線か抵抗線の辺りが大きく見えるチャートを使いたいところです。

これらの理想的なセットアップだけを使って15分足チャートの方向でトレードをしたとしても、あなたがトレードを成功させて相場で相当なお金を手に入れるために必要な道具は手にしていると、わたしは信じています。変えることができる要素は、あなたが使う仕掛けのトリガー、損切り注文、トレードにおける資金管理になるでしょう。

わたしが目にするトレーダーの犯す典型的な誤りで、彼らのトレード結果に影響を及ぼす可能性があるものは次のとおりです。

1．支持線や抵抗線からあまりにも離れすぎたところで、トレードを仕掛けるように促すトリガーを使うこと（ここが優位性を放棄しているところ）。
2．損切りの逆指値注文を置く位置ををあまりにも近くにしすぎているために、相場にほとんど逆行する余地を与えていない。あるいは、損切りの逆指値注文の置く位置をあまりにも遠くにしすぎているために、トレードで稼ぐことが可能な金額よりもかなり大きな金額を危険にさらしている。
3．トレードを展開に任せるのではなく、あまりにも早く利益を確定させること。ここで説明したセットアップの多くは、初めにとるリスクを最小にすれば、本当にあなたの役に立つ可能性がある。例えばトレンドがはっきりしている日に、ミニダウのトレードで11～20ティックのリスクを取って70ティックの上昇を見ることができる。トレードでたった20ティックの利益しか手にしないのは、それよりもはるかに多くを相場で手にできる見込みがあるときには確かに残念なことだ（うまくいっているトレードを続けることで余分にお金を受け取ることができれば、セットアップのひとつがうまくいかない場合に食らう小さな損失によってあなたの口座資金が痛手を被っても、それを和らげることができる）。

図15.1

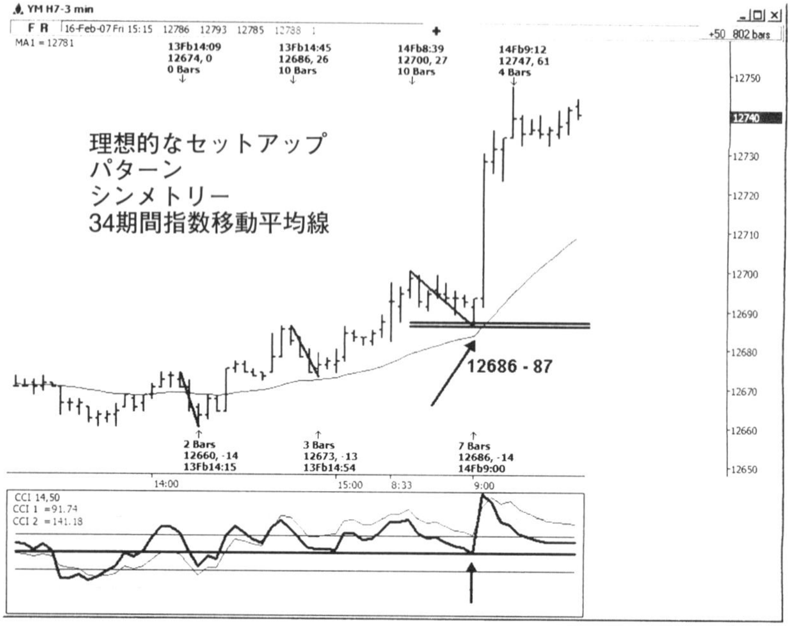

理想的なトレードのセットアップ例

理想的なセットアップの例をいくつか検討していきます。

わたしたちは、シンメトリーのプロジェクションの水準が試されたあとで持ちこたえているかぎりは、これらのセットアップでトレードをすることを期待するでしょう。完全なシンメトリーが相場で展開するとは必ずしも期待できません。したがって、わたしたちはこのセットアップに多少のゆとりを与えることにします。例えばＥミニS&Pでは、シンメトリーの水準から上下２ティックのセットアップは有効だとみなします。Ｅミニラッセルとミニダウでは、水準から２～３ティック以内にいるかぎりセットアップはまだ当てはまると考えて、わたしは仕掛けのトリガーを探すでしょう。

最初の例である**図15.1**では、わたしたちはミニダウの３分足チャートを見ています。このセットアップは、トレードの要素がすべて集まっているので理想的です。わたしたちが見ているのは高値も安値も切り上げているパターンです。ここには以前の下落のうちの２つから作ったシンメトリーのプロジェクションがあります。これらのプロジェクションは１万2686～１万2687ドルに現れていて、この支持線が試されているときには34期間指数移動平均線より上にあります。さらに、14期間CCIと50期間CCIが両方とも基準線のゼロより上にあります。実際は１万2686ドルで安値を付けました。そしてこの安値からの最初の上昇は、61ポイントまたは61ティックありました。

この例であなたに見てほしいものがもうひとつあります。シンメトリーによる支持線が試されているときに、支持線は34期間指数移動平均線に非常に接近していることに注目してもらいたいのです。さらに14期間CCI（チャートの下にあるテクニカル指標で太いほうの線）が基準線のゼロにほとんど接触したあと、そこから離れ始めたことに注意してください。これは、ウッディーズCCIクラブが基準線からの拒絶と呼んでいるものでしょう（わたしは、この点に関してデータのバックテストを行っていません。しかし34期間指数移動平均線への接近と14期間CCIの基準線からの拒絶の両方が、理想的なセットアップの変数内で15分足チャート方向に見られたら、セットアップがうまくいく見込みは通常よりもずっと高そうです。これがわたしのチャットルームでこの５年間、これらのセットアップを使ってきたわたしが観察したものです）。

著者から一言

最も大切なことは、この方法を実際に試して自分自身で検証するまで、これを使わないということです。ある程度の時間を使って市場を観察し、このセットアップが実際にどれくらい現れて展開するのかを確かめたあとであれば、自分の仕掛けのトリガーを使って相場でお金を手にすることができるという自信が持てるでしょう。

さて、この同じ図15.1を本当にしっかり見ると、理想的なセットアップがもうひとつあったことが分かるでしょう。それは2番目の下落で1万2673ドルの安値を付けたところです。あなたは最初の下落の14ポイントを1万2686ドルの高値から当てはめていたでしょう。すると、あなたは1万2673ドルの安値の水準にいたことになります。そして理想的なセットアップの要素がすべてそこにもあったのです。

図15.2

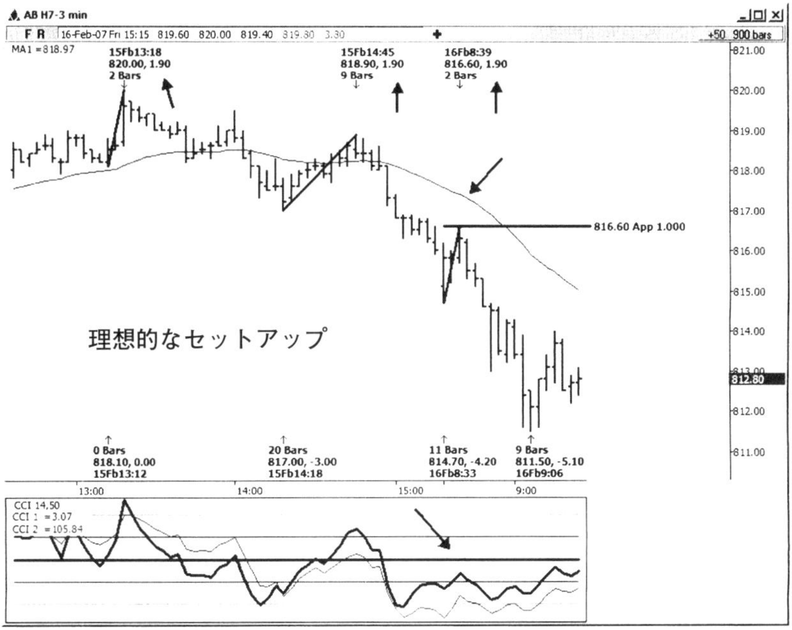

Ｅミニラッセル先物の３分足チャート上（**図15.2**）で、理想的なセットアップの例を見ましょう。これは、高値も安値も切り下げているパターンです。このチャート上で前の２つの戻りを当てはめると、816.60の辺りで売る範囲が決まりました。わたしがプロジェクションを作るために使った前の戻りが、両方とも1.90ポイントだった点に注意してください。816.60の水準にある抵抗線が試されたときに、このプロジェクションの価格は34期間指数移動平均線より下にありました。また抵抗線が試されたときの14期間CCIと50期間CCIの値は、両方とも基準線のゼロよりも下でした。結局このセットアップは816.60で高値を付け、そこから5.00ポイントを少し超える下落が続きました。このチャートは、またシンメトリーの良い例でもあります。ここの場合、等しく1.90ポイントになる戻りが三度ありました。

図15.3

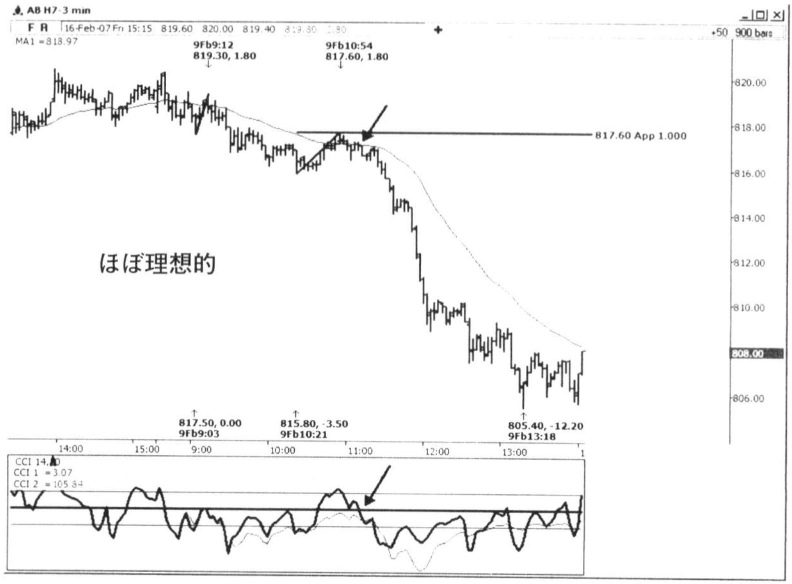

図15.3は、Ｅミニラッセル先物の３分足チャート上でのシンメトリーのセットアップで、それほど理想的ではなかったものです。少なくとも、最初にその水準が試されたときの変数は理想的ではありませんでした。しかし２つの指針に従うのなら、トレードをあなたの有利になるように変えることができます。価格がシンメトリーのプロジェクションを試しに行ったとき、その価格が34期間指数移動平均線よりも少し上にあったことと、14期間CCIも基準線のゼロより上にあった点に注意してください。これらはこのセットアップにとって理想的な変数ではありません。

価格が再び34期間指数移動平均線よりも下になり、14期間CCIも再び基準線のゼロよりも下に戻れば、売りのトリガーをまだここで探すことができます。ぴったりシンメトリーのプロジェクションの817.60

図15.4

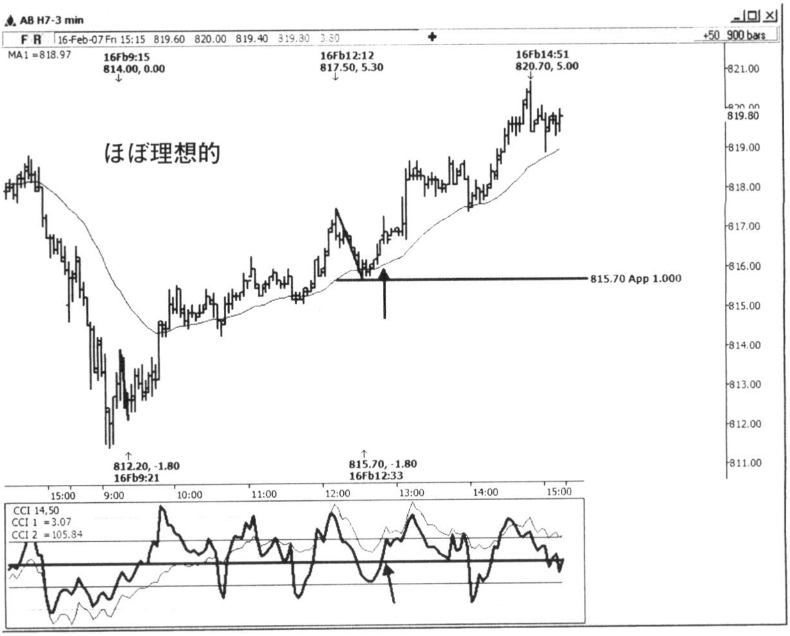

で高値を付けたあとに下落が続きました。それは12.00ポイント分を超える利益になり、１枚当たり1200ドルでした（これは極めて単純なものですが、正しく使用するなら非常に強力なものになります）。

図15.4も、シンメトリーによる支持線が試されたときには、理想的ではなかったシンメトリーのセットアップです。こちらでは、シンメトリーによる支持線が試されたときの価格は、初めのうち34期間指数移動平均線よりわずか下にありました。また14期間CCIも最初は基準線のゼロより下にありました。14期間CCIが再び基準線を交差してゼロより上に戻ったときに、価格のほうも34期間指数移動平均線より上に戻ったことに注目しましょう。その時点で買いのトリガーを使おうと決めることもできるでしょう。その安値を付けたあと、やがて5.00ポイントの上昇が見られました。

図15.5

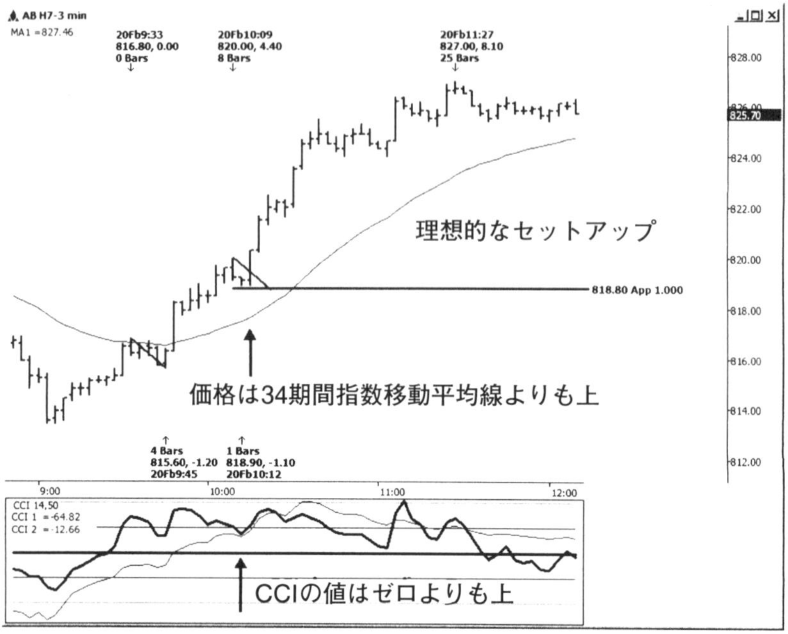

Ｅミニラッセル先物での理想的なセットアップを見てみましょう（**図15.5**）。わたしはこのようなセットアップを「ミクロのシンメトリー」と呼びます。それは、このセットアップのためにわたしが当てはめる元の調整のスイングがこの市場での典型的な調整のスイングと比べてかなり小さかったからです。この例では、プロジェクションは1.20ポイントの値動き、または12ティックでした。わたしは前のこの小さな押し目を、付けた新高値である820.00から当てはめました。するとシンメトリーのプロジェクションは818.80になりました。この価格は34期間指数移動平均線より上にあり、２つのCCIの値も基準線のゼロより上にありました。818.90で安値を付けましたが、それはプロジェクションから１ティック以内でした。8.10ポイントの上昇が、この小さなシンメトリーのセットアップに続きました。

図15.6

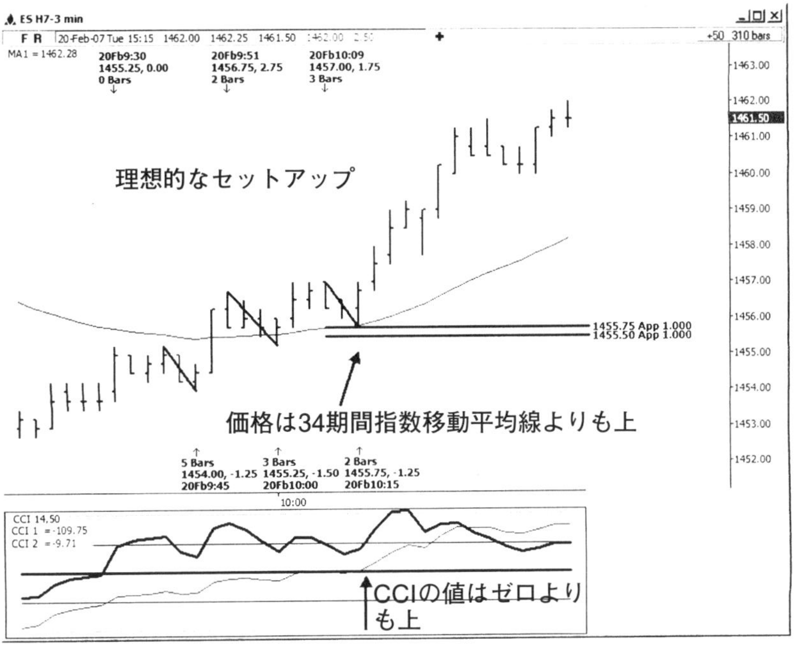

図15.6は、ＥミニS&P先物の３分足チャート上にできた理想的なセットアップです。ここでは、前の２つの押し目を取り上げ、1457.00のスイングの高値からそれらを当てはめました。するとシンメトリーのプロジェクションによる支持線が２つ、1455.50と1455.75に得られました。相場が1455.75にある最初の支持線を試しに行ったとき、価格は34期間指数移動平均線の上にあり、２つのCCIの値もゼロを超えていました。仮に1455.50の支持線が代わりに試されたとすると、34期間指数移動平均線よりも１ティック下になっていたでしょう。しかし１ティックでは、この理想的なセットアップを否定するにはまったく十分ではありません。ここは完ぺきを求めようとすると、最良のセットアップを逃してしまいかねません。この場合、実際は1455.75で安値を付け、この後、かなりきれいな上昇がありました。

図15.7

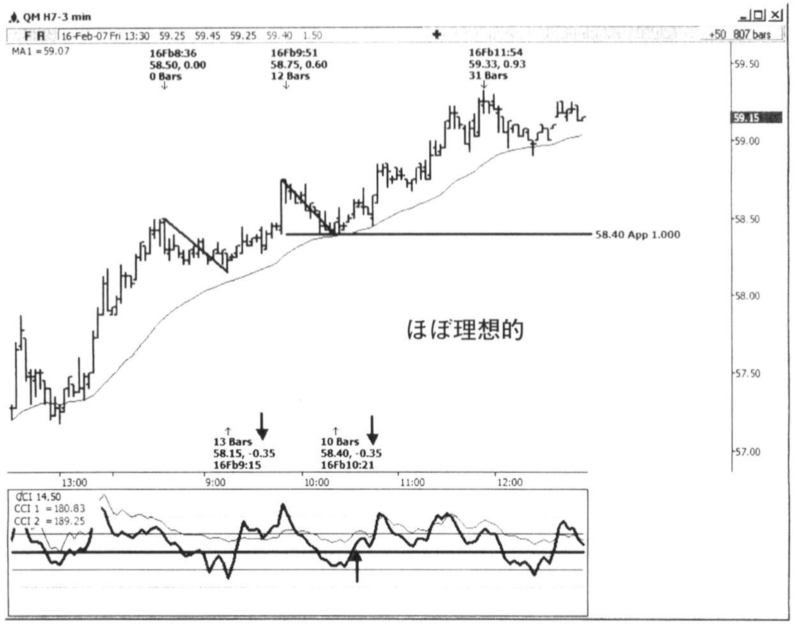

図15.7は、原油ミニ先物でのシンメトリーセットアップです。支持線になり得るシンメトリーのプロジェクションは、58.40ドルに現れました。この支持線が試されたときに価格が34期間指数移動平均線に触れたので、この指数移動平均線は適切な場所にあったことになります。一方14期間CCIのほうは、支持線が始めて試されたときにはまだ基準線のゼロより下にありました。14期間CCIが基準線のゼロより上にまた戻ると、この先物はシンメトリーで付けた安値から93ポイントの上昇を見せた点に注目しましょう。

図15.8

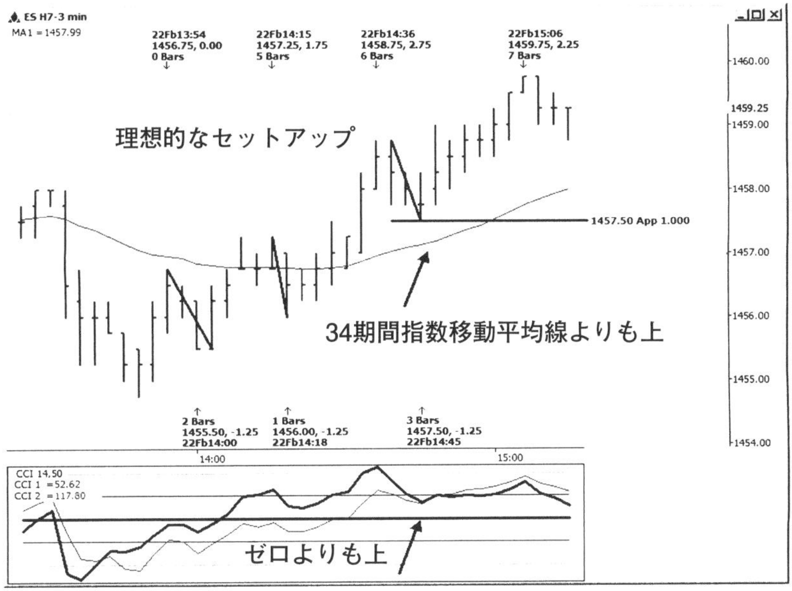

図15.8は、ＥミニS&Pにできた別の理想的なセットアップ例です。このチャート上で表示した下落が、２つとも1.25ポイントだったことに注目してください。前の２つの下落を1458.75で付けた高値から当てはめると、支持線になり得る線が1457.50水準に引かれました。この支持線が試されたときに価格は34期間指数移動平均線より上にあり、２つのCCIの値もゼロを超えていました（わたしたちはこのセットアップで、少なくとも1.272倍エクステンションの価格目標が達成されるのを目にしました。価格関係を定期的に当てはめることに慣れると、やがて価格関係がどこに現れるはずか、目測できるようになるのです！）。

著者から一言

この点について、あなたは計算して確認することもできます。1457.50の安値までの下落1.25ポイントに1.272を掛ければ、結果は1.59になるでしょう。安値から1.50ポイントの上昇があるかぎりは、基本的には最低でも1.272倍の価格目標を達成したことになります。

図15.9

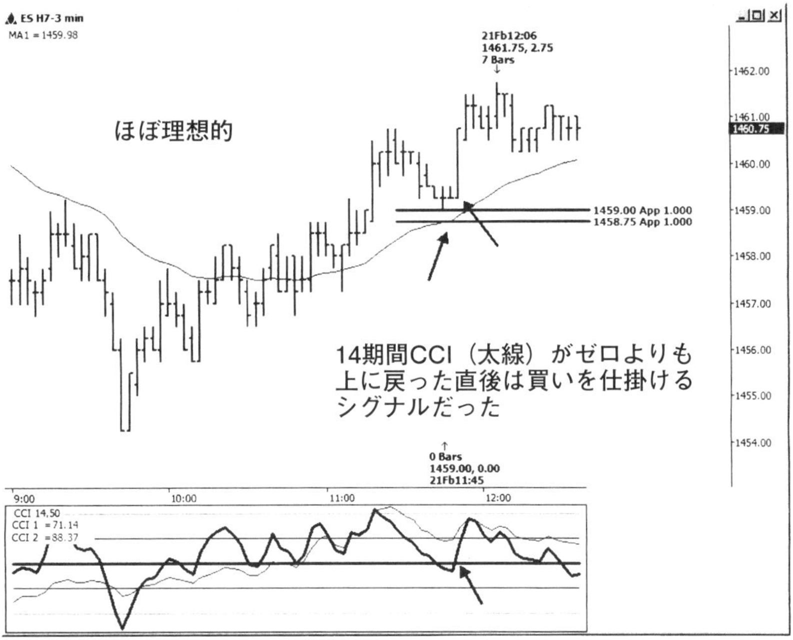

図15.9はＥミニS&P先物でのシンメトリーのセットアップのもうひとつの例です。支持線となり得るプロジェクションは1458.75～1459.00に現れました。相場がこの支持線を試したときに、価格は34期間指数移動平均線より上にありました。しかし14期間CCIの値は基準線のゼロよりもわずかに下でした。いったん14期間CCIが再び基準線を超えてゼロよりも上に戻ったら、ティックチャート上で仕掛けのトリガーを使うようにするほうが安全でした（トレーダーのなかには、14期間CCIが基準線のゼロよりも上に戻ることが仕掛けのトリガーだと考えている人たちが実際にいます）。

図15.10

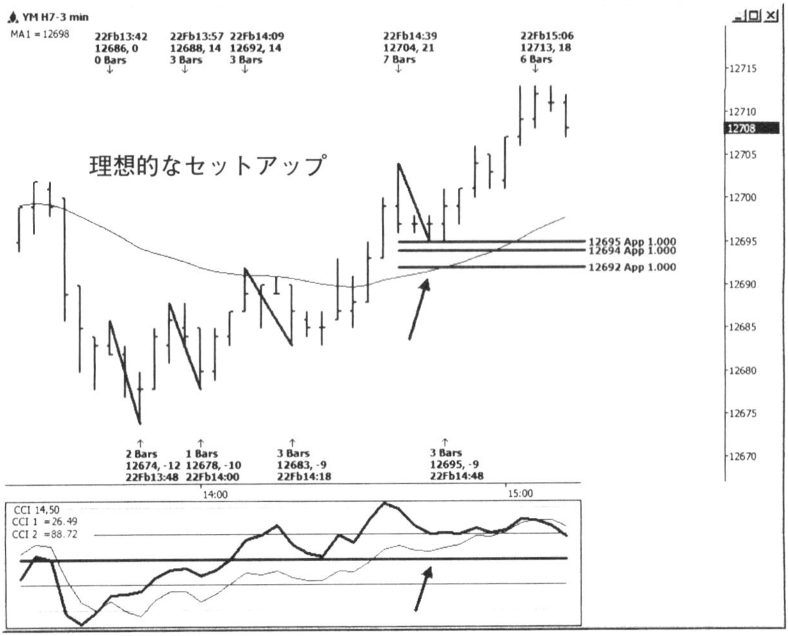

図15.10は、ミニダウ先物での理想的なセットアップです。このチャート上で表示されている前の下落を見ましょう。それらは12ポイント、10ポイント、９ポイントでした。これらの下落を、スイングの高値１万2704ドルから当てはめました。１万2692～１万2695ドルの範囲にできた支持線が試されて持ちこたえたときに、価格は34期間指数移動平均線よりも上にあり、２つのCCIの値もゼロを超えていました。１万2695ドルで付けた安値から18ポイントの上昇が続きました。

図15.11

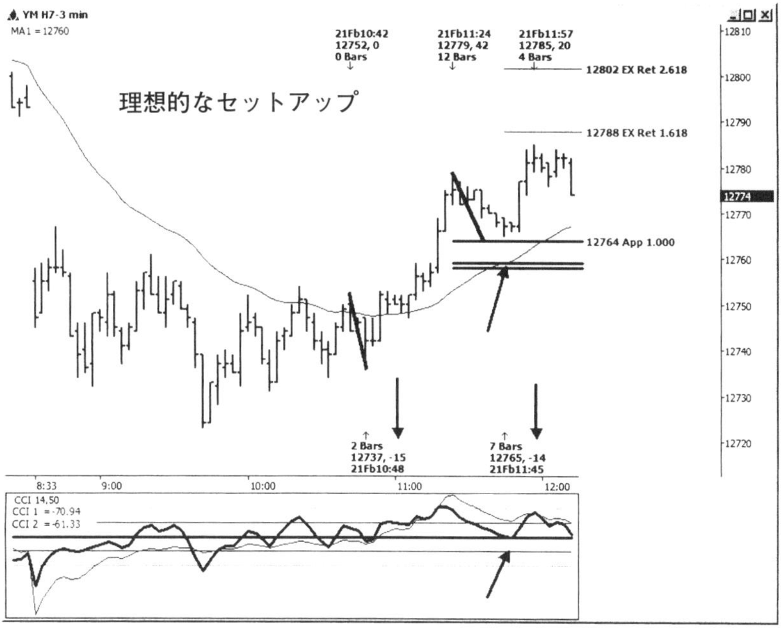

図15.11はミニダウ上にできたもうひとつの理想的なセットアップでした。1万2779ドルのスイングの高値から当てはめてみると、支持線になり得るシンメトリーがいくつかありました。そのなかで重要なひとつを示しておきました。それは価格がそのシンメトリーよりも上で持ちこたえたものです。支持線が試されたときに、34期間指数移動平均線もCCIの値も適切なところにあった点に注目しましょう。1万2765ドルの安値から20ポイントの上昇が見られました。この安値は重要なシンメトリーによる支持線よりもわずか1ティックだけ上でした。

図15.12

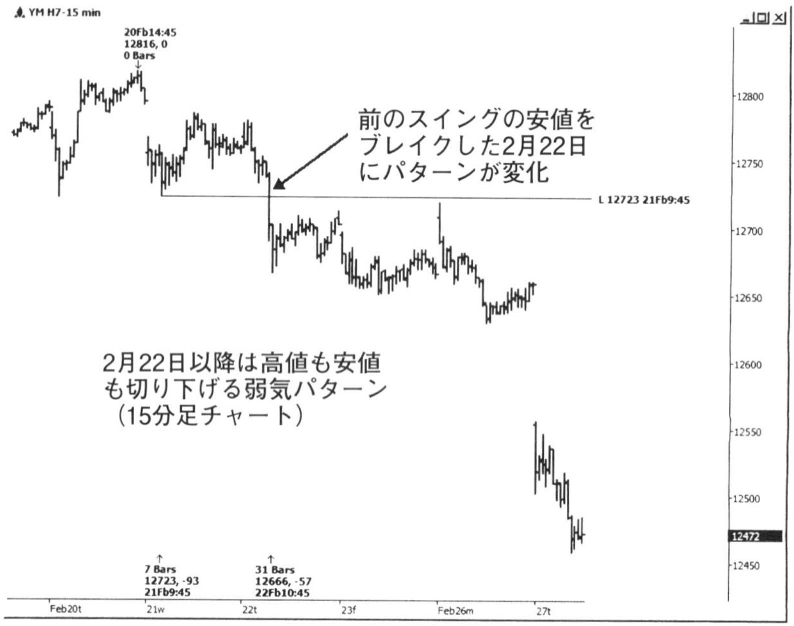

15分足チャートと一致していると、大きなトレンドの値動きに乗るのにどれほど役立つかを見ることにします。**図15.12**でわたしたちが見ているのは、ミニダウの15分足チャートです。07年２月21日のスイングの安値を07年２月22日に割ったときに、15分足チャート上のパターンは高値も安値も切り上げる形から、高値も安値も切り下げる形に変わりました。パターンのそうした変化は弱気筋に有利なので、わたしたちは３分足チャート上で理想的な売りのセットアップに注目したいと考えました。

図15.13は、ミニダウの３分足チャートです。07年２月27日に、**図15.12**で見た弱気パターンと一貫性がある理想的なセットアップを見ていました。前の戻りからプロジェクションを当てはめると、１万2484～１万2489ドルの範囲に抵抗線になりそうな水準が現れました。

図15.13

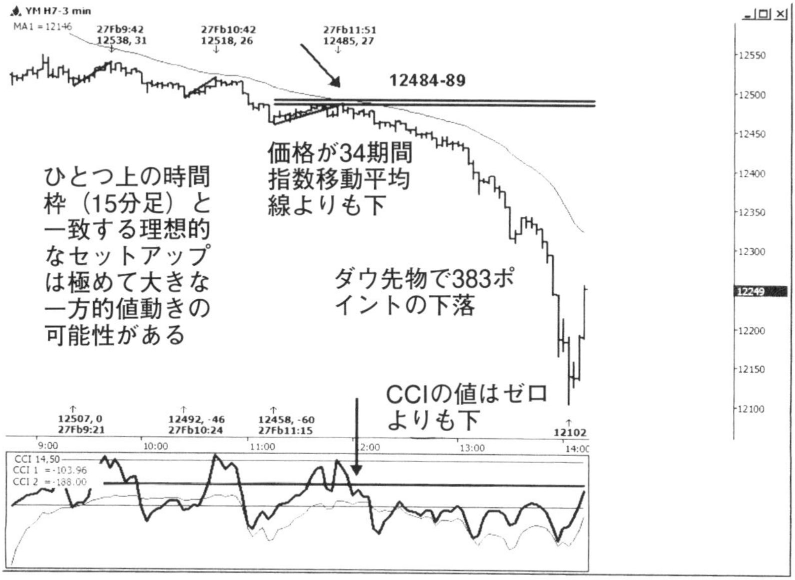

相場がこのカギとなる抵抗線を試したときに、価格は34期間指数移動平均線より下にあり、２つのCCIの値もゼロより下でした。結局１万2485ドルで付けた高値から383ポイントも下落しました。

ポジションを最後まで手仕舞わずにいられるほど十分長く持ち続けるというのは、そういう機会があったとは言え、多くのトレーダーにとって難しかったに違いありません。この下落は明らかにセットアップに対する当初の下値目標をはるかに超えていました。当初の目標は高値へのスイングである27ポイントの1.272倍でした。27に1.272を掛けると、34ポイントが当初の目標として出てきます。あなたが当初の目標でこのトレードを手仕舞っていたら、テーブルにかなりの額の現金を残したことになります。だから、複数枚でトレードして、一部を残し、残したほうで相場に乗ることを考えたほうがいいのです。

図15.14

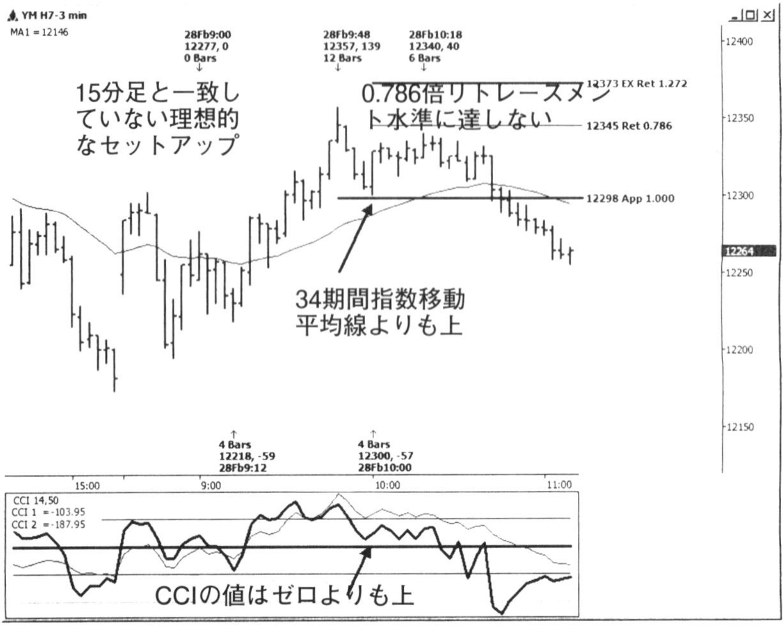

図15.14は、ミニダウの３分足チャート上での理想的なセットアップの例です。１万2298ドルのカギとなる価格支持線が試されたとき、価格は34期間指数移動平均線よりも上にあり、２つのCCIの値もゼロを超えていました。しかしこの支持線から最初の上昇（40ポイント）があったあと、トレードは最初の上値目標に達しませんでした。このために、より長期の時間枠チャートがどういう形をしているのか、わたしたちは気づいておく必要があります（より長期のチャートは、この強気のセットアップと実は一貫していませんでした）。

図15.15

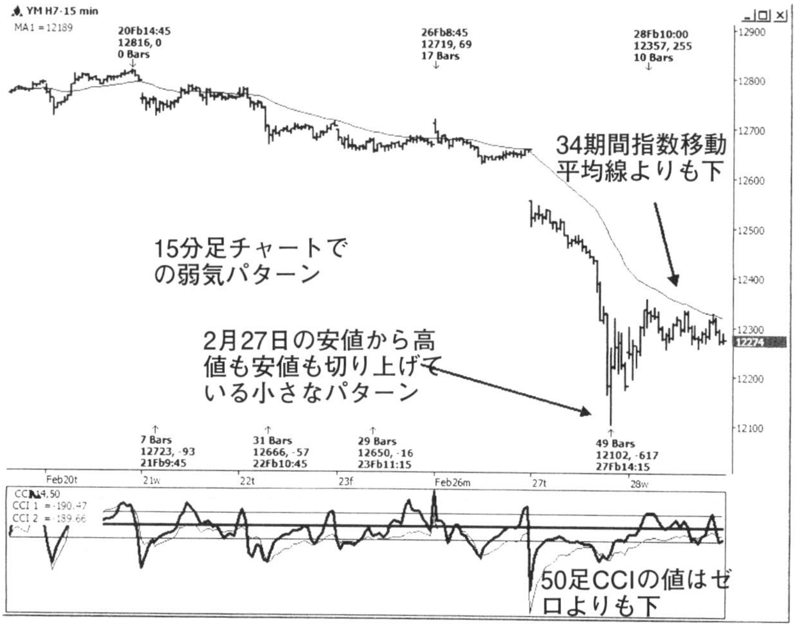

図15.14に示されたミニダウの理想的なセットアップでは、このセットアップを支持するような15分足チャートとの一貫性は本当はなかったのです。まず第１に、15分足チャートでは価格は34期間指数移動平均線を下回っていましたし、50期間CCIもゼロより下にありました。このチャートの全般的なパターンは、高値も安値も切り下げている形でした。買いを正当化しようとすることができるところは、２月27日の安値から、高値も安値も切り上げている小さなパターンがあるところになるでしょう。しかしもうひとつのダウのチャート（図15.15）を見て、常識を少し働かせてみようではありませんか。

図15.16

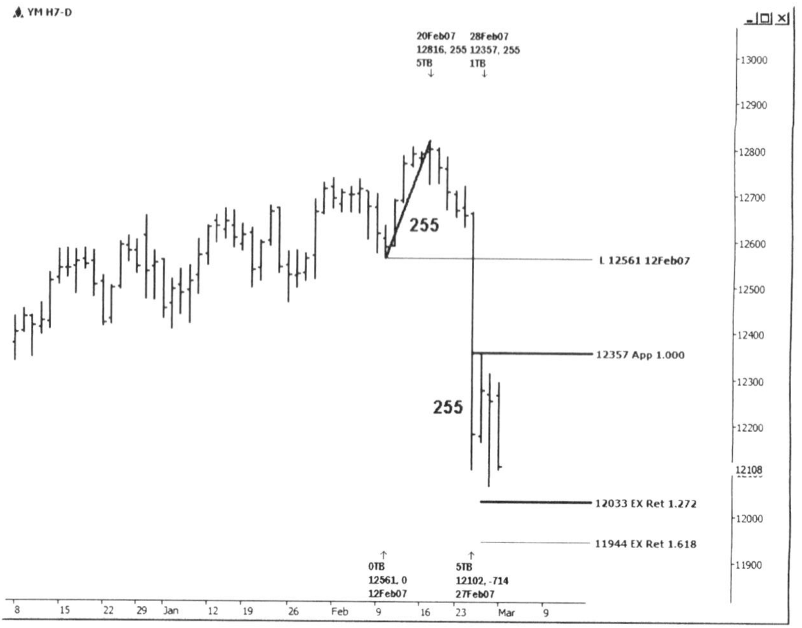

図15.16は、わたしたちがどのようなタイプの市場を見ていたかを、もっと大局的に示しています。ミニダウのこの日足チャートを見れば、この市場は07年２月20日に高値を付けたあと、大きな打撃を受けていたことが分かります。この打撃は、日足チャート上で前のスイングの安値である１万2561ドルが下にブレイクされた07年２月27日に明らかになりました。前の２つのチャートに現れていた理想的セットアップが結局うまくいかなかった例は07年２月27日以降に生じたものです。

著者から一言

　この種のダメージを被ったあとでも、あなたは買いのセットアップに注目していたいと本当に思うでしょうか。人によっては、そう思うと答えることをわたしは知っています。逆張りは機敏な人ならうまくいくことがあります。それでも、勝てる見込みが明らかに低いのになぜトレードするのでしょうか。

図15.17

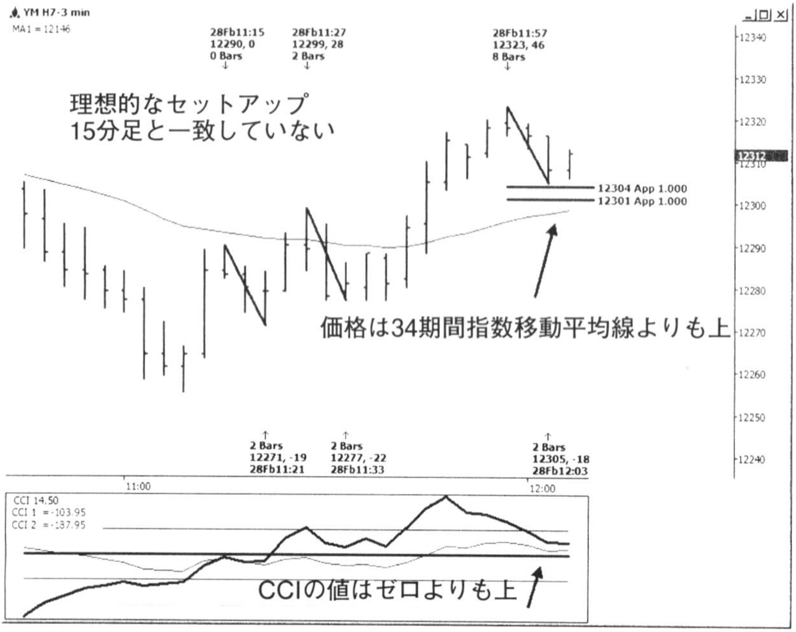

次の理想的なトレードのセットアップも、07年２月27日以降に現れたものです（**図15.17**）。このミニダウのセットアップは、紛れもなく理想的に見えました。短期のパターンは買い手に有利でしたし、価格は34期間指数移動平均線の上にあり、CCIの２つの値もゼロを超えていました。３分足チャート上では、素晴らしいセットアップのように見えたのです。

図15.18

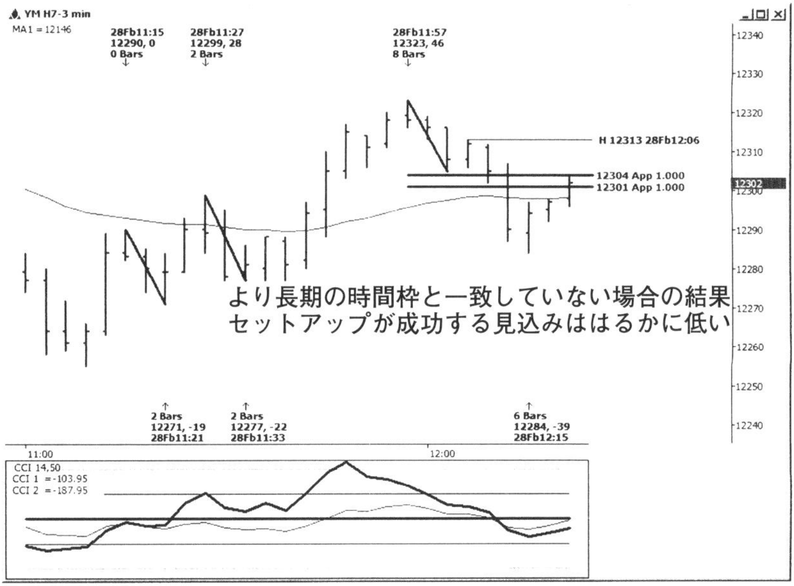

しかしこのセットアップは出来すぎでした。より長期の時間枠チャートが、基本的に買いのセットアップと一貫していなかったからです。カギとなる支持線はブレイクされ、セットアップも成立しませんでした（図15.18）。

本章では、わたしが理想的なセットアップと呼んでいるものを定義しました。それは特にデイトレーダーのためのシンメトリーによるセットアップの一種です。これらの変数は3分足あるいは5分足チャートでのみ有効です。あなたが非常に保守的なデイトレーダーかスキャルパーならば、相場でこれらの理想的なセットアップが現れるのを待つ価値はあるでしょう。「理想的なセットアップ」で変数に一貫性があれば、それはかなり確度の高いセットアップになるからです。打席に入る前に仕掛けのトリガーを忘れずに待つようにしましょう！

第16章

分析から仕掛けまで――まとめ

From Analysis to Trade Entry--Putting It All Together

わたしが本章で行いたいことは、初めから終わりまで、つまりセットアップを作ることから仕掛けまで、あなたがたどれる思考過程について要点を示すことです。わたしはここであなたに、わたしの思考過程をたどってもらうよう試みることにします。最初にセットアップを見分けるために、取る必要がある手順を復習しておきます。

セットアップを見分けるためのステップ

1. 分析しているチャート上で、重要な高値および安値を見分ける。
2. フィボナッチ比率の価格関係で可能なものをすべて当てはめる。
3. セットアップを見分けようとする。
4. さらなる確認のために、フィボナッチ比率の時間関係を当てはめる（しなくとも可）。
5. セットアップを見分けた場合は仕掛けのトリガーを探す。

これらの手順をひとつひとつ分析していきましょう。

1. 価格関係と時間関係を当てはめるときの基点となる重要な高値および安値を見分ける。

2．１で見分けた重要な高値と安値を使って、支持線や抵抗線になり得るフィボナッチ比率の価格関係をすべて当てはめる。

買いのセットアップになり得る支持線は、次のようにして作る。

安値から高値へのスイングから実行できるリトレースメントをすべて当てはめる（0.382倍、0.50倍、0.618倍、0.786倍）。

安値から高値へのスイングから実行できるエクステンションをすべて当てはめる（1.272倍、1.618倍）。

高値から安値へのスイングを別の高値から当てはめて、実行できるプロジェクションをすべて当てはめる（1.0倍、1.618倍）。

売りのセットアップになり得る抵抗線は、次のようにして作る。

高値から安値へのスイングから実行できるリトレースメントをすべて当てはめる（0.382倍、0.50倍、0.618倍、0.786倍）。

高値から安値へのスイングから実行できるエクステンションをすべて当てはめる（1.272倍、1.618倍）。

安値から高値へのスイングを別の安値から当てはめて、実行できるプロジェクションをすべて当てはめる（1.0倍、1.618倍）。

著者から一言

理想的には、トレンド方向に仕掛けをセットアップしたほうがいいです。さらに手仕舞うときに役立てるため、トレンドと逆方向にフィボナッチ比率の価格関係を当てはめることもできます。逆張りのセットアップを作るために、フィボナッチ比率の時間関係と価格関係を使いたいと考えるトレーダーがいることは分かっています。ただ、逆張りでの勝率は、トレンド方向よりも低くなるということは頭に入れておいてください。あなたがトレードを

始めたばかりならば、逆張りは専門家に任せましょう。

相場が横ばいの動きをしている場合でも、両方の側に価格関係を当てはめてセットアップが明らかになるかを確かめることができます。もっとも、明確なトレンドがある相場で当てはめた場合ほど確度は高くありません。横ばいの動きをしている相場では、一般に強気筋と弱気筋の間に健全な攻防が起こっています。この種の環境では、多少なりともずたずたにされやすくなります。だから横ばいの動きから抜けて、どちらに動くかはっきりと結論が出るまで待ってからトレードにかかわったほうがいいのです。

3．いったん実行できる価格関係をすべて当てはめたら、以下のセットアップのうちのひとつを探す。
価格のクラスターのセットアップ
シンメトリーのセットアップ
２段パターンのセットアップ

あなたが望むなら、ここでやめてもかまいません。フィボナッチ比率の価格のセットアップだけでも、あなたが信頼できる仕掛けのトリガーで調整すれば問題なくうまくいきます。しかし、もう少し優位に立ちたいと望むなら、さらに時間をかけて市場の時間軸上で分析を行うことです。

4．フィボナッチ比率の時間関係を当てはめる。
一番ありそうなことは、価格関係を当てはめるために見分けた時の重要な高値と安値から、あなたは時間サイクルを当てはめていることでしょう。時間に関する章で検討した微妙な違いを心に留めて、タイミングを計る作業を行う場合には常識を少し働かせましょう。

２点からの時間サイクル（0.382倍、0.50倍、0.618倍、0.786倍、1.0倍、1.272倍、1.618倍）は、次のように当てはめます。
高値から高値
安値から安値
高値から安値
安値から高値

３点からの時間サイクル（1.0倍、1.272倍、1.618倍）は、次のように当てはめます。
同方向のスイングを比べ、安値から高値までのサイクルを別の安値から（オールタネイトタイムプロジェクション）
同方向のスイングを比べ、高値から安値までのサイクルを別の高値から（オールタネイトタイムプロジェクション）
高値から高値までのサイクルをその間の安値から
安値から安値までのサイクルをその間の高値から

時間サイクル関係のクラスターを探して、あなたが当てはめた価格関係のどれかをそのクラスターが支持する働きをしているか確かめましょう。セットアップは、たとえタイミングに支持されなくとも依然として有効です。しかしタイミングとセットアップが一致するほうが、相場が反転する見込みは高いのです。あなたがダイナミックトレーダー（DT）のソフトウエアを持っていれば、時間サイクルの作業をする代わりにタイミングヒストグラムを使うことができます。

わたし自身の場合、市場を徹底的に分析するために週足チャート、日足チャートやいくつかの日中足チャートを好んで使っています。株価指数先物では、通常は135分足か45分足のチャート、15分足のチャート、そして3分足のチャートを使います。週足チャートはわたしに大局をはっきりと見せてくれます。日足チャートも多少大きめのトレンドについてはっきり教えてくれるもので、わたしが主なタイミングの作業を行うチャートになります。日中足チャートは、比較的低リスクで仕掛けるためのセットアップを作るのに役立つものです。また仕掛けは、より長期の時間枠での作業と一貫していることが理想です。

日中足チャートの例

わたしが株価指数の市場を分析するために、特にさきほど言及した日中足チャートを選んだのは、第12章で検討したようにそれらの時間枠なら取引時間を均等に分割できるので、わたしの日中のタイミングを計る作業が正確になるからです。ほかの市場については、日中足チャート上で別の時間枠を使ったほうがいいかもしれません。例えばFX市場では、120分足チャートと60分足チャートを使ったほうがいいかもしれません。わたしが主な対象としている市場は、これまでずっと株価指数でした。そのために、日中のタイミングを計る作業をしていないほかの市場用の時間枠チャートのことは、それほど気にしないできました。ここでは少し常識を働かせて、自分が使いたいスイングをはっきり見ることができるチャートを選ぶことです。

図16.1

Ｅミニ S&P（**図16.1**）のこの15分足チャートを見て、最初にわたしの目を引くものはそのパターンです。わたしたちは1506.50の安値から、高値も安値も切り上げている強気のパターンを見ています。わたしは大きなトレンド方向に仕掛けるためのセットアップを好むので、わたしが最初にやりたいことは、買いの支持線になり、仕掛けの水準になり得る価格のリトレースメント、エクステンション、プロジェクションのうち、実行できるものをすべて当てはめて買いのセットアップを作ることです。こうすることで、わたしは押し目のときに大きなトレンド方向での仕掛けを試みることができるのです。

図16.2

まず、明らかなリトレースメントから始めましょう。最初にわたしは、1506.50の安値から1542.00の高値までの値動きにリトレースメントを当てはめます。**図16.2**にそれらが示されています。わたしは支持線になりそうな水準を探していました。

図16.3

図16.3では、わたしは別のスイングの安値から高値（1512.50の安値から1542.00の高値）までにリトレースメントを当てはめ、価格関係が重なり合って支持線になり得るところを探していました。これらの価格関係は結局、わたしがあとで描く価格のクラスターにはなりませんでした。しかし、それでもこれは重要な分析の一手順でした。

図16.4

次に、わたしは支持線になり得る水準を求めるために、前の安値から高値までのスイングにエクステンションの比率をすべて当てはめたいと考えました（**図16.4**）。ここでは、わたしは1535.75の安値から1538.75の高値までの値動きにエクステンションを当てはめました。1.272倍の水準が示されていないことに注意してください。分析の時点で価格がすでにその水準を下抜いていたためです。ある水準がそれなりの幅でいったんブレイクされてしまったら、わたしはその水準をただ消してしまいます。

図16.5

次のチャート（図16.5）では、少し分かりづらいかもしれませんが、支持線になり得る水準を求めるために、1536.50の安値から1542.00の高値までの値動きに対してもエクステンションを当てはめる機会があるとわたしは見ました。この場合においても1.272倍のエクステンションが見えないのは、価格がすでにその水準より下に動いていたからです。

図16.6

わたしはすでにリトレースメントとエクステンションを当てはめています。今や意味のあるプロジェクションを探すときです。**図16.6**では、支持線になり得る水準を探すために、前の調整の下落の1.0倍プロジェクションをどこで実行したのかを示しています。ここでは、わたしは1521.00の高値から1512.50の安値までのスイング（8.50ポイントのスイング）の1.0倍プロジェクションを、1542.00の高値から当てはめました。ここでは1.0倍プロジェクションしか使いませんでしたが、それは調整の値動きを使って大きなトレンド方向に仕掛けようとしているときには、わたしは普通、シンメトリーのプロジェクションしか実行しないからです。1.618倍プロジェクションを使うときは、値動きが止まる水準を探す場合のほうが多いのです。

図16.7

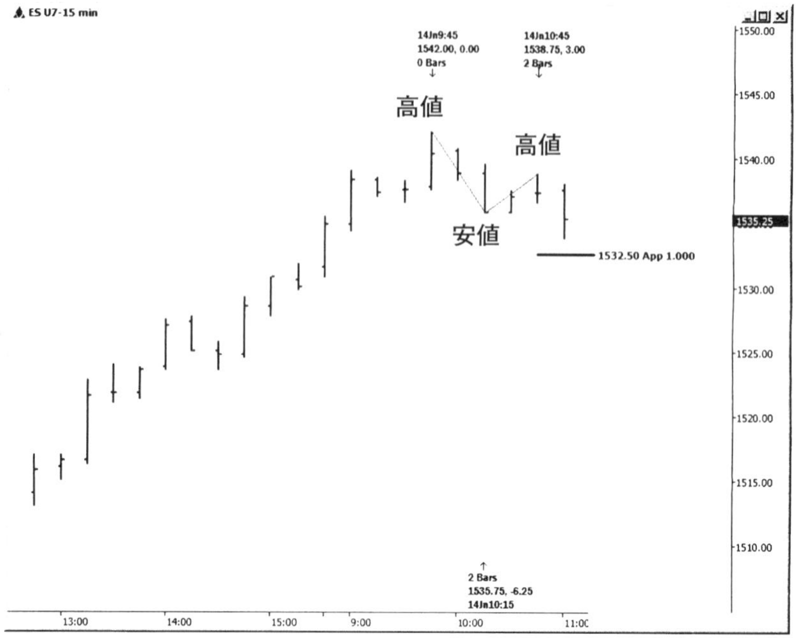

さらに、2段パターンになり得るちょっとしたジグザグパターンが見えだしたので、わたしは1542.00の高値から1535.75の安値までのスイングに対して、もうひとつ小さな1.0倍プロジェクションを1538.75の高値から当てはめて、支持線となり得る水準を求めました（**図16.7**）。

図16.8

価格関係のすべての作業の最終結果は、２段パターンによるクラスターに加えて、明らかに裏付けの働きをする関係が別の意味あるスイングからいくつかあるというものでした。価格支持線は1532.50～1533.90に現れました。それは**図16.8**の15分足チャート上に示されています。わたしのチャットルームでは、普通わたしは数字を最も近いティックへ切り上げます。S&Pの１ティックは0.25なので、わたしはこの価格支持線を1532.50～1534.00とするでしょう。価格関係は次のとおりでした。

1506.50の安値から1542.00の高値までの0.236倍リトレースメントは、1533.62

1535.75の安値から1538.75の高値までの1.618倍エクステンションは、1533.90

図16.9

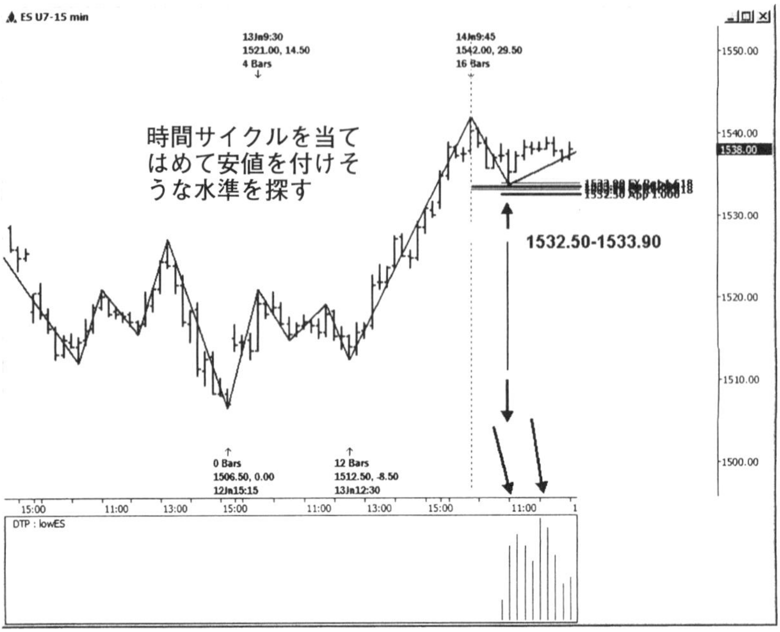

1536.50の安値から1542.00の高値までの1.618倍エクステンションは、1533.10
1521.00の高値から1512.50の安値までを1542.00の高値から当てはめた1.0倍プロジェクションは、1533.50
1542.00の高値から1535.75の安値までを1538.75の高値から当てはめた1.0倍プロジェクションは、1532.50

図16.9では、わたしのプログラムでダイナミックタイムプロジェクションを使って、一番最近の高値である1542.00の水準からフィボナッチ比率の時間サイクルを実行しました。このチャートの価格帯の下にあるヒストグラムを見ると分かりますが、安値を付ける可能性がある目立った時間帯が２カ所ありました。ヒストグラムで最初に目立

図16.10

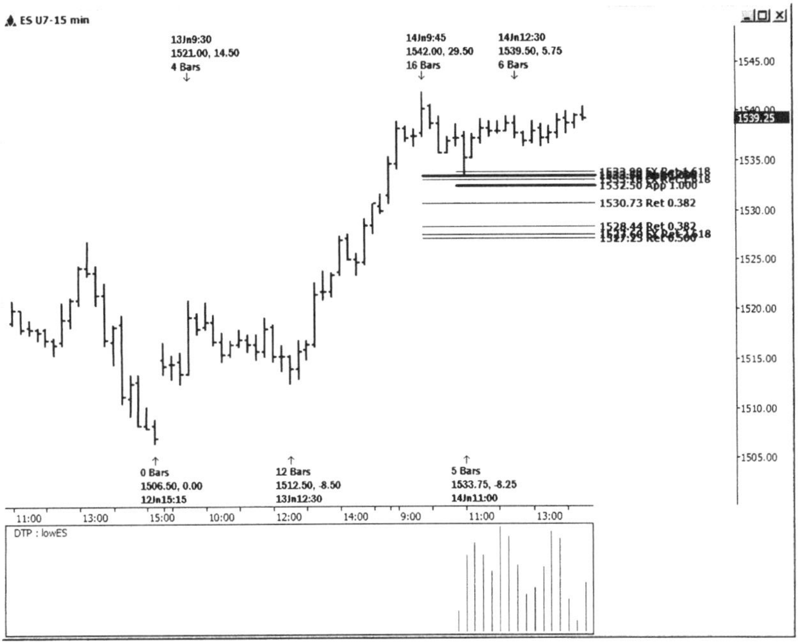

っているほうは、カギとなる価格支持線が試されているところときれいに重なっていました。実際に安値を付けた1533.75は、ヒストグラムで目立っている足から15分足１本分だけずれている範囲にありました。

図16.10は、この日中の時間と価格のセットアップから、わたしたちが見た最初の上昇を示しています。最初の上昇は5.75ポイント続きました。

図16.11

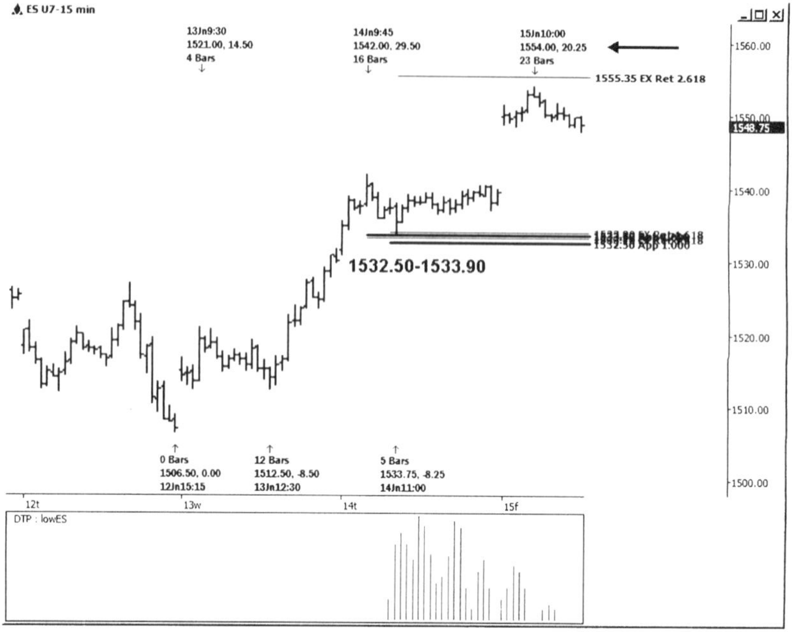

ＥミニS&Pは安値を付けたクラスター方向に少し戻したあと、この時間と価格のセットアップから結局は20.25ポイントの上昇を見せました（図16.11）。

図16.12

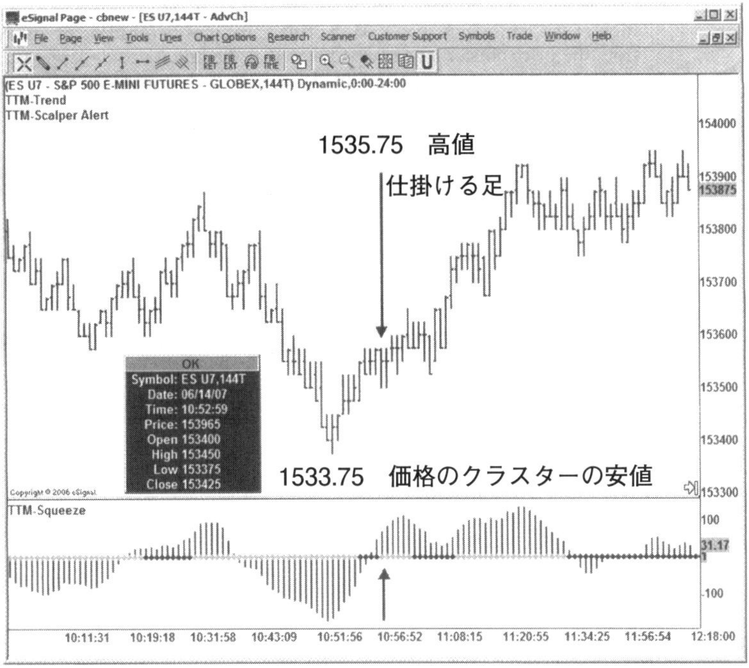

わたしたちはこの相場で買いの仕掛けを考えるような、時間と価格の支持線があることは分かっていました。わたしのトレーディング計画に従って仕掛ける場合に見つける必要があったのは、価格のトリガーでした。**図16.12**は、わたしが使いたい価格のトリガーの例で、ジョン・カーターとヒューバート・センターズから教えてもらったものです。それはスクイーズトリガーと呼ばれているものです。15分足チャート上のセットアップで仕掛けどころを探している場合、EミニS&Pであれば144ティックチャートか233ティックチャートのどちらかを使うのがわたしの好みです。ここのチャートの一番下にある矢印が、どこでスクイーズトリガーが「発射した」かを示しています。

この場合、矢印がある足のところで仕掛けたときに約定する最悪の価格は、その足の高値である1535.75でした。ここで仕掛けると、価格のクラスターの安値から２ポイント離れていることになります。わたしは、最初の上値目標は1533.75で付けた安値から少なくとも10ポイントはあるということを知っていたので、ここで仕掛けてもクラスターによる支持線に十分に近いと考えたのです。

わたしたちはセットアップを作ってそこで仕掛ける方法を、例を使って始めから終わりまで見てきたので、次の問題はいったんトレードを始めたらどうやってそのトレードを管理するかということになるでしょう。次章では、一度あなたがトレードを始めたあとのトレーディング管理に関する提案もするつもりです。さらにトレーディング計画を書き出すことの重要性も、そこで強調するでしょう。

第17章

トレーディング計画を立てて、逆境に打ち勝つ

Beating the Odds with a Trading Plan

ブローカーをしている多くの友人たちから、顧客の相当数が相場で資金を失っているという話を聞くことがあります。なかには、彼らの顧客の85ないし95％が、１年以内にトレードに費やした資金のほとんどを失ってしまうだろうと見積もっている人もいます。わたしには、この見解を確認するための統計数字をどこで見つければいいのか分かりません。しかし、長年にわたってこれと似た割合や推測を確かに耳にしてきました。

この情報が真実から遠く離れていないと仮定しましょう。新しくトレードを始める人にとって勝ち目が極めて低い場合に、その勝ち目を自分の有利なほうに戻して、この分野で成功する機会を高めるためには、何を行う必要があるのでしょうか。

この問題でわたしの頭に浮かぶのは、新しくわたしのお気に入りになったトランプゲームのひとつであるテキサスホールデムです。テキサスホールデムとはポーカーの一種です。このゲームでは、適切な勝ち目を理解してそれに従って行動することで、プレーヤーは成功することができるのです。ワールドシリーズ・オブ・ポーカーの放映によって有名になったこのゲームで、安定した生計を立てているプロのプレーヤーが数多くいます。ポーカーを習い始めたころにわたしが学んだ最初の教訓のひとつは、初めの持ち札の重要性でした。初めの持ち

札とは、第１ラウンドの賭けが始まる前に、ポーカーテーブルに着席しているみんなに配られる２枚のカードのことです。ポーカーでは、初めの持ち札が良ければ、自分に有利な勝ち目があるのだから、そのゲームで賭ける根拠があるということになります。初めの持ち札が良くないならば、降りるかそれらのカードを捨てたほうがいいのです。

テキサスホールデムをトレードと関連づけるとすれば、良いセットアップがあるというのは、ポーカーで初めの持ち札が良いというようなものです。そうなると、市場で賭けの注文をすることを考える根拠が出てきます。良いセットアップがない場合は、脇へ寄ってそれを手に入れるまで待ったほうがいい。チャットルームでわたしは、セットアップを待たずに仕掛けるのは、初めの持ち札が良くないのにポーカーをするようなものだと、トレーダーにときどき思い出させるようにしています。つまり、勝ち目は明らかに小さいのです！

トレーディング計画を練り上げる

あなたがトレードを真剣に考えるつもりなら、まず初めに必要とするものは、あなたの成功の見込みを高めてくれるトレーディング計画です。

あなたのトレーディング計画の一部にしたほうがいい主な要素が３つあります。計画で定義しておいたほうがいいことは、①あなたのセットアップ、②あなたのトリガーとフィルター、③あなたの資金管理のルールとテクニック――です。

セットアップ

あなたのセットアップとは、市場でトレードの機会になりそうなところをどう見分けるかということです。あなたがわたしの方法論を用いているのなら、セットアップは、価格のクラスターのセットアップ、シンメトリーのセットアップ、あるいは２段パターンのセットアップになるでしょう。あなたの計画では、あなた自身のセットアップを定義する必要があります。

トレードのトリガー

あなたのトリガーとは、特定のセットアップで行動（仕掛け）をするようにとあなたに指示を与えるものです。第14章では、あなたのトレーディング計画で使うことができるさまざまなタイプのトリガーをいくつも説明しました。自分の満足のいくものであって、しかも簡単に見分けられる仕掛け法を選ぶ必要があります。さらに、あなたの計画に従う場合、仕掛けるのが許されるかどうかを定義するために使うテクニカルフィルターがあるなら、ここにそれらを含めましょう。フィルターとは、価格が34期間指数移動平均線より上にあるか下にあるかという程度に単純なものかもしれません。

資金管理

あなたの計画で資金管理の部分には、次の項目を含めておいたほうがいいです。

- **ポジションのサイズ**　あなたがトレードしている口座の資金額と比べて、トレーディング単位が適切な大きさかどうかを確かめること（良いブローカーなら、この点に関して適切なアドバイスを提供できるかもしれない。ここで言っていることが何を意味するのかよく理解できないのなら、もっといいのはこの点に関する本を見つけることである）。

●**最初の損切り注文**　あなたは各トレードで自分のリスクを定義する必要がある。最初の損切り注文は、電子商取引システムを使って、仕掛けた直後か、できるなら仕掛けと同時にしたほうがいい。

著者から一言

トレーダーのなかには「頭のなかに損切り注文」を置くか、損切り注文をまったく使わないほうがいいと信じている人もいます。こういうやり方はごくわずかの幸運な人の場合にはうまくいくかもしれませんが、わたしは勧めません。ほとんどのトレーダーにとって、これは惨事が起こるのを待っているようなものだからです。

●**トレイリングストップ**　トレイリングストップは、利益を確保するためやトレードを手仕舞う戦略として使うことができる。トレイリングストップを使うつもりなら、最初の損切りの逆指値注文をいつ移動させるつもりなのか、そしてそれをどれだけ動かすのか、あるいはどこへ動かすのか、またそうする理由は何か、ということを決めておく必要がある。いったん相場が自分の有利な方向に動き出したら、損益分岐点まで逆指値注文を動かすのがトレーダーにとって一般的なやり方である。それは普通、初めに仕掛けた価格から少なくとも数ティック、数ピップス、あるいは数セント分の利益を意味している（あなたがいったんプログラム内の変数を決めてしまえば、あなたのトレーディングプラットフォームかフロントエンド・ソフトウエアのパッケージがこのほとんどをあなたに代わって自動的に処理してくれる）。

●**トレーディング目標と手仕舞いの戦略**　トレードから何を期待できるかということについて、常に理解していたほうがいい。いつでもトレーディング目標まで手にするわけではなくとも、トレーディング目標があるからこそあなたはトレードのリスク・リターン比率が適切かどうかを理解できるのだ。トレーダーは通常、最初の損切り注文でとっているリスクの３～４倍の金額を稼ぐことを期待していると言う。それはまさに、あなたが狙ったほうがよい最低金額であるべきである。あなたがあまりにも少額の目標に対してあまりにも多額のリスクをとっているようだと、やがては市場にトレーディング資金のすべてを寄付することになってしまいかねない。だからリスク・リターン比率を定義するのに役立てるために、少なくとも最初のトレーディング目標から始め、多くのトレーダーは複数のトレーディング目標を持つ。わたしは自分の作業では３つ持っている（1.272倍、1.618倍および2.618倍）。

著者から一言

トレーディング目標を達成したら、さっさと手仕舞ってしまうことに決めているトレーダーがいます。一方で、トレーディング目標に近づいているときには、単にトレイリングストップの位置を近くするだけで、彼らにもっと利益をもたらしてくれるかどうかは、相場に決めてもらうというトレーダーもいます。あなたが２枚以上のトレードをしていれば、資金管理で少しばかりしゃれたことができます。トレーダーのなかには、あらかじめ決めていた金額の目標か最初のトレーディング目標のいずれかでポジションの一部を手仕舞う人もいます。その後、彼らはポジションの残りにトレイリングストップを出して、トレードの残りで相場が彼らにいくら与えてくれるかを見ているかもしれません。あなたの手仕舞いの戦略は、必ずあなたのトレーディングスタイルに合わせるようにしましょう。

計画を調整する

トレーディング計画を文書で作成し終えたら、それをほんの少し調整する必要があるかもしれません。計画には非常にさまざまな変わりやすい要素があるので、資金管理の判断をすべて含めたころには、よりよい結果を達成するために、時にはこれらの変わりやすい要素を調節する必要が出てきます。例えば、ティックチャートかボリュームチャート上の仕掛けのトリガーのほうが、分足チャート上のトリガーより早くセットアップに入れるかもしれないと気づく場合もあるでしょう。するとあなたはそれを反映させるために、計画を変更するでしょう。もうひとつの例は、最初の損切り注文の変数を変えることです。トレーダーが非常に近い位置に損切り注文を置いているために、往々にして市場から退出させられるように自ら仕向けているときがあります。こうした場合、もっと理にかなった損切り注文に変えることによって、トレーダーが成功する見込みを高めることができます。

最も大切なことはこうです。現在の計画で自分が望んだ結果が得られていない場合は、どこにあなたの問題があるのか見直してみることです。次にそこに注目して、あなたがどういう調整ができるのかを確かめることです。あなたが自らに問えるいくつかの質問は次のとおりです。

●市場からあまりにも頻繁に退出させられているのではないか

●手仕舞うのがあまりにも早すぎるのではないか
●トレイリングストップの位置が近すぎるのではないか
●仕掛けが遅すぎるのではないか
●利食いしたときの利益に比べて、損失が大きすぎるのではないか

最後にこれも大事なことですが、本物の現金を危険にさらす前にあなたの計画をデモ取引画面で試してみる必要があります。また、何か変更を加えたあとにも再度それを試しておく必要があります。ブローカーはこうした目的のために、トレーディングシミュレーターをあなたに提供することができます。あるいは、あなたが試した結果を記録しておく簡単な方法がないのなら、いつでも自分の手で記録することもできるのです。

規律

トレーダーがトレーディング計画に従うためには、規律を必要とします。そうでなければ、計画は無益です。まず最初に、セットアップがトリガーを発したら、そのセットアップを見分けてそれに従って行動する規律が必要です。次には、資金管理のルールに従って対応していく規律が必要です。トレードであなたを支援してくれるフロントエンド・ソフトウエアのプログラムを使うことに決めたなら、そのプログラムでプランの資金管理部分のほとんどか、すべてを自動化することができます。

個人的なことを言えば、日中取引の時間が見つかった場合、最初のトレードの仕掛け以降は、判断のすべてを処理するためにニンジャトレーダーのアドバンスト・トレード・マネジメントの機能を、わたしは好んで使っています。最初のトレードの仕掛けは自動化していません。なぜかと言えば、まずセットアップを見分ける必要があり、次に

はトレードを仕掛けるようにとわたしに指示を出すトリガーを見分ける必要があるからです。その後で必要になるほかの判断は、すべて自動化できます。フロントエンド・トレーディング・ソフトウエアの良いプログラムがあると、あなたに代わって何をやってもらえるかを見てみることにしましょう。

ニンジャトレーダーのソフトウエア

ニンジャトレーダーのソフトウエア（http://www.ninjatrader.com/）は、基本的なトレードの仕掛け用のプラットフォームをはるかに上回るもので、多くの強力な機能が備わっています。しかし本書でのわたしの焦点は、トレードの管理能力にあります。トレードの管理は、いったんトレードを始めたら行われるものです。このソフトウエアは変数を読み取って、トレードを手仕舞うための処理をしてくれます。わたしがプログラムのこの部分を極めて価値があると考えるのは、それが基本的に人の規律を組み込んでくれているからです。つまり、いったんあなたが最初のトレードを仕掛けると、ソフトウエアがトレードを最後まで管理するために、感情や人が犯す可能性がある誤ちを取り除いてくれるからです。

ソフトウエアは、アドバンスト・トレード・マネジメント（ATM）の機能によってそれを行います。ATMテンプレートでは、自分のトレードに関して、トレーディング管理の変数をあらかじめ定義しておくことができます。具体的には、トレーダーはATMテンプレートで、最初の仕掛けをし終えると直ちに入れる損切り注文（リスク）と、並行して入れる利益目標に対する注文（リターン）によって、資金のリスク・リターン比率をあらかじめ定義するでしょう。この２つの注文によって、オープンポジションは一定の幅にはさまれて保護されることになります。それに加えてテンプレートは、トレーダーがトレードを手仕舞う際の極めて詳細な変数をあらかじめ定義しておくこともできるのです。

あなたは一段階または多段階で変数を変える非常に高度な損切り戦略を作って、「トレイリングストップ」をすることができます。トレイリングストップとは、トレードに含み益ができたときに損切りの逆指値注文を自動的に利益が出ている方向に移動させることで、下値リスクを限定し利益の可能性を最大限にするというものです。ニンジャトレーダーのATMは優れた能力を持っていて、すべての注文を追跡し、トレードが進むにつれて価格かポジションの大きさによって注文を自動的に調節します。トレーダーが成功したいと考えるのなら、自分の感情をコントロールできて、自己管理ができるということが決定的に重要です。ニンジャトレーダーのアプリケーションはこの目的のために設計されているので、あなたのトレーディング用ツールボックスに加えるなら、これらの分野でかなりの役に立ち得る重要なツールです。このツールは、感情的になりやすく規律を要するような問題を和らげるのにとても強力な役目を果たすので、これを使っているかどうかは、利益を上げているトレーダーと利益を上げていないトレーダーの違いを実際には意味している可能性もあるのです。

ニンジャトレーダーのATM戦略の一例は、**図17.1**の一番下の部分にある、SuperDOM（SuperDOMとは板画面全体のこと）のATMストラテジーパラメーターという部分で見ることができます。このATMの仕掛け戦略は非常に簡単で、ここの図はＥミニS&Pのトレードをするために入力したものです。そこで示されているのは、利食い目標が２つあって、相場で仕掛けるとすぐに、それらの注文が平均の仕掛け値から４ティックと８ティック上で出されるだろうということです。また損切りの逆指値注文も２つあり、こちらの場合は両方とも平均の仕掛け値から４ティック下で出されるということを示しています。いったんトレードが執行されて約定すれば、ATMテンプレート

図17.1

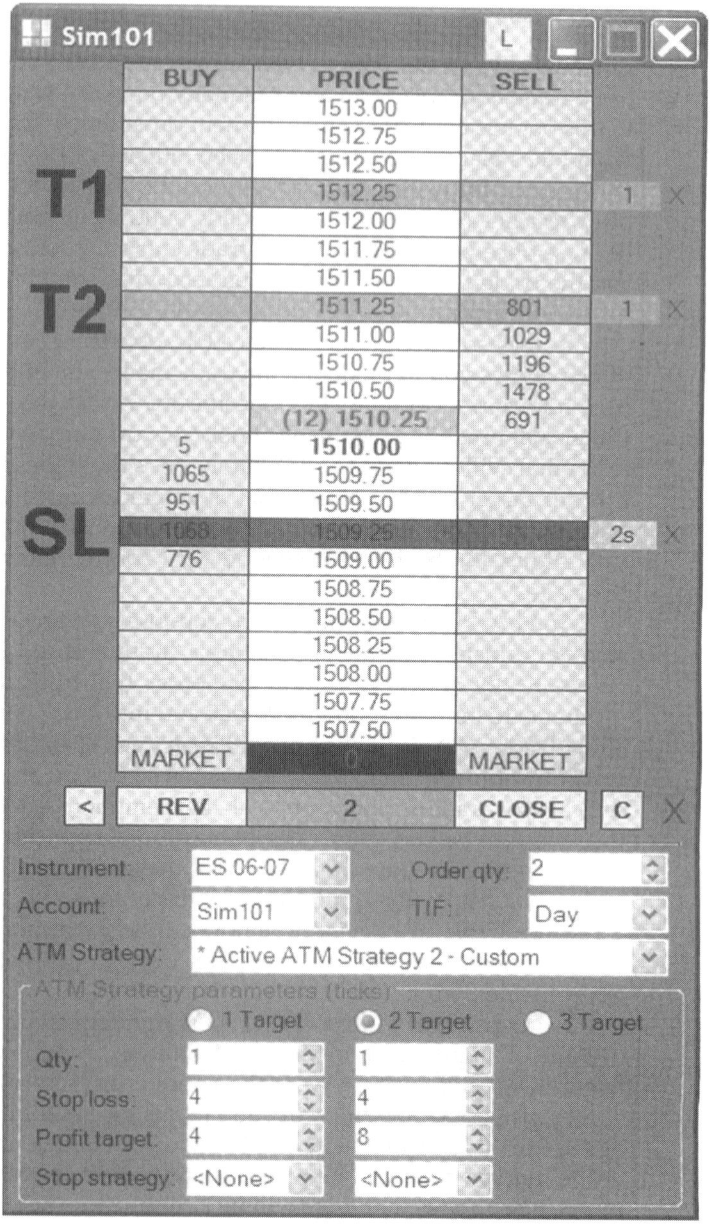
Sim101
L
BUY
PRICE
SELL
T1
T2
SL
1513.00
1512.75
1512.50
1512.25
1
1512.00
1511.75
1511.50
1511.25
801
1
1511.00
1029
1510.75
1196
1510.50
1478
(12) 1510.25
691
5
1510.00
1065
1509.75
951
1509.50
1509.25
2s
776
1509.00
1508.75
1508.50
1508.25
1508.00
1507.75
1507.50
MARKET
MARKET
<
REV
2
CLOSE
C
Instrument:
ES 06-07
Order qty:
2
Account:
Sim101
TIF:
Day
ATM Strategy:
* Active ATM Strategy 2 - Custom
ATM Strategy parameters (ticks)
1 Target
2 Target
3 Target
Qty:
1
1
Stop loss:
4
4
Profit target:
4
8
Stop strategy:
<None>
<None>

図17.2

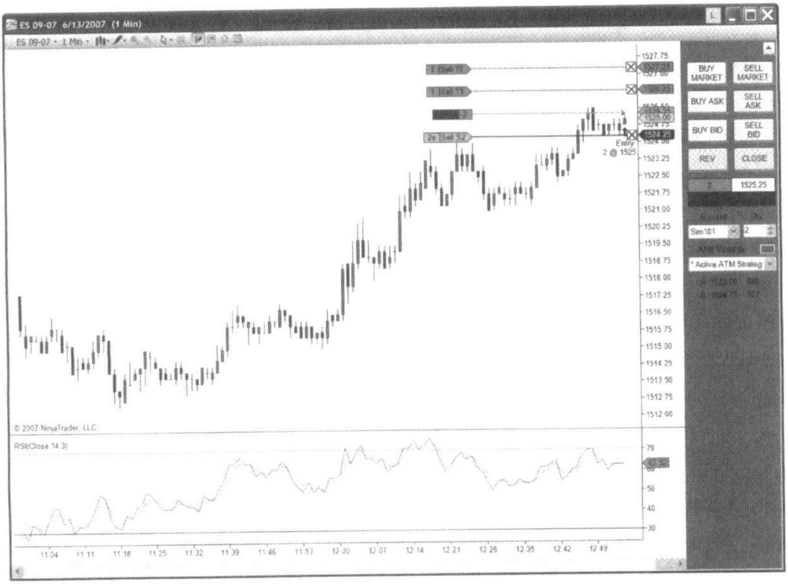

であらかじめ定義されているこれらの注文は、図に示されているように直ちに出されます。平均の仕掛け値は110.25で、利食いの目標と損切り注文はATMテンプレートで指定されているとおりに正確に出されています。ストップストラテジーのボックス部分が何も設定されていないことに、あなたは気づくでしょう。しかしここは、自動ブレイクイーブンやトレイリングストップやそのほかの高度な手仕舞いのための変数を、あらかじめ定義しておくことができるところでもあるのです。

図17.2では、同じATMの仕掛けの戦略が使われていますが、こちらではニンジャトレーダーのチャートに基づいた注文の入力画面を使って、注文が執行されています。チャートに基づいたトレードは人気になっています。そのために、ニンジャトレーダーはこの非常に望ましいオプションが付いた強力なチャート機能をさらに拡大しました。

トレーディングの心理学

トレーディングの心理学について話すとき、わたしはあなたの心のなかの信念体系について話しています。つまり、あなたの内面に抱えている心理パターンやプログラムで、トレーディング結果に肯定的にであれ否定的にであれ影響する可能性があるもののことです。

この業界で成功しているトレーダーの多くが、彼らの心理や内面の信念の問題を語っています。ここは、損失にもがき苦しんだか、達成したいと考えるもっと高い成功の水準に到達できない結果、ほとんどのトレーダーがやがてたどり着くところです。わたしは、トレーディングの心理学がこの分野で成功するために最も重要な要素であると信じています。マーク・ダグラスには、トレーディングの心理学という主題に関して広範囲にわたる著書があります。わたしは、この主題についていくらか洞察を得るために、**『規律とトレーダー』『ゾーン――相場心理学入門』**（いずれもパンローリング）の両方を読むことをお勧めします。

トレードの心理学的な問題に関しては、トレーダーの役に立つ方法やテクニックがほかにもいくつかあります。インターネットで「トレーディングの心理学」というキーワードで検索をすれば、その分野であなたの役に立てることでしょう。個人的には、キャロル（リビー）・アダムズが神経言語プログラミング（NLP）の仕事で行っていることを、http://www.academyofselfknowledge.com/ に寄ってのぞいてみることを強く勧めます。

結論として、あなたの有利になるように勝利を積み重ねるための処方せんを、提供しておきましょう。

1. **しっかりしたトレーディングの方法論**　フィボナッチ比率を使った時間と価格の分析。この方法論は市場でのあなたのリスクを明確に定義するだけでなく、利益目標やトレーディングでの目標を提供してくれるものです。この方法論は、第１章から第16章までを通して詳しく説明しました。

2．**すべての変数を明確に定義してトレーディング計画を書き上げるコツ**　トレーディング計画を書き出すことで、セットアップで何に注意を払ったほうがいいか、いつトレードを仕掛けていつ手仕舞えばいいか、あるいはトレイリングストップをいつどのように使えばいいのかということでさえも疑問がなくなるはずです。

3．**あなたの成功を後押しするために前向きのトレーディングの心理を持つことがいかに重要であるかについての理**解　非常に尊敬されているトレーダーの多くからわたしが言われるのは、心理学がこのゲームの少なくとも85％を占めるということです。心理的な問題に取り組むことは、個々のトレーダーにとって非常に大切な自分だけの旅です。

4．**規律の重要性についての理解**　自分で書いた成功のためのプランに従う規律を持つこと。すぐれた方法論や確固としたトレーディング計画が価値あるものになるには、書いているとおりに計画を実行する規律を備えている場合だけです。

処方せんのこの４つの要素が、相場で勝率を高め、成功するための秘訣です。わたしが伝えたテクニックのいくつかあるいはすべてを当てはめ、それを使うことであなたが大いに利益を上げることが、わたしの望みです。近いうちにあなた方のだれかと、トレーディングの会議かラスベガスのテキサスホールデムのテーブルで会えることを望んでいます！

相場の世界への一人旅で、あなたに幸運と成功が大いにありますように。

■著者紹介

Carolyn Boroden（キャロリン・ボロディン）

フィボナッチ比率を使った時間と価格の分析を専門とする商品取引アドバイザーであり、テクニカルアナリストである。彼女の一番の関心は、比較的リスクが低くて確度が高いセットアップを見分けられる価格関係と時間関係の「同時出現」、つまり重なりにある。彼女は1978年以来ずっとトレーディング業界にかかわってきた。シカゴ商業取引所、シカゴ商品取引所、ニューヨーク先物取引所、ニューヨーク商品取引所を含む主要取引所での勤務経験を持っている。彼女はシカゴ商品ブートキャンプセミナーで、市場の時間軸および価格軸の両方にフィボナッチ比率を使った上級取引テクニックを４年間教えた。また、マーケット・テクニシャンズ・アソシエーション、オンライン・トレーディング・エキスポ、トレーディングマーケット、コーナーストーン・インベストメント・グループなどの会場で、フィボナッチ比率による分析の特別講演者を務めてきた。彼女は現在、日中のトレーディングアドバイスとチャットルームの運営を行っており、株価指数先物に焦点を当てたビデオを取引時間後に更新するサービスも行っている。また、分析テクニックに関する個人相談を行い、グループセミナーも開催している。ホームページは、http://www.fibonacciqueen.com/ 。

■監修者紹介

長尾慎太郎（ながお・しんたろう）

東京大学工学部原子力工学科卒。日米の銀行、投資顧問会社、ヘッジファンドなどを経て、現在は大手運用会社勤務。訳書に『魔術師リンダ・ラリーの短期売買入門』『タートルズの秘密』『新マーケットの魔術師』『マーケットの魔術師【株式編】』（いずれもパンローリング、共訳）、監修に『ゲイリー・スミスの短期売買入門』『バーンスタインのデイトレード入門』『究極のトレーディングガイド』『マーケットのテクニカル秘録』『高勝率トレード学のススメ』『フルタイムトレーダー完全マニュアル』『新版　魔術師たちの心理学』『トレーディングエッジ入門』『スイングトレードの法則』『エリオット波動入門』『テクニカル分析の迷信』『タープ博士のトレード学校　ポジションサイジング入門』（いずれもパンローリング）など、多数。

■訳者紹介

山口雅裕（やまぐち・まさひろ）

早稲田大学政治経済学部卒業。外資系企業で輸出入業務や国内営業のマーケティング業務などを経験後、受験英語の世界に入る。個別指導英語塾で、主に大学受験生の指導を行う。現在、塾の自営と実務英語の翻訳業。

2010年３月４日　初版第１刷発行
2016年１月５日　　　第２刷発行
2020年３月１日　　　第３刷発行

ウィザードブックシリーズ ⑯③

フィボナッチトレーディング
――時間と価格を味方につける方法

著　者　キャロリン・ボロディン
監修者　長尾慎太郎
訳　者　山口雅裕
発行者　後藤康徳
発行所　パンローリング株式会社
〒160-0023　東京都新宿区西新宿 7-9-18-6F
TEL 03-5386-7391　FAX 03-5386-7393
http://www.panrolling.com/
E-mail　info@panrolling.com
編　集　エフ・ジー・アイ（Factory of Gnomic Three Monkeys Investment）合資会社
装　丁　パンローリング装丁室
組　版　パンローリング制作室
印刷・製本　株式会社シナノ

ISBN978-4-7759-7130-7

ジョー・ディナポリ

市場でのトレード経験が25年以上に上るベテランのトレーダー。徹底した研究から生まれたDMA、彼が特許を持つオシレータープレディクターの開発、特に価格軸に対するフィボナッチ級数の実際的でユニークな活用方法によって、ジョーは現代で最も探求心の強い専門家のひとりになっている。

ウィザードブックシリーズ80

ディナポリの秘数 フィボナッチ売買法

押し・戻り分析で仕掛けから手仕舞いまでわかる

ジョー・ディナポリ【著】

定価 本体16,000円+税　ISBN:9784775970423

どうして、フィボナッチ？

簡単に言ってしまえば、その答えは、フィボナッチは使えるからとなるだろう。これほど優れた数値は存在しないとも言える。この37年間、トレーダーとしていろいろな手法を検証したが、フィボナッチ分析法が一番良い結果を生んでいる。しかし、ここで、誤解を与えないために、一言、このマジックナンバーについて言っておかなければならないことがある。

フィボナッチを正しく使用すること！！

私がこのフィボナッチ分析をトレーディングに取り込んで実践した結果を記事やセミナーで公表してから数百にのぼるレポートが他から出された。しかし、その多くは、単なる検証であり、また、トレーダーによって実践された結果をまとめたものではなかった。私にとってこのマジックナンバーは単なる数値ではなく、私の売買手法の大きなポイントになっている先行指数としての役割を果たしている。実践のために、また、実践から生まれたこのディナポリの秘数売買法はワークする。

ここで、ディナポリの秘数売買法を学んだ私の教え子からのメッセージを紹介しよう。

我々は、無意識のうちに人間の容姿やその顔立ちの良さを、フィボナッチ率をベースに判断している。美人コンテストの判断基準としてフィボナッチが使われているわけではないが、どこか、整った形や物を決める基になっている。ガスタンクが3／8まで下がったところで、なぜか、そろそろ燃料切れを予測してスタンドを探すようになる。38．2と61．8と言う数値は日常生活の中でいろいろと関わりが深い。

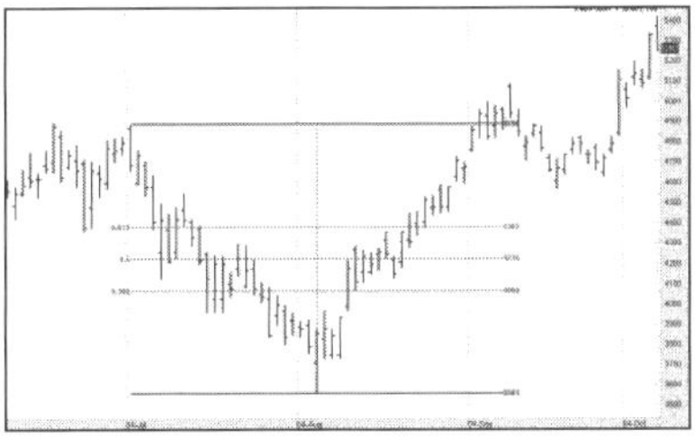

トレーダーに限らず、人間がこのマジックナンバーを無意識の内に、行動パターンに組み入れているとすれば、次、トレーダーがどのような行動に出るか予測がつく。これが、先行指数として、フィボナッチ級数が機能する理由だ。

※本文はジョー・ディナポリ氏のサイトで紹介されている記事から引用。

ジャック・D・シュワッガー

現在、マサチューセッツ州にあるマーケット・ウィザーズ・ファンドとＬＬＣの代表を務める。著書にはベストセラーとなった『マーケットの魔術師』『新マーケットの魔術師』『マーケットの魔術師[株式編]』（パンローリング）がある。
また、セミナーでの講演も精力的にこなしている。

ウィザードブックシリーズ 19

マーケットの魔術師
米トップトレーダーが語る成功の秘訣

定価 本体2,800円+税　ISBN:9784939103407

トレード界の「ドリームチーム」が勢ぞろい

世界中から絶賛されたあの名著が新装版で復刻!
投資を極めたウィザードたちの珠玉のインタビュー集!
今や伝説となった、リチャード・デニス、トム・ボールドウィン、マイケル・マーカス、ブルース・コフナー、ウィリアム・オニール、ポール・チューダー・ジョーンズ、エド・スィコータ、ジム・ロジャーズ、マーティン・シュワルツなど。

ウィザードブックシリーズ 201

続マーケットの魔術師
トップヘッジファンドマネジャーが明かす成功の極意

定価 本体2,800円+税　ISBN:9784775971680

『マーケットの魔術師』シリーズ
10年ぶりの第4弾!

先端トレーディング技術と箴言が満載。「驚異の一貫性を誇る」これから伝説になる人、伝説になっている人のインタビュー集。マーケットの先達から学ぶべき重要な教訓を40にまとめ上げた。

ウィザードブックシリーズ 13

新マーケットの魔術師

定価 本体2,800円+税　ISBN:9784939103346

知られざる“ソロス級トレーダー”たちが、率直に公開する成功へのノウハウとその秘訣

投資で成功するにはどうすればいいのかを中心に構成されている世界のトップ・トレーダーたちのインタビュー集。17人のスーパー・トレーダーたちが洞察に富んだ示唆で、あなたの投資の手助けをしてくれることであろう。

ウィザードブックシリーズ 66

シュワッガーのテクニカル分析 初心者にも分かる実践チャート入門

定価 本体2,900円+税　ISBN:9784775970270

シュワッガーが、これから投資を始める人や投資手法を立て直したい人のために書き下ろした実践チャート入門。
チャート・パターンの見方、テクニカル指数の計算法から読み方、自分だけのトレーデング・システムの構築方法、ソフトウェアの購入基準、さらに投資家の心理まで、投資に必要なすべてを網羅した1冊。

ウィザードブックシリーズ 208

シュワッガーのマーケット教室 なぜ人はダーツを投げるサルに投資の成績で勝てないのか

定価 本体2,800円+税　ISBN:9784775971758

一般投資家は「マーケットの常識」を信じて多くの間違いを犯す

シュワッガーは単に幻想を打ち砕くだけでなく、非常に多くの仕事をしている。伝統的投資から代替投資まで、現実の投資における洞察や手引きについて、彼は再考を迫る。本書はあらゆるレベルの投資家やトレーダーにとって、現実の市場で欠かせない知恵や投資手法の貴重な情報源となるであろう。

マーク・ダグラスの遺言と
トレーダーで成功する秘訣
トレード心理学の大家の集大成！

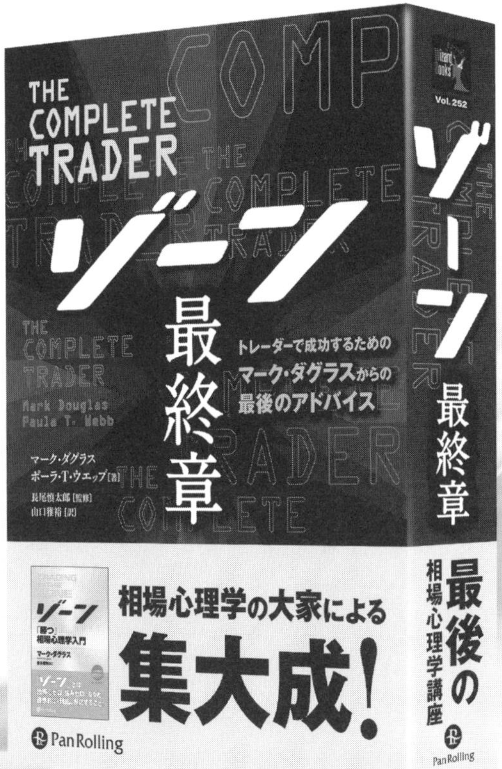

ゾーン　最終章

四六判 558頁　**マーク・ダグラス, ポーラ・T・ウエッブ**
定価 本体2,800円+税　ISBN 9784775972168

1980年代、トレード心理学は未知の分野であった。創始者の一人であるマーク・ダグラスは当時から、今日ではよく知られているこの分野に多くのトレーダーを導いてきた。

彼が得意なのはトレードの本質を明らかにすることであり、本書でもその本領を遺憾なく発揮している。そのために、値動きや建玉を実用的に定義しているだけではない。市場が実際にどういう働きをしていて、それはなぜなのかについて、一般に信じられている考えの多くを退けてもいる。どれだけの人が、自分の反対側にもトレードをしている生身の人間がいると意識しているだろうか。また、トレードはコンピューター「ゲーム」にすぎないと誤解している人がどれだけいるだろうか。

読者はトレード心理学の大家の一人による本書によって、ようやく理解するだろう。相場を絶えず動かし変動させるものは何なのかを。また、マーケットは世界中でトレードをしているすべての人の純粋なエネルギー —— 彼らがマウスをクリックするたびに発するエネルギーや信念 —— でいかに支えられているかを。本書を読めば、着実に利益を増やしていくために何をすべきか、どういう考え方をすべきかについて、すべての人の迷いを消し去ってくれるだろう。

ブレット・N・スティーンバーガー

ニューヨーク州シラキュースにある SUNY アップステート医科大学で精神医学と行動科 学を教える客員教授。2003 年に出版された『精神科医が見た投資心理学』（晃洋書 房）の著書がある。シカゴのプロップファーム（自己売買専門会社）であるキングズ トリー・トレーディング社のトレーダー指導顧問として、多くのプロトレーダーを指 導・教育したり、トレーダー訓練プログラムの作成などに当たっている。

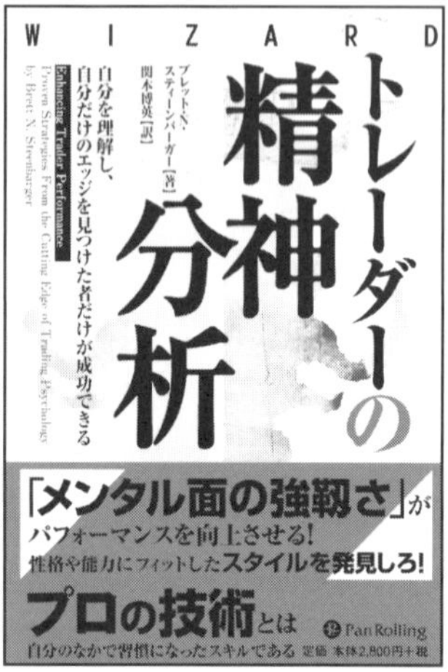

ウィザードブックシリーズ 126

トレーダーの精神分析

自分を理解し、自分だけのエッジを見つけた者だけが成功できる

定価 本体2,800円+税　ISBN:9784775970911

性格や能力にフィットしたスタイルを発見しろ!

「メンタル面の強靭さ」がパフォーマンスを向上させる!
「プロの技術とは自分のなかで習慣になったスキルである」
メンタル面を鍛え、エッジを生かせば、成功したトレーダーになれる!
トレーダーのいろいろなメンタルな問題にスポットを当て、それを乗り切る心のあり方などをさらに一歩踏み込んで紹介。

ウィザードブックシリーズ 168

悩めるトレーダーのためのメンタルコーチ術

定価 本体3,800円+税　ISBN:9784775971352

不安や迷いは自分で解決できる!

トレードするとき、つまりリスクと向き合いながらリターンを追求するときに直面する難問や不確実性や悩みや不安は、トレードというビジネス以外の職場でも夫婦・親子・恋人関係でも、同じように直面するものである。
読者自身も知らない、無限の可能性を秘めた潜在能力を最大限に引き出すとともに明日から適用できる実用的な見識や手段をさまざざなま角度から紹介。

アリ・キエフ

精神科医で、ストレス管理とパフォーマンス向上が専門。ソーシャル・サイキアトリー・リサーチ・インスティチュートの代表も務める博士は、多くのトレーダーにストレス管理、ゴール設定、パフォーマンス向上についての助言を行っている。

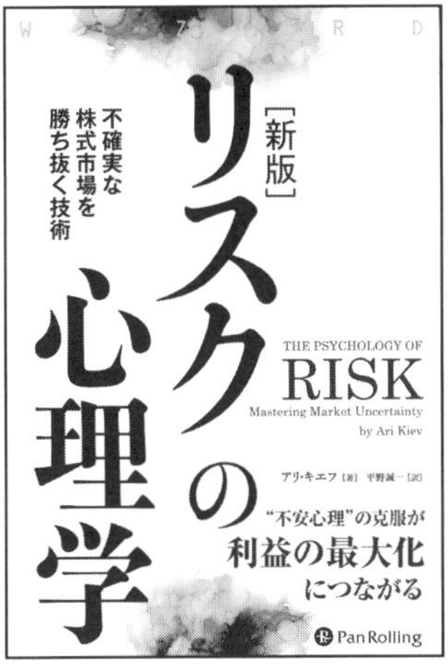

ウィザードブックシリーズ287

リスクの心理学
不確実な株式市場を勝ち抜く技術

定価 本体1,800円+税　ISBN:9784775972564

適切なリスクを取るための
セルフコントロール法

本書では、「リスクを取る意欲の分析」「リスクを管理する方法」「トレーダーを襲う病的なパターンに対処する方法」を中心に解説する。リスクや様々なストレスへの感情的な反応に惑わされることなくトレーディングを行うためのテクニックや原則を伝授する。課題に対処することにより、不確実性と予測不能性に直面したときに行動を起こすことができる。

ウィザードブックシリーズ107

トレーダーの心理学
トレーディングコーチが伝授する
達人への道

定価 本体2,800円+税　ISBN:9784775970737

トレーディングの世界的コーチが伝授する
成功するトレーダーと消えていくトレーダーの
違いとは？

人生でもトレーディングでも成功するためには、勝つことと負けることにかかわるプレッシャーを取り除く必要がある。実際、勝敗に直接結びつくプレッシャーを乗り越えられるかどうかは、成功するトレーダーと普通のトレーダーを分ける主な要因のひとつになっている。

マーセル・リンク

http://www.marcellink.com/

1988 年からトレードに従事。始めたばかりのころ S&P 株価指数オプションで当時の彼としては巨額の600ドルを失った。それ以後、成績は向上した。過去 20 年間ニューヨーク金融取引所やニューヨーク綿花取引所のフロアで先物をトレードし、商品先物ブローカー会社（リンク・フューチャーズ）を創始者であり、コモディティ・プール・オペレーターを務め、大手デイトレード会社数社で株式のデイトレードを担当した。現在は独立のトレーダーとして大半の株価指数先物を手掛けている。コンサルティングにも応じ、2008 年からセミナーにも力を入れている。

ウィザードブックシリーズ 108

高勝率トレード学のススメ

小さく張って着実に儲ける

定価 本体5,800円+税　ISBN:9784775970744

あなたも利益を上げ続ける
少数のベストトレーダーになれる！

高確率な押し・戻り売買と正しくオシレーターを使って、運やツキでなく、将来も勝てるトレーダーになる！　夢と希望を胸にトレーディングの世界に入ってくるトレーダーのほとんどは、6カ月もしないうちに無一文になり、そのキャリアを終わらせる。この世でこれほど高い「授業料」を払う場があるだろうか。過酷なトレーディングの世界で勝つためのプログラムを詳しく解説。

ウィザードブックシリーズ205

続高勝率トレード学のススメ

自分に合ったプランを作り上げることこそが成功への第一歩

定価 本体5,800円+税　ISBN:9784775971727

トレードはギャンブルではない！

万人向けの出来合いのトレードプランなどあり得ない
自分流のスタイルを見つけよう！ トレーダーは成功のチャンスをものにしたいと思ったら、十分に練り上げられ、自分にあったプランが必要になる。そこには、仕掛けや手仕舞いの時期、資金管理の原則、プレッシャーを受けても一貫して決めたとおりに実行する規律が必要である。

関連書籍

ウィザードブックシリーズ 118

FXトレーディング

著者:キャシー・リーエン

定価 本体3,800円+税　ISBN:9784775970843

FX市場を征服するには……

世界一のオンライン外為ブローカーのチーフストラテジストであるキャシー・リーエンが著した本書は、FX市場で利益を得るための多様なテクニカル戦略とファンダメンタル戦略を披露し、同市場の仕組みを詳細かつ具体的に解き明かしている。深遠な考察とエキスパートによるアドバイスが満載されている本書は、この激烈な市場に自信をもって入り、利益を持って出てくるためにはどうしたらよいかを教えてくれる!

ウィザードブックシリーズ123

実践FXトレーディング

著者:イゴール・トシュチャコフ

定価 本体3,800円+税　ISBN:9784775970898

ソロス以来の驚異的なFXサクセスストーリーを築き上げた手法と発想!

FXトレードを長くやっていれば、100%勝ち続けることなどあり得ないことは、だれでも思い知らされることだ。トレーダーにできることは、繰り返し現れる信頼性の高いパターンを見極め、不確実ではあっても勝率を高めるトレードシステムを構築することだ。本書は当てにならない予測法に取って代わる具体的なチャートパターンを明らかにしている。

ウィザードブックシリーズ 148

FXの小鬼たち

著者:キャシー・リーエン/ボリス・シュロスバーグ

定価 本体2,800円+税　ISBN:9784775971154

普通のホームトレーダーでもここまでできる!!
マーケットで成功するための洞察と実践的なアドバイスが満載!
プロたちを打ち負かす方法が今、明らかに!

ウィザードブックシリーズ 186

ザFX

著者:キャシー・リーエン

定価 本体2,800円+税　ISBN:9784775971536

これから FX トレードを目指す初心者と FX トレードで虎視眈々と再挑戦を狙っている人のためのバイブル。世界最大のマーケットである通貨市場で効率的にトレーディングと投資をする方法を説明。